创玩体育

梧桐书院的大健康工程

缪华良　郭延龙　编著

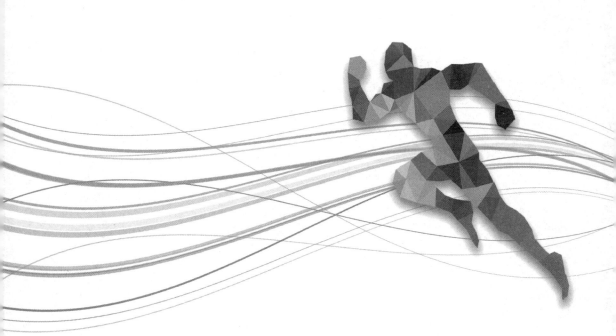

东北师范大学出版社
NORTHEAST NORMAL UNIVERSITY PRESS

前　言

　　杭州市凤凰小学创立于2017年8月,是一所同属杭州师范大学附属第一小学教育集团的独立法人单位,办学至今不过6年时间。学校虽然年轻,但传承附小集团百年文脉,励精图治,自有主张,办学成效显著,尤其在体育工作上形成了鲜明的特色。我校于2018年底确立"创玩体育"的校本化主张,以体立人,以体育强校。创玩体育注重学生健康体魄和完善人格的形成,倡导"有趣、出汗、技能、展创、安全"的体育课十字诀,还突出体育学习对学生创新思维、创造能力的发展,注重完整的运动生活伴随儿童成长,以创玩为名,让学生玩出好身体、学出好思维、练出好技能、习得好人格。通过体育组全体教师不断实践、逐渐完善,创玩体育已成为学校的一张金名片。时值学校校庆之际,学校体育组教师在校长室、课程教学与科研中心人员的带领下,经过近一年的准备,写成了《创玩体育——梧桐书院的大健康工程》一书。一所规模中等、创校不久的小学,且著书人员以体育教师为主,写成此书实属不易。创作虽艰难,但充分展现了凤凰体育人坚持不懈、奋发向上的卓越精神,也验证了凤凰教师乐做"书者"的志趣追求。多彩健康,创玩体育,成就每一个凤凰孩子五彩的明天!

目 录
Contents

第五章　创意：体育融通世界

第六章　特色："棋"乐无穷长智慧

第七章　赛事:毅达就是冠军

第八章　评价:梧桐云上有成就

第九章　机制:创玩体育的发展

第十章　展望:创玩体育新追求

第一章
绪　论

　　人的发展是社会发展的基础,人的素质影响着社会发展的高度。"身体是革命的本钱",这是显而易见又颠扑不破的道理。体育,不是近现代才有的,从古至今,人们对"健康"一直心向往之,但对体育的理解不断在更新。比如中国古人追求"天人合一""阴阳协调",西方古人热衷角斗、摔跤等竞技项目。近现代人们对武侠故事中"天下武功出少林""太极张三丰"等的追捧,其实亦是对强身健体的渴望。当今国内外对"健康"的理解不断发展,国家的政策也相继出台。我校的体育教学主张的"创玩体育"正是"大健康"背景下的校本实践,它指向五育并举、融合育人,是助力学生身心健康、个性发展的新行动。

第一节　大健康观面面观

随着时代的发展,健康在国际上被广泛关注。不仅每个个体的健康观发生着转变,国家的战略部署和政策制定对健康也颇多重视。

一、国际化视角

健康是指一个人在身体、精神和社会等方面都处于良好的状态。健康主要包括两个方面的内容:一是主要脏器无疾病,身体形态发育良好,体形均匀,人体各系统具有良好的生理功能,有较强的身体活动能力和劳动能力,这是对健康最基本的要求;二是对疾病的抵抗能力较强,能够适应环境变化、各种生理刺激以及致病因素对身体的影响。传统的健康观是"无病即健康",现代人的健康观是整体健康,世界卫生组织提出"健康不仅仅是没有疾病或不虚弱,而是身体的、精神的健康和社会良好适应的总称"。因此,现代人的健康内容包括:躯体健康、心理健康、心灵健康、社会健康、智力健康、道德健康、环境健康等。健康是人的基本权利,健康是人生的第一笔财富。

越来越多的研究结果表明,运动能够有效促进健康。众多国家已通过多种战略部署和政策制定来积极促使国民增加身体活动,从而促进健康。

(一)日本的"生涯体育"

日本是较早制定并实施运动健康政策的国家之一。20世纪50年代,日本政府开始注重民众身体素质的提高和体育运动事业的发展。20世纪70年代后,日本的国民体育运动目标由竞技体育成绩的提高转向了健身与健康。在此后几十年间,日本厚生劳动省(以下简称"厚生省")出台了一系列

《第一次国民健康促进对策(1978—1988年)》，提出了"健康一生"的理念，强调良好运动习惯的养成，并不断融入新的理念，形成一系列健康促进政策。21世纪的日本体育发展目标已经变为"生涯体育"。2011年《体育基本法》正式颁布实施，其核心理念是"通过体育运动追求幸福、富裕的生活是所有人的权利"，指出了体育运动在5个方面的主要的社会功能，并提出了"体育立国"的根本目标。

(二)美国的"健康公民计划"

20世纪80年代以来，美国政府推出健康公民系列计划，旨在提高国民体质健康水平，这在增强体质健康、预防疾病发生和降低医疗支出方面发挥了重要的作用。1980年，美国卫生与公共服务部公布了第一个10年公民健康计划，明确提出体育运动是健康促进的重要手段之一。之后每10年发布一次国家健康公民计划，目前为止共历经5代，设立了"主要健康指标"以解决美国健康领域存在的突出问题。

(三)德国和芬兰的"大众体育"

德国是传统的体育强国，体育经历了从马丁·路德的宗教改革到杨氏体操的推广，从纳粹的政治体育到1960年"黄金计划"的实施，到当下以俱乐部体制为基础的社会主导型体育体制的完善和确立。始终走在改革和发展前列的德国体育，最大的特点是发展均衡，即始终贯彻以大众体育发展为核心，大众体育、竞技体育、学校体育协调发展的战略。

芬兰的体育也有其鲜明的特色，芬兰政府自20世纪60年代后期起便始终坚持贯彻走大众体育路线这一体育中心政策。从关注竞技体育到关注大众体育的转变，是芬兰自20世纪中期至今体育公共政策变迁和发展的核心。芬兰政府要求在校学生在校期间增加身体活动时间，并减少久坐时间。此外，芬兰政府还出台了一系列国家战略，意在使人民通过身体活动的方式来增加社会融入并减少社会排斥，从而增强人民的健康和幸福。

(四)澳大利亚的"循证健康干预"

澳大利亚政府已经充分认识到提高体力活动水平的重要意义，战略行动多方位、多层级、多维度，尤其注重科学对国民健康的重要性，推崇循证健康干预，即任何健康干预政策的制定和实施都讲求有证可循。澳大利亚的

"运动促进国民健康"战略行动同样基于大量研究佐证,从而确保了战略行动的可行性、实施过程的可控性和实施结果的可测性。

在经历发展和演变后,日本、美国、德国和其他发达国家的体育健康政策制定呈现以下特点:以公众健康为中心,注重多方位、多层级、多维度考虑,依据循证医学证据加强政策制定的科学性,通过立法有力保障体育健康政策的法律地位。健康在世界各国越来越受重视。

二、本土化样态

(一)大健康的观念

大健康是根据时代发展、社会需求与疾病谱的改变,提出的一种全局的理念。它围绕着人的衣食住行以及人的生老病死,关注各类影响健康的危险因素和误区,提倡自我健康管理,是在对生命全过程全面呵护的理念指导下提出来的。它追求的不仅是个体身体健康,还包含精神、心理、生理、社会、环境、道德等方面的完全健康;提倡的不仅有科学的健康生活,更有正确的健康消费等。它的范畴涉及各类与健康相关的信息、产品和服务,也涉及各类组织为了满足社会的健康需求所采取的行动。2016年8月,全国卫生与健康大会明确提出建设健康中国是关系现代化建设全局的重大战略任务,首次提出把人民健康放在优先发展的战略地位,进一步提高了该战略的高度和全局意义,强调了坚持走有中国特色卫生与健康发展的道路。2016年8月,习近平总书记在全国卫生与健康大会的讲话中提出:"要倡导健康文明的生活方式,树立大卫生、大健康的观念,把以治病为中心转变为以人民健康为中心,建立健全健康教育体系,提升全民健康素养,推动全民健身和全民健康深度融合。"树立大健康理念体系,需要建立起健康的价值观、健康的经济观、健康的社会观,还有健康的人文观。健康体现了一种人文精神,更体现了文明进步的程度。要从娃娃抓起,完善大健康教育体系。把健康教育列入学校常规教育,积极开展社会健康教育,全民普及健康知识,充分体现健康教育的持续性、科学性。

(二)"健康第一"的教育理念

"健康第一"教育理念由来已久,长期坚持不是偶然选择,其所依据的运动和人体科学理论属性以及所追求的价值取向契合了学校体育发展的实践需求，不同历史时期的"健康第一"教育理念从不同的教育背景出发，肩负着不同的教育责任，发挥着不同的教育功能。

20世纪50年代，毛泽东针对当时学生负担过重、身体素质下降的状况，多次提出批评和看法。1950年，毛泽东写信给时任教育部部长的马叙伦："此事宜速解决，要各校注意健康第一，学习第二……全国一切学校都应如此。"1951年，毛泽东就学生健康问题再次致信马叙伦："提出健康第一，学习第二的方针，我以为是正确的。"后来，毛泽东又相继提出要使青年身体好、学习好、工作好的三好思想和"使受教育者在德育、智育、体育几方面都得到发展"的教育方针。1955年，教育部颁布了《关于减轻中、小学校学生过重负担的指示》，要求加强学生体育锻炼，遵守作息时间，保证学生的身体健康。1956年，为了进一步落实学校体育教学工作对学生体质健康的促进，教育部颁布了《小学体育教学大纲（草案）》《中学体育教学大纲（草案）》，详细规定了各级学校体育基本教材和补充教材的内容，以及各年级体育教学的内容和时数分配，推进了学校体育教学标准化，进一步推动学生体质健康发展。在毛泽东提出的"健康第一"教育理念指引下，教育部颁布与实施了一系列的应对政策，学校群众性体育工作进一步开展，学校学生体质健康状况逐步改善。

20世纪末至21世纪初，世界科技突飞猛进，知识经济已现端倪，国力竞争越来越依赖于各类人才的数量和质量，"健康第一"教育理念是推进青少年学生素质教育的基本要求。1999年，中共中央、国务院颁布了《关于深化教育改革全面推进素质教育的决定》，指出健康体魄是青少年为祖国和人民服务的基本前提，是中华民族旺盛生命力的体现。学校教育要树立"健康第一"的指导思想，切实加强体育工作，全面推进素质教育。这是首次将"健康第一"以正式文本的形式写入国家政策文件，这不仅是青少年学生体质健康的重要性已经上升至国家综合竞争力的重要体现，也说明了"健康第一"教育理念与"体育核心素养"教育目标的一致性，"健康第一"和"素质教育"的理念共同成为未来中国学校体育改革与发展的恒定走向。之后，"健康第一"被多次运用于学校教育、学校体育和体育课程

3种不同类型的政策文本中。2001年,国务院颁布《关于基础教育改革与发展的决定》,要求贯彻"健康第一"的思想,实施素质教育,促进学生德智体美劳全面发展,提高学生体质与健康水平。为了积极响应国家推进素质教育的两份决定,2003年,国家制定了《普通高中体育与健康课程标准(实验)》,强调坚持"健康第一"的指导思想,培养学生健康的意识和体魄,突出体育课程的整体健康观和育人功能。2007年,中共中央、国务院发布《关于加强青少年体育增强青少年体质的意见》,指出加强青少年体育,增强青少年体质,对于大力推进素质教育具有重要意义,应当认真落实"健康第一"的指导思想,把增强学生体质作为学校教育的基本目标之一。2010年,国务院印发《国家中长期教育改革和发展规划纲要(2010—2020)》,提出坚持全面实施素质教育是教育改革发展的战略主题,是贯彻党的教育方针的时代要求,要牢固树立"健康第一"的思想,加强体育和心理健康教育,促进学生身心健康、体魄强健、意志坚强。这一时期"健康第一"指导思想的最大贡献在于将发展学生体质从一维的"生物"健康观向"生物、心理、社会"的"三维"健康观推进,将体育与德育、智育、美育有机统一在教育活动的各个环节中,并与其他方面的教育相互渗透、协调发展,促进学生的全面发展和健康成长,促进了健康教育向素质教育的转变。

党的十八大以来,以习近平同志为核心的党中央高度重视青少年学生的体育工作,深刻阐释了新时代青少年学生体质健康的重要性以及推进青少年学生健康教育的必要性。2014年8月15日,习近平在南京看望青奥会中国体育代表团时强调:"少年强、青年强则中国强。少年强、青年强是多方面的,既包括思想品德、学习成绩、创新能力、动手能力,也包括身体健康、体魄强壮、体育精神。"2016年,中共中央、国务院印发《"健康中国2030"规划纲要》,指出要加大学校健康教育力度,将健康教育纳入国民教育体系,把健康教育作为所有教育阶段素质教育的重要内容。健康教育作为素质教育的重要内容将成为新时代学校教育的主要工作任务并上升为国家战略。2018年9月10日,习近平在全国教育大会上针对青少年健康问题强调:"要树立健康第一的教育理念,开齐开足体育课,帮助学生在体育锻炼中享受乐趣、增强体质、健全人格、锤炼意志。"首先，习近平将"体质、人格、意志"的基本内涵与"身体健康、体魄强壮、体育精神"保持一致，同时，又将健康内涵进一步扩展到"享受乐趣"的"心理"层面，形成"心理、身体、人格、精神"的"四维"健康观；其次，为青少年健康教育提供了路径选择，即"开齐开足体育课"。为了贯彻落实习近平重要讲话精神，国家陆续出台多项政策文件。2019年，中共中央、国务院印发《关于深化教育教学改革全面提高义务教育质量的意见》，也强调要坚持"健康第一"教育理念，进一步强化体育锻炼，加快推进教育现代化。2020年，国家体育总局和教育部联合印发《关于深化体教融合　促进青少年健康发展的意见》，再次指出要树立"健康第一"的教育理念，提出了青少年健康教育的最终目标，即"实现文明其精神、野蛮其体魄"。2020年9月22日，习近平在教育文化卫生体育领域专家座谈会上再次要求坚持"健康第一"的教育理念，这是对全体教育工作者的共同要求。2020年，中共中央办公厅、国务院办公厅印发了《关于全面加强和改进新时代学校体育工作的意见》，明确指出坚持"健康第一"的教育理念，推动青少年文化学习和体育锻炼协调发展，帮助学生在体育锻炼中享受乐趣、增强体质、健全人格、锤炼意志，培养德智体美劳全面发展的社会主义建设者和接班人。要求到2022年，配齐配强体育教师，开齐开足体育课，办学条件全面改善，学校体育工作制度机制更加健全，教学、训练、竞赛体系普遍建立，教育教学质量全面提高，育人成效显著增强，学生身体素质和综合素养明显提升，到2035年，多样化、现代化、高质量的学校体育体系基本形成。2021年9月，教育部、国家发展改革委、财政部、国家卫生健康委、市场监管总局五部门联合印发《关于全面加强和改进新时代学校卫生与健康教育工作的意见》（以下简称《意见》），要求坚持健康第一，教育学生树牢"每个人是自己健康第一责任人"理念，学会和掌握健康知识与技能，为人人终身健康、建成健康中国奠定基础。《意见》规定，健康教育将与德育、智育、体育、美育、劳动教育相结合，融入教育教学、管理服务全过程，发挥学校卫生专业技术人员、体育与健康课教师和教职员工等全员育人作用，构建面向人人、人人有责的健康教育体系；要完善课程安排，系统设计教学标准、师资配备、评价体系、制度保障，确保各级各类学校将健康教育贯穿教育全过程。对照《意见》，可见学校的体育课程改革不仅应着眼于教什么、怎么教、教的效果如何等,还应整体性思考为什么而教,对于人的完整性培养进行系统性思考,落实"健康第一"的教育理念。《普通高中体育与健康课程标准(2017年版2020年修订)》与《义务教育体育与健康课程标准(2022年版)》在坚持落实"健康第一"指导思想的基础上,更加强调体育教育与健康教育的融合,以促进青少年身心健康、体魄强健。

三、凤凰新思考

(一)分析现状,正视问题

目前而言,学校体育普遍存在三大问题。

一是学生身体素质欠佳,缺乏良好的运动习惯与态度。《2018年国家义务教育质量监测——体育与健康监测结果报告》数据统计显示,全国义务教育阶段小学生肥胖率、体能、视力等指标常年不容乐观,"小眼镜""小病秧""小胖墩"呈现低龄化趋势。传统体育课或活动课为能更好地激发学生参与体育锻炼的积极性,在选择教学内容和运用教学手段上,以调动学生的学习热情为主,过分追求热热闹闹,使教学内容趋于无效和形式化,忽视运动技能教学。反之,一节课或一场活动从头至尾,若持续以高密度、高难度且又单调乏味的训练作为主要学习内容,虽然有足够的技能学习和技巧练习,但是大多是被动和填鸭式教育,易使学生厌倦,徒添抵触情绪。而且随着年级上升,"厌学"的现象越发明显,最终导致学生丧失了运动乐趣。

二是学校运动组织低效,缺乏运动管理与评价。2010年发布实施的《国家中长期教育改革和发展规划纲要(2010—2020年)》及2011年十一届全国人大四次会议批准的《政府工作报告》再次强调"保证中小学生每天一小时校园体育活动"并制定了《切实保证中小学生每天一小时校园体育活动的规定》。因此,教育部为保障学生每天一小时阳光体育活动时间,把课间操扩展为一门系统的有目的、有组织、有计划、促进学生健康发展的体育锻炼模式,它是一种有效的学校体育组织形式,它能提高学生的体质和健康水平,还能有效地缓解学生的学习压力,促进学生全面发展。但学校层面在大力推进大课间体育活动上,并不见得有效对待,导致学校运动组织流于形式、内容枯燥乏味、管理监督和评价促进都不存在,真正用于运动的时间连半小时都不能保证,根本无法完成或只能低效完成这项学校体育工作的重要任务。

三是课程优化实施匮乏,缺少运动课程与机制。课程是一个学校的"灵魂",国家基础课程的校本化实施更是学生全面发展的"动力"。目前体育课程主要存在着以下两个问题:一方面,内容单调古板,现在大部分地区还在传承着"古老"的体育教学手段,课程活动内容缺乏新颖性,内容碎片化,没有系统性,不足以激发中小学生的参与热情;另一方面,体育课程匮乏或安排不合理,组织形式都是活动,缺乏内涵,更没有机制保障有序运转,学生存在较大的个体差异性,运动能力较差的学生对体育运动存在着抵触心理。这么少的运动量对于正处于身体发育期的青少年明显是不足的。

(二)提出主张,架构课程

围绕高质量育人目标,基于"健康第一"的教育理念,杭州市凤凰小学提出"凤凰大健康"主张:践行"在校六小时,运动两小时",做实"把体育带回家"的每日功课,开齐开足开好义务教育阶段的各类课程,通过构建校园大健康体系并校内实施和评测,保证学生在校学习期间每天有两个小时的运动时间,促进学生养成终身锻炼的习惯,树立健康第一、生命至上的人生观,人人拥有优雅气质、健康和谐的人格。在"凤凰大健康"主张下,学校采撷"凤栖梧桐"的美好意蕴,从顶层架构了"梧桐树"课程体系,自2017年创校至今,围绕"德育塑体、智育慧体、体艺健体、劳育逸体、心育护体、阅读悦体"六个维度的设计,以"六体合一"的个性实践,落实高质量课程育人协同化机制,形成了独具凤凰烙印的校本化健康教育实施样式。

一是重塑"六体合一"的课程目标,完善学校课程体系的架构。学校以"梧桐树"和"金凤凰"为具象,着眼"吸引教育"办学特色,重塑"六体合一"的育人目标,培养"正行善交、多彩健康、博学致远"的金凤凰学子。秉承"诚毅博正"的校训,"六体合一"让育人目标更为聚焦,以培养适合未来发展的接班人为己任。与此同时,学校以"立德树人"为根本任务,围绕育人目标,立足学生发展核心素养,坚持个性化教育的方向和"吸引教育"办学特色,从顶层架构并完善具有学校特色的"梧桐树"课程体系,以基础性课程校本化实施为重点,深化满足选择性教育的拓展性课程,通过两类课程的架构实施,顺应学生成长规律,促进学生全面而有个性的发展。

二是重构"六体合一"的课程样态,形成健康为本的特色实践。课程为培养未来学生而架构,致力于让学生学知识、长见识、有胆识。人生"三识"让学生健康成长,看事情的眼光、胸怀、层次、格局、思维能力不断提升,甚至成长空间、资源聚集能力不断增大增强。学校倡导每一位师生"读万卷书""行万里路""探万千世界",从"知、行、创"的三维视角架构课程体系,培养多彩健康的金凤凰。同时,为落实"健康第一"的育人理念,我校创新"六体合一"的课程样态,形成独具特色的课程育人特色行动:德育塑体、智育慧体、体艺健体、劳育逸体、心育护体、阅读悦体。"六体合一"分别以六个课程群的方式对应六种专项学习:课程思政学习、学科创享学习、体艺创玩学习、实践融创学习、社会情感学习、书者博创学习(见图1-1)。

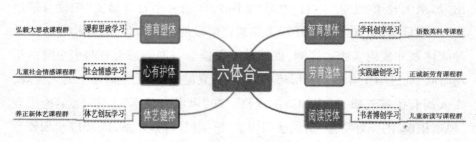

图1-1 "六体合一"课程育人实践样式

三是重建"六体合一"的实施路径,推动教学操作协同化机制的建立。学校统筹架构基础性和拓展性两类课程,开齐开足开好每一门课程,以学年课表、月课表、周课表、日课表、时课表等多种形式进行统整,通过三条路径实施所有课程,突出教学要素与数智评价。首先,聚焦学习方式转变,凸显生本取向,倡导"学"为中心的主动、探究和体验式的学习范式,使学生更好地形成应对复杂情境、解决真实问题的关键能力和必备品格,促使学生主动学习、释放潜能并全面而有个性地发展。其次,聚焦教师教学手段改变,联动资源统整,拓展学习场域,灵活设置长短课,实施多样的走班学习,突出课程的兴趣性、活动性、层次性和选择性,建构"组块统合""有声思维""跨界混融""素养学评"四维立体式教学要素结构模型,实现从教学方式到育人方式、从成绩提高到素养提升、从结构优化到要素驱动的新追求。最后,积极探索运用大数据支持的教学方式,搭建梧桐云平台4C数字评价体系,满足学生的个性化学习需求,促进教学改进和课程有效实施。

第二节　梧桐书院的大健康工程

书院是中华文化的重要载体。在中国文化的发展历程中,书院是极其醒目的地标。唐宋以来千余年间,书院所体现的以经世致用为导向的学术追求,以传道新民为己任的价值取向,以天人合一、知行合一、情境合一、教学相长为特征的教学理念,具有穿越时空的价值,当之无愧地成为中华文明的鲜明特征和优秀传统文化的斯文正脉。

一、梧桐书院承宋韵

杭州的美名,盛在山水景色之妙,更是来自它浓厚的人文气息。什么是"宋韵文化"? 它代表着一个时代,它是华夏文明的一座高峰。

800多年前,杭州曾是南宋都城,集宋代的政治、经济、文化于一体,续写着古代华夏文明的辉煌;今天,杭州提出打造"独特韵味,别样精彩"的世界名城,突出"宋韵文化"是重要方面。

两宋文明在中国历史上有它的独特韵味。史学大师陈寅恪先生曾指出:"华夏民族之文化,历数千载之演进,造极于赵宋之世。"品味中国传统文化的精彩,无论是物质世界的光彩夺目,还是精神世界的审美源头,宋文化总让人感到意味深长。回眸两宋文明,品味文化精髓,书院是宋代教育最重要的一个特色。书院的名称始于唐朝,最初只是作为搜寻、整理遗散图书及校对经书的地方,直至宋代发展成集教学和学术研究于一身的教育机构。这个时期出现了许多有名的书院,岳麓、白鹿洞、嵩阳、应天府书院,史称"四大书院"。

南宋定都杭州(古称"临安"),都城就建在凤凰山下。同期,千年宋韵交辉,皇城相府与各类书院并立,在杭州的玉皇山、凤凰山一带,书院大量出现,有的至今留存。杭州的书院自唐代起,至清代到达极盛,前前后后总共出现了31所,其中以敷文书院(今万松书院)、崇文书院、紫阳书院、诂经精舍四大书院最为著名,如位于凤凰山西南的紫阳书院(现杭州市紫阳小学),位于凤凰山万松岭下的万松书院等,尤其是万松书院,杭州两大民间故事"白蛇传""梁山伯与祝英台"皆与之有关,影响深远。

万松书院位于西湖南缘凤凰山万松岭,是明清时杭州规模最大、历时最久、影响最广的文人汇集之地。2007年万松书院被誉为万松书缘,成为新一代西湖十景之一。该书院始建于唐贞元年间(785—805),名为报恩寺。现遗址尚存有"万世师表"四字的牌坊一座和依稀可见"至圣先师孔子像"的石碑等物。书院内嘉花茂树、修篁奇石交布其间,周围苍松掩映,小溪潺潺,遥可望雷峰夕照、宝石流霞,近可听松涛泉流、虫鸟和韵。清康熙帝与乾隆帝曾亲临书院,为书院题写"浙水敷文"和"湖山萃秀"匾额,且因"浙水敷文"而将书院改称为敷文书院。当年的万松书院位居杭州四大书院榜首,造就了袁枚等巨学鸿生。几百年来,万松书院为浙江乃至全国塑造、输送了无数人才,对历史文化名城杭州形成尊师重教、育才树人的民风有其独特的历史地位和作用。书院中的"毓秀阁"原来用作接待各地访问学者,现在已经成为"梁祝书房",展现出梁祝二人当年并肩促膝、刻苦攻读的场景。

学校创校后依据周边环境文化特色,基于"凤栖梧桐"的美好寓意,对学校校园寄寓别称"梧桐书院",意在传承千年宋韵美学,活化校园的特色,倡导学校的师生在校园生活中开展独特的文化建设,过书香浓郁的阅读生活。宋韵文化是穿越千年而形成的积淀和传承,需要一种符合当下实际的当代表达。学校以"梧桐书院"命名,且向师生具象化,提出"书者"概念,一以贯之。每一名凤凰小学的师生都以"书者"为追求,呈现现代书者的美好画像:读万卷书,行万里路,探万千世界,做"知行创"的现代"书者"。

书院在当下,老树开新花。存世的书院理应更好地融入现代社会,"活"在当下,为传承中华优秀传统文化、培养现代人才做出更大贡献。书院精神是书院的灵魂,是古代书院制度留给我们最为宝贵的财富。在人文精神不断失落、功利主义愈演愈烈的当今社会,书院精神越来越显现出其价值,需要我们大力弘扬和传承。中国古代书院在漫长的发展历程中,形成了一系列思想观念、价值追求、文化传统、教育理念、办学风格,逐渐积淀为一种独特的精神价值,这就是"书院精神"。其具体表现在不同的时代、不同的书院有所不同,总体而言,可以包括以下几个方面的内容:重视生命意义、以人为本、立德为先、重视人格养成的人文精神;担当天下、传道济民、教化社会的经世精神;穷本探源、极深研几、实事求是的探索精神;不囿成说、不断超越、与时偕行、引领学术思潮的创新精神;有教无类、自由讲学、兼容并包的开放精神;鼓励学生自主学习、师生之间质疑问难、"疑误定要力争"的自主精神。

探索现代书院制,该从哪些方面着手?从内容上看,书院教育应当研究和传承儒家经典,以积极入世、承担社会责任为主体精神,背离这一主体精神,就不能称为书院教育。从行动上思考,知行合一,知与行良性互动、互相促进,是衡量书院教育效果的主要指标。能知不能行,或按照刻板的教条去行动,都无法取得真正的效果。

二、梧桐书院大健康

梧桐书院对凤凰师生秉持健康第一的教育理念,把新时代学校卫生与健康教育工作摆在突出位置,将全面提升学生健康素养纳入高质量教育体系,构建大融合、大协同的工作格局,建机制、融资源、抓重点、重落实,促进学生身心健康,使其养成健康的生活方式,培养德智体美劳全面发展的社会主义建设者和接班人。梧桐书院大健康的内涵和主要工作设计如下。

第一,完善协调机制,深化工作融合。促进体卫融合,完善学校青少年体育卫生工作联席会议制度,统筹推进学校体育改革、健康校园建设等重点工作。注重教育、体育、卫生疾控等部门加强联动,汇集各方资源,畅通健康促进机制,将体育改革与健康校园建设融合推进,引导学生主动做自己健康的"第一责任人"。加强政策联动,出台《学校食堂管理办法》《学校外供餐管理办法》,开展平衡膳食校园健康促进行动,实现"阳光餐饮"工程100%全覆盖。研究制定《凤凰小学推进健康校园行动的实施方案》,针对校长、医务人员、教师、学生、服务保障人员、家长6类关键主体,围绕常见病防控、传染病防控、心理健康教育、健康环境建设、安全保障等重点任务,实施12项具体行动。积极推进义务教育体育与健康考核评价改革，突出过程考核，强调快乐体育，用好体质健康日测、普测、抽测、统测等方式，中小衔接，以测促练，抓早抓小，全面提升。

第二，突出工作重点，抓好任务落实。加强体系建设，健全完善疾病预防体系和教育系统突发公共卫生事件应急响应机制。启用教育系统卫生与健康管理系统，强化数据分析运用，提高健康教育的针对性。做好校园自动体外除颤仪（AED）配置工作，推进公共场所急救设施设备建设。健全学校健康教育工作体系，明确校长责任，加紧配齐配强体育、心理教师及校医、专兼职营养管理人员等学校卫生与健康教育的基础力量。深化教学改革，充分发挥课堂育人主渠道作用，将体育与健康纳入基础教育阶段课程综合改革统筹谋划，促进"五育"融合。每学期在体育与健康课程总课时中安排4个健康教育课时，将公共卫生健康知识、应急救护技能和相关法律法规纳入教学内容。开展学校体育与健康示范课教学及教研交流，着力提高学校卫生与健康教育教学质量。

第三，强化工作保障，促进质量提升。印发《凤凰小学"十四五"时期教育改革和发展规划（2021—2025年）》，将学校体育改革、健康校园建设纳入重点督查内容和重点改革项目，把促进学生健康成长的成效作为检验学校工作的重要标准，加强工作调度和协调联动，有效补充校医缺口，强化卫生保健所作用，强化学校卫生与健康教育的基础保障。实施专项计划，落实《关于全面加强和改进新时代学校体育工作的意见》，协同家庭、学校和社会各方力量共同推进学校体育、卫生和健康教育工作，不断提高学校健康教育能力和育人质量。启动中小学校园教室采光和照明、课桌椅装备、黑板照明等学校卫生环境建设三年行动计划，将学校体育、卫生和健康教育工作作为义务教育优质均衡发展的重点内容，列入义务教育薄弱环节改善和能力提升项目规划。加大督导力度，对中小学校医配备、体育课时、"每天一小时"体育锻炼等情况开展专项督导，列出未落实任务清单并强化"回头"问效，不断推进学校卫生健康教育上台阶、出实效。

三、梧桐书院"创玩娃"

聚焦新时代学生培养目标,根据党和国家确立的"有理想""有本领""有担当"时代新人画像,我校提出"正行善交、多彩健康、博学致远"十二字育人目标,与之对应的是梧桐书院"创玩娃"的简约提法。

梧桐书院的"创玩娃"对应新时代少年儿童的整体要求。这十二字的育人目标,力求体现遵循中国学生发展核心素养中"社会参与、自主发展、文化修养"的三个方面和"社会责任、国家认同、国际理解、人文底蕴、科学精神、审美情趣、身心健康、学会学习、实践创新"的九个维度。学校秉持"诚毅博正"校训,确立凤凰学子十二字育人目标,厚植民族情怀,开阔世界眼界,培育金凤凰。

梧桐书院的"创玩娃"突出凤凰色彩斑斓、缤纷多姿的特色。学生时代,生活充满活力和激情,可发展多种兴趣爱好,促进个性发展。体质健壮、精力充沛并具有良好心理品质是一个人面向未来的基本保障。健康是底色,只有身心健康,才能学得有滋有味。凤凰小学定位于创玩校园,让学生自主绽放,基础扎实,玩出名堂,掌握适合自身的运动方法和技能,养成健康的行为习惯和生活方式,坚持发展喜爱的兴趣、特长,不断丰盈金凤凰的多彩生命。《劝学》中说,"君子博学而日参省乎己"。"博,大通也",博大精深,博古通今,学识广博,眼界开阔,博学才能有创造。

梧桐书院的"创玩娃"独具书院气质。凤凰山麓,千年文脉,自唐代起书院林立,万松书院流传至今,传承地域文化之优势,得天独厚。腹有诗书气自华,读万卷书,行万里路,探万千世界,知行合一,勇于创新。小学生应学识广博,眼界开阔,勇于探索,开拓创新,志向高远,肩负起人类命运共同体的责任担当,破旧立新并富有创造精神,放眼展望世界,怀揣强烈的民族自豪感,根植深厚的家国情怀,同心共筑中国梦。学生友善交往、合作分享乃立足社会的第一素养。善良是人的第一品格,诚实守信是做人之根本。小学时段是养成良好习惯最为紧要的时刻,"名之曰雅正者,其辞雅,其理正也"。立德诚善,典雅方正,言行一致。

第三节　创玩体育的理论阐释

凤凰小学提出的创玩体育究竟是什么？它的提出对学生的成长具有怎样的意义？学校"创玩体育"又该如何实践呢？

一、创玩体育的内涵解读

创玩体育属于凤凰小学"六体合一"课程育人实践之"体艺健体"，既是凤凰小学的体育教学主张，也是学校以体育人的具体行动。

(一)创玩体育是基于五育并举的校本行动

创玩体育的"玩"指向兴趣。托尔斯泰提出："成功的教学所需要的不是强制而是激发学生的兴趣。"学生是学习的主体，也是发展的主体。体育与健康新课标确立了"健康第一"的指导思想，优化课间的时间、空间、形式、内容和结构，突出主体意识、开放意识，让全体师生共同参与、乐于参加，增进师生间的情感，让学生养成积极主动的运动锻炼习惯。创玩体育是凤凰小学"六体合一"课程育人实践中"体艺健体"的具体内容之一，用课程不断激发学生参与运动的兴趣，培养学生坚持锻炼的意识与习惯，逐步形成勇敢坚韧的良好品质，不仅促进学生身心的发展，也为培养学生的适应力奠定基础；根据学生的身心发展需要，积极创新，力求以活动励德、以活动辅智、以活动健体、以活动塑美，释放学生心理空间，力争展现学生勃发的朝气和昂扬的精神风貌；全面普及并提高教育部"体育、艺术2+1项目"实施方案中"2+1"项目的技能，营造浓厚的校园体育锻炼氛围，增强学生的合作精神和团体意识，以体育人，促进学生健康成长。

(二)创玩体育是基于运动校园的教育主张

创玩体育的"创"指向突破。体育其实就是最好的教育。以体育融五育,立德树人,使学生成长、蜕变,突破自我。《关于深化教育教学改革全面提高义务教育质量的意见》中要求强化体育锻炼,坚持健康第一,实施学校体育固本行动。我校引导和鼓励广大学生积极参加形式多样、生动活泼、健康向上的体育活动,提高学生的身体综合素质,促进学生的全面发展和健康成长。以课程为抓手,打造校园运动文化,以校园运动活动为载体,让每位学生掌握1至2项运动技能,培养学生自觉锻炼身体的习惯,规范学生课间体育活动内容和形式,逐步形成我校以体育人的特色和主张,努力建设和谐校园、平安校园、活力校园,为学生的健康成长保驾护航。

(三)创玩体育是基于素养发展的课程思维

创玩体育的"创玩"指向发展。开创一种课程就是开创学校的未来。凤凰小学立足顶层思维,着眼于学生运动综合素养发展,架构"凤凰大健康"体系,践行"在校六小时,运动两小时",做实"把体育带回家",以全塑塔式运动建设为突破口,打造五育融合、以体树人的协同育人新范式,让学生乐享有滋有味的校园运动新生活。为有效引领"金凤凰"的健康成长,通过体育项目化学习单、体育数字打卡等技术手段让运动成为学生和家长生活中的一部分,发展孩子的体育素养,通过孩子带动家长、带动家庭、带动社区的健康生活。

二、创玩体育的育人价值

创玩体育的育人价值在于帮助学生树立"健康第一"的价值理念,发展体育核心素养,使学生具备良好的运动能力、健康行为和体育品德,使其个性得以发展,人格更加健全。

(一)提高运动能力,实现身体素质从部分到全员的提升

教育部明确要求中小学生校内体育活动时间不少于一小时,我校在2018年就实施了学校大健康的课程,保证实现在校六小时、运动两小时的目标。上、下午各安排半个小时的大课间活动,形成固定的全校师生进行体育锻炼的时间,再加上每天的体育与健康课,还有结合各年级身心特点制定的

特色体育活动课(一年级围棋、二年级国际象棋、三年级桥牌、四年级游泳、五年级学军、六年级学农)等固定课程的开展,不仅确保了学生在校两个小时的运动时间,而且让学生的知识面得到了拓展,更激发了学生全面发展的兴趣。在教学中,教师认真学习新课程标准,刻苦钻研教材,加强基础教育,围绕创玩体育开展教学研究,开设课程群,改进教学模式,力求创新,努力提高教育教学能力和水平,努力提高学生的身体素质和运动能力,使我校的体育教学工作更加规范化,教学方法更加多样化,选择符合学生心理和生理特点的教学方法,努力提高学生的兴趣,使其明确体育课的目的。近年来我校的体育教学工作质量有了较大幅度的提高,教学水平和学生的身体素质也有了明显的提升。

(二)养成健康行为,实现运动习惯从被动到主动的跨越

追求课堂实效性是新一轮课程改革的重中之重,是对标落实《义务教育体育与健康课程标准(2022年版)》的重要举措,是完成体育教学目标的重要策略。如何让学生从被动学习转变为主动挑战,甚至把学习体育技能变为一种乐趣,这是广大体育教师极度关注的问题。我校开设家庭体育坊,提出"把体育带回家"体育主张,即把理念带回家、把科学运动带回家、把技术动作带回家、把练习方法带回家、把运动习惯带回家,旨在为应试体育教学和素质教育搭建桥梁,营造校内校外、学校与家庭的体育运动氛围。凤凰大健康,一路向未来。

(三)形成良好的体育品德,实现运动毅商从畏难到挑战的升级

现今的基础教育过早地挖掘智商,不遗余力地培养情商,唯独忽略了动商的培养。"小学生起大早,初中生拼辅导"成了普遍现象,青少年身体变得不协调、不灵敏,心肺功能降低,越来越不自信。我校体育教学以各种游戏为载体,通过形式多样的练习提高练习的趣味性,这种创设让学生获得了强烈的动作体验。课堂气氛浓厚,学生参与积极性高涨,同时又解决了传统教学方式上运动强度和密度不足的问题,促进学生刻苦锻炼习惯的养成,最大限度地提升课堂实效。人们普遍认为,心理暗示可以帮助学生形成实现这一目标的良好精神状态,实现体育教学所追求的高度参与,以及心理健康、社会适应等目标。我校各类运动活动采用项目化或校园吉尼斯挑战等形式,通过设置竞赛规则和对抗强度对学生进行竞赛培育,锻炼学生的意志品质。比赛和活动过程中,既可以激发学生的学习热情,也能锻炼其体能和意志力。活动能让学生总结得与失,使学生在比赛中不但有身体体验,而且有情感的培养。这能让学生个性得以发展,人格逐渐完善。

三、创玩体育的实践主张

彰显"健康第一""无体育非凤凰""在校六小时,运动两小时""把体育带回家"等理念。创玩体育以构建塔式运动结构为突破口,打造五育融合、以体树人的协同育人新范式,让学生乐享有滋有味的校园运动新生活,有效引领"金凤凰"的健康成长。

(一)打造运动校园,彰显健康特色

我校在"有滋有味,阳光童年"办学理念指引下,深入开展体艺校本课程建设,促进学生个性特长的发展,培育"气质美小凤"。学校系统架构体育、艺术等课程,形成基础、专项必修、特长类别和校队社团选修的金字塔式结构,秉持让天赋自由的理念,将基础性、拓展性课程有机融合,为学生全面而又有个性地发展奠定丰厚的综合素养基础。

首先,统整内容,打造体育课程群。一是每天开设一节基础体育或体育活动课,在部分年级开设每周一节的国际象棋、围棋、桥牌等专项体育课。二是每学年举办童健节、童棋节、达标运动会、校园足球周活动和开设四年级游泳周课程。三是每周五下午开设一小时玩转体艺走班选修社团(体育类)。四是定时定点开展体育类特色校队和课后托管精品社团的学习,开发创设"二级社团活动体系",积极推进"体育、艺术2+1"课程项目工程,努力做到活动课程化、课程特色化。在此基础上,我校的主题化大课间活动、童健节系列活动、童棋节活动等,编排得非常巧妙和科学。"强身健体"童健节每年4月举行,这是展现学生运动力量的达标运动会。"黑白世界"童棋节每年2月举行,是包含"国际象棋""围棋""桥牌"的综合赛事。以足球周、冰壶周为主题的体艺活动,挖掘特色,磨出品质,使体育锻炼成为丰富、有趣的内容,提升学生体艺素养整体水平。

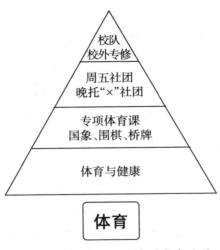

图1-2　校体育课程金字塔式实施图

其次，五种课表，灵活设置课程。课程往往以学年"课表"的形式固化，目的可以从时间、科目、实施上予以保证。学校统筹整合基础性和拓展性两类课程架构，开齐开足开好每一门课程，以独有的"五种课表"形式进行统整。根据课程的实施周期，将学校的课表分为学年课表、月课表、周课表、日课表和时课表。基础性课程按照国家规定统一设置学时规定学习内容，保持年课表不变。同时，我校依据课程内容在学年课表的基础上，细化为月课表、周课表、日课表、时课表，并考虑四假时长（春秋、寒暑假）进行细化整合。如有四年级的游泳周课程、五年级的国防学习周课程、开学的"童棋日"课程等。研究类拓展性课程打破课时概念，贯穿整学期，适时融入学生的学习时段，可以在课堂内课堂外，校内校外。如第一学期开学时的"足球国际理解周"，第二学期开学时的"冰壶国际理解周"。根据核心素养培养目标、年龄特点、个性特长等，细化整合为月课表、周课表、日课表，将碎片化的课程内容进行系统化的整理，突出兴趣性、活动性、层次性和选择性。基于"健康第一""读写立人"理念，将每日相伴的运动和阅读按"时课表"落实晨诵、大课间运动、午间持续默读。五种课表，灵活设置课程，满足学生个性化学习需求。

(二)开拓育人方式,提高综合素养

首先,"打造激情课堂,增强课堂实效"就是育人方式的重大突破。所谓实效,就是要从学生的身心发展特点出发,以激发学生的学习兴趣为基点,引导学生积极主动地克服学习过程中遇到的挑战和困难,使学生将自身学习兴趣转化为动力。教师要注重优化教学结构,培养学生学习能力,发挥学习方式的多样性和主体性。同时,对所带班级的学情做充足的准备和充分的考量,择优选取教学内容,精心设计教学环节,以丰富的体育教学举措,使学生产生学习的兴趣,调动其积极性。致力于培养学生的刻苦锻炼精神,增强学生在体育课堂中的成功体验感和分享合作意识,以提高学生技能和体能,有利于引导学生产生积极的终身运动的人生观,切实做到教书育人、以德育人、以体育人,促进学生德、智、体全面发展,为学生综合素养的提高打下坚实的基础。

其次,构建"养正新体艺"课程体系,完善体艺创玩学习的综合化实施机制。统整体艺课、拓展课、体艺活动、悦心、卫生等健康教育内容,结合机构、环境、机制落实大健康理念下的体艺创玩学习。细化时间分配,升级体艺创玩学习的迭代作息表;优化实施路径,形成创玩体育的素养课程环;活化体艺兴趣,突出体艺创玩的个性化学习;深化多元评价,注重体艺创玩的全面性发展。

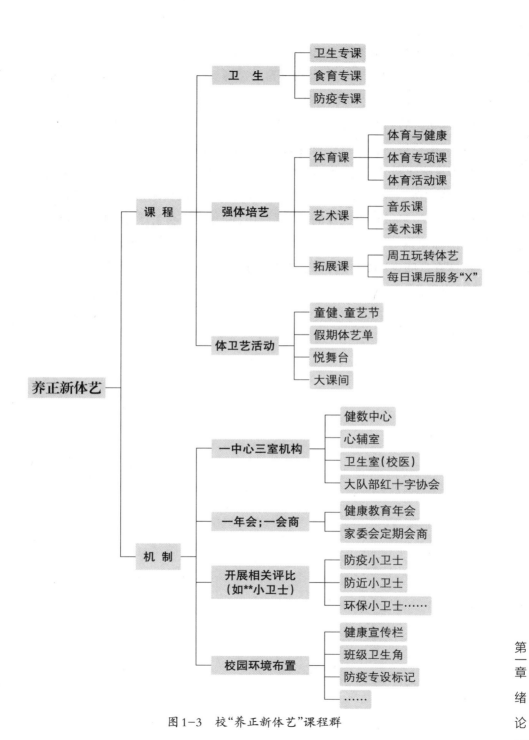

图 1-3 校"养正新体艺"课程群

(三)创生精品课程,突出个性发展

依据学校体育课程群,运用体育活动课、玩转体艺课、才艺坊、校队四级夯实梯队建设,制定训练计划,严格执行,分阶段进行分析,总结原因,认真抓好运动队的训练与管理工作。老师们分工明确,坚守训练一线,带领学生参加区田径运动会、足球、篮球、排球、三跳、游泳、体质测试比赛、市三跳比赛、市排球比赛、国家体质抽测均取得优异成绩,将"无体育,非凤凰"坚持到底。童健节、校园吉尼斯、三跳比赛有序开展,使校园的运动氛围无处不在。在学生可以自由选课的"X"课程中,所开设的羽毛球、足球、跆拳道、围棋、国际象棋等活动精彩纷呈,学校鼓励每位学生有一个体艺专长。我校"把体育带回家"的教学主张,创设全员、全境、全塑学校体育课程群助力学生健康成长。让每一位学生的兴趣有所学,使全员体艺2+1有保障。

第二章

设计:创玩体育的总体架构

　　创玩体育作为区域内学校体育教育特色打造的新样式,打破了体育运动与校园文化脱节,体育赛事与体育日常教学脱节,体育运动与家庭、社会教育脱节等传统常态。基于"时空重构""自由学习""协作共享"创设多元学习交往平台,围绕健全人格,把创玩体育作为立德树人的重要载体。因此,创玩体育在教育理念、教学原则、教学方法和多元能力培养、评价等方面具有特殊的教育实践意义。

第一节　创玩体育的设计思路

　　创玩体育的价值在于增强学生体质、培养完善人格、树立规则意识,在运动中逐渐形成正确的价值观、积极向上的人生观和终身体育的意识。为此,基于"健康第一"的价值理念,创玩体育注重激发学生参与运动的学习兴趣,培养学生坚持锻炼的意识与习惯,逐步形成勇敢坚韧的良好品质。不仅促进学生身心的发展,也为培养学生的适应力奠定基础。基于运动校园的理念,创玩体育打造校园运动文化,以校园运动活动为载体,培养学生自觉锻炼身体的习惯,规范学生课间体育活动内容和形式,逐步形成我校创玩体育特色:践行"把体育带回家"的教学主张,以塔式运动课程群建设为突破口,打造五育融合、以体树人的协同育人新范式,乐享有滋有味的校园运动新生活。通过体育项目化学习单、钉钉平台无感录入等技术手段让运动成为生活中的一部分,形成孩子带动家长、带动家庭、带动社区的健康生活样态。

一、细化时间分配,升级创玩体育的迭代作息表

　　优化一日作息推进创玩体育,赋予时间以品质。早上睡好吃好,八点半上第一节课;校内一天一节体育课、上下午大课间各半小时保障学生有充分的健身运动时间;午间让学生持续默读,有闲暇时间休息;课后服务时段学生运动自主参与、各取所需;放学后亲子运动、家庭运动、社区运动成为生活主旋律,保证学生睡眠。基于此,以课程建设为突破口,深化五育融合的吸引教育办学实践,建设成为区域五育融合、以体树人的实践基地,以体育融五育,追求过有滋有味的运动生活,引领"金凤凰"健康成长。学校设计"塔

式结构"体育课程群,把创玩体育落实在日常的课表上。我校的"任性5分钟"改课行动让学生运动和阅读的日课表成为可能。学校通过35分钟排课方式,把原课表中的每一节课都减少5分钟,在总时长不变的基础上,一周增加了4个35分钟的课时,其中2课时用于儿童全科阅读课程和项目化学习,另有2课时用于校本化的体育课程。目的是践行校园运动新生活,彰显"健康第一"的主张,实现"野蛮其体魄"育人为本的理念,让每一个凤凰学子形成一种健康运动生活的人生观。

实践证明,科学的时间分配决定了它的存在意义和价值。对于体育学科来说,大课间活动是体育课堂延续的一个重要环节。因此,这个"课堂"的高效利用就是在有限的时间内,不打折扣,言必行,行必果。我校把大课间活动的时间做到分秒必争,如在进场时,全校学生按照"零级音量贯始终,迅速排队有秩序,动作整齐有力度,和着音律姿态美"的要求在规定的时间内踏步整齐划一行进,起到一定的热身和放松作用的同时,更做到高效用时。在做花样跑操和创玩体育游戏练习时,学生会在指定的区域、有限的空间内有条不紊地完成运动。退场时,更是按照"紧跟队伍不掉队,身直眼正不张望,双臂前摆不扶杆,轻步快走不出声"的要求,分批次、分入口快速回到教室。大课间活动所展现的纪律性和秩序性无不体现出学校在平时教学常规方面的实力和功底。我校还建立较完善的管理和评价体系,开展了可持续性的制度保障。

基于大健康理念,我校更加重视运用时间管理引导孩子培养健康生活和科学运动的习惯。系统设计上、下午创玩体育大课间,全员参与,人人运动,保障身体健康。下午学后托管的个性化社团时段,自主选课、自由走班,培养兴趣爱好;同时还安排校队才艺坊,择优入坊、专项训练,发展运动特长。日常细化时段,围绕国家小学生体质监测要求进行时间分配:低学段"四肢健",以发展学生的柔韧性和平衡能力为主,重在兴趣;中学段"腰杆硬",以发展速度、协调性为主,培养乐趣;高学段"身姿挺",以发展学生的耐力性、灵敏性为主,砥砺志趣,实现在有限时间的细化分配中达成"让每个学生掌握1至2项运动技能"的基础目标,使全校学生的体质监测质量达到全区优秀水平。

二、优化实施路径,形成创玩体育的素养课程环

以新一轮义务教育课程改革为契机,以学生创新素养发展为方向,打造创玩体育课程的鲜明亮色,架构创玩体育素养课程环,促使学校体育课程改革迭代升级。基于系统思维,让学校课程富有倾听感、拥有逻辑感、嵌入统整感、饱含见识感、提升质地感,体育课程建设触及课堂教学变革,让课堂呈现出新的文化样态。

基于课程化思维,完善课程体系,创玩体育的素养环包括体育与健康课(技能)、体育活动课(习惯)、体育专项课(特长)、体育大课间(素质)、体育拓展课(兴趣),建构全天候的创玩体育课程体系。加大体育现场考试项目数量,给予儿童更多的自主选择权。通过首遇责任制、黄金24小时应急处理办法,建立儿童运动安全防护网,变被动防御为主动预防,保障儿童体育健身的多项选择和丰富体验。建构全天候的体育大健康课程体系,优化国家基础性体育课程,每天一节体育课、每天两次体育健身大课间、每天一个必修项目。丰富优化儿童在校一日生活,不仅有体育运动,还要有保健、游戏、校园吉尼斯等体现"健康第一"理念的时光,要努力实现创玩体育在校六小时,运动两小时的最强设置,让素养课程环长起来。

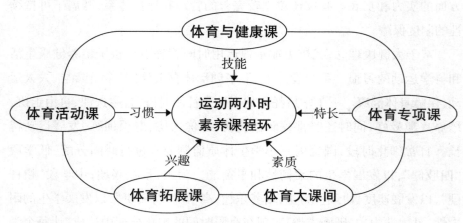

图 2-1　创玩体育每天运动两小时素养课程环

三、活化运动兴趣,突出创玩体育的个性化学习

立足"课程核心素养"进阶新教学,坚持体育素养导向的教学,研究个性学习发展的教学和基于问题解决的教学。更新体育教师理念,探索小学阶段高质量实施国家课程的实践。重视学习的真正发生,营造有冲突、有困惑、有矛盾、有争论、有辨析的课堂学习。充分运用展示学习的方式,鼓励学生质疑问题、暴露问题,活化体育课堂学习资源,提高学习实效。

体育个性课程,涵盖学校、学段和学生自选三个维度。课后服务自选课程,学生可自主选择足球、篮球、排球、田径在内的各类体育项目。每天每位学生在校锻炼时间力争可两小时以上,形成贯穿全年的日日锻炼、月月有赛、年度联赛以及亲子运动会、童健节、达标运动会等全员锻炼氛围,最大化地利用了学校现有空间,竭尽全力让学校每一个角落都有运动的欢呼声。

"双减"形势下,打破以往的组织形式和教学模式,充分考虑到学生的生理特点和心理特征,以全员走班玩转体艺社、课后服务"外教"体育社、校级选拔毅达运动社三种不同的课程设置,满足不同学生的需求,确保每一位学生都能够积极地参与到练习中,每一位学生都有展示自己的舞台,每一位学生都有收获,达成每位学生掌握1至2项运动技能。基于体育科研的探索,为儿童提供"一人一策"科学的日常运动锻炼优化处方。

四、深化多元评价,注重创玩体育的全面性发展

注重素养学评的工具和技术运用,不断提高教师评价素养,每学年举办"体育课例节"深化体育创享课堂的多元评价。通过与高校项目合作,市区教育局、区教育学院专家助力、导助等方式,深化学生综合评价改革。注重平时体育课与劳动、艺术、德育等课程的融合实施,最大限度地突出学生"动商"和"毅商"发展。把体育作为看得见的"动商"教育,增加过程性考核累积,对学生的运动情况进行过程性数据记录跟踪,科学地为每个学生提供针对性运动改进方案。强调儿童在哪里,教育就要发生在哪里。如让学生自定"学校+家庭"的健康运动小目标,形成21天、100天、180天看得见的"进度条";引导学生自主建立线上、线下学伴锻炼群,在互相激励中让自己成为

伙伴之间的榜样。教师也积极锻炼,努力成为儿童健康阳光的审美对象;儿童的运动推动家长,并延伸到家庭乃至社区,努力让体育和阅读相得益彰,成为家庭亲子活动的主旋律,开展评选"正源"好家长(家庭)榜样活动中,要将体育作为重要指标。

建立新的体育评价改革,通过形成性评价、分项等级评价、过程展示评价等方式,推动儿童体育学习评价改革先行先试。力求做到"国家统的齐步评",严格执行国测标准;"学校定的精准评",选好内容维度定出标准;"学生选的描述评",质性描述并附佐证,通过评价激励学生运动,挖掘学生运动亮点,运用多元评价导向,为学生健康创未来。

第二节　创玩体育的课程建设

　　课程化是学校办学体现以人为本、立足学生核心素养培育、促进学生全面而有个性成长的必然要求。开创一种课程就是开创学校的未来。我校立足顶层课程哲学思维,着眼于学生运动综合素养发展,加强新时代育人方式变革的研究,以评价、协同、生态等视角完善校本体育课程,确立以体树人的目标,以体育融五育。课程实施中,学生真正成为创造的主体,从学生需求出发,形成以学定教,学教合一,关注学生未来学习能力的培养,体现创玩体育文化的建设,扩大体育运动的参与面,让学生和家长在校园中、社区内、家庭里一起热爱运动、享受竞争、体验合作、感受胜利。

一、创玩体育的课程设计

　　基于素养发展的课程思维:着眼于学生运动综合素养发展,架构创玩体育体系,践行"把体育带回家"的教学主张,以"塔式运动"建设为突破口,打造五育融合、以体树人的协同育人新范式,乐享有滋有味的校园运动新生活,形成具有校本特色的塔式结构体育课程群。其中,包括体育与健康课、体育活动课、体育专项课、体育大课间、体育拓展课,努力实现创玩体育在校六小时,运动两小时的最强设置。以校园运动活动为载体,让每位学生掌握1至2项运动技能,培养学生自觉锻炼身体的习惯,为学生的健康成长保驾护航。

(一)体育与健康

　　认真贯彻体育课程标准,落实体育工作条例,大力推进素质教育,切实做到教书育人、以德育人、以体育人,促进学生德、智、体全面发展。以项目化学习和校园大健康为抓手,促进五育融合带动整体办学方向和改革,从而实现以体树人的价值追求,形成中小幼一体化的体育学习助力方式,实现个性化吸引办学,彰显"健康第一,生命至上"的主张,实现"野蛮其体魄"育人为本的理念,形成一种健康运动生活的人生观。以此为目标,我校的体育教学工作更加规范化,教学方法多样化,选择符合学生心理和生理特点的教学方法,努力提高学生的兴趣,明确体育课的目的。几年来,我校的体育教学工作有了较大幅度的提高,教学水平和学生的身体素质也有了明显的转变。我校有专职体育教师六人,积极落实课程规定要求,一至四年级开足一周三节体育与健康课程、一节体育活动课及一节体育专项课。五、六年级开足三节体育与健康课程、一节体育活动课。体育教研组以年度教学计划为主要工作指导思路,每学期制定各年级学期教学计划,在教研组通力合作下,完善每个单元的教学计划,并且对于每一课都有详细的二次备课过程,全方位地涉及每一位学生,做到全纳全面。体育教师的主阵地是在操场,但近年来线上教学也成了一种新样态,这就促使老师们积极行动起来,集思广益,求实创新,采用录制微课、微视频、线上直播等形式,将空洞的线上教学变得精彩纷呈,大大提高了学生的参与度与可操作性。时间是最好的见证,我校学生的体质健康有了质的飞跃,不仅在全区体质抽测中名列前茅,更经得起全国体质抽测的全面检验。2019年10月,我校曾承担过全国体质抽测点样本采集的任务,并圆满完成该项工作。这些都取决于教师科学设置课程内容,合理安排课程进度,实时关注每一个学生的成长历程。

(二)体育活动课

学校全面贯彻教育部下达的"在校运动一小时"指导方针,不仅落实到各级各班,更是在此基础上,每节课"任性"5分钟,把学生在校运动时间提升到了两小时。体育活动课相比较于常规体育课来说,更让学生感觉到放松,因为在课间学生不仅要自主规范行为,协调好合作关系,更要在选择的活动项目上,选择不同途径来提升自己的各项能力。体育活动课不仅使学生选择更为宽泛,对教师的设置安排上也更为全面。"无体育非凤凰",不仅仅泛指学生,连每一位教师都参与其中,不管是教音乐、美术的老师,还是语、数老师,都能在体育活动课上与学生互动。

每周五下午的玩转体艺课程也是我校体育活动课的一大亮点。课程设置成走班制，不同年龄层次的学生，根据自己的喜好，双向选择学校开设的课程。在一小时的上课时间里，学生不仅能学习到更为专业的运动技术指导，更多的是在学习中发掘自我的潜能、释放激情。授课的教师也是根据自身的特长，将所学的运动技能通过专业渠道，教授给热爱此项目的学生，为学生选择一项适合自己的特长项目奠定一定的基础，并且在一段时间的训练后，明确方向，养成终身体育的好习惯。

(三)体育专项课

创玩体育不仅重视学生的身体素质，还不断提升学生的综合素质。学校共开设围棋、国际象棋、桥牌、形体等多种个性化课程，根据不同阶段的学生特点，创设多元化的精品课程，以课程为抓手，渗透全纳理念，完善学生自我评价机制，将"无体育非凤凰"的理念进行到底。学校为课程创设了丰富多彩的展示平台，让学生在比赛中提高技艺，发展社会情感技能，有滋有味成长，并且发挥杭州市棋类第二课堂共建学校的榜样引领作用，组织开展凤凰小学棋类竞技运动挑战赛活动，营造国际象棋等竞技类运动项目学习的良好氛围，锻炼选拔优秀小选手。架设多渠道的发展空间，向更高层次进阶。

学校不仅有专门的个性化课程，每年还创设与时俱进的国际化理解周课程。旨在立足国际视野和体教融合，通过项目式学习，引领学生体验研究学习国际赛事项目，心怀远大理想，树立争当新时代好少年的目标。为全面推进学校五育融合的吸引教育办学实践，在一二年级开展冰壶嘉年华活动，三到六年级开展足球嘉年华活动，感受运动魅力，树立凤凰体育精神。以中国女足重返亚洲之巅、盛世北京冬奥会为契机，结合"新体育"的威、全、融三个维度设计，基于学程式校本课程实施理念，通过为期一周的体育盛事，体验体育突破国际边界的魅力。

(四)体育大课间

我校秉持"凤凰大健康"的育人理念，推出"防近控肥"新举措，以体育融五育，培养雏凤学子良好的体育锻炼习惯，增强全体学生体质，保护眼睛，控制肥胖，引导凤凰学子乐享运动，强化体育锻炼。大课间活动结合学校的实际情况来开展,在大课间的场地和内容上努力做小场地大文章,并践行"把体育带回家"的主张。趣味游戏环节都围绕"防近控肥"举措来进行,创设平台让学生能够爱眼护眼,挑战自我。

我校大课间特征为规则意识贯全场。从教室开始,按序往右侧下楼,进入操场后跑步到指定位置,所有班级做到"零级音量贯始终,迅速排队有秩序,动作整齐有力度,和着音律姿态美"。班级行进间队列能做到"紧跟队伍不掉队,身直眼正不张望,双臂前摆不扶杆,轻步快走不出声",做好关键小事,培养日常规则意识。活动内容创增量:专项活动帮助学生提高体能,创意游戏活动落实"防近控肥"举措,利用大课间的时间,培养学生运动习惯,指导学生学会科学运动,爱眼护眼,落实"把体育带回家"理念,帮助学生身心健康成长。音乐元素控始终:从教室到操场,从准备活动开始到整理活动结束,始终以音乐来指挥,通过节奏变化来指挥学生变换活动内容。

(五)体育拓展课

依据创玩体育课程体系,体育拓展课,涵盖学校、学段和学生自选三个维度。尤其要做好课后服务自选课程,学生可自主选择足球、篮球、田径在内的各类体育项目。"X"课程中开设的羽毛球、足球、跆拳道、围棋、国际象棋等活动,学校鼓励每位学生有一个体艺专长。我校"把体育带回家"的体育主张,创设塔式结构创玩体育课程环,助力学生健康成长,发展每一位学生的兴趣特长,使全员体艺2+1有保障。运用体育活动课、玩转体艺课、才艺坊、校队四级夯实梯队建设,制定训练计划,严格执行,分阶段进行分析,总结原因,认真抓好运动队的训练与管理工作。老师们分工明确,坚守训练一线,带领学生参加区田径运动会、足球、篮球、排球、三跳、游泳、体质测试比赛,市三跳比赛、排球比赛、国家体质抽测均取得优异成绩。

二、创玩体育的课程实施

(一)构建创玩体育的个性作息表

1.细化作息时间表

以课程建设为突破口,设计"塔式结构"创体育课程群即体育与健康课(技能)、体育活动课(习惯)、体育专项课(特长)、体育大课间(素质)、体育拓展课(兴趣),把运动两小时落实在日常的课表上。"任性5分钟",通过35分钟排课方式,在各年级增加4个课时,其中一半用于儿童阅读课程、项目化学习,另一半用于校本运动课程的课时,基于大健康理念,我校更加重视运用时间管理,引导孩子培养健康生活和科学运动的习惯。系统设计上、下午创玩体育大课间、眼保健操时段,全员参与,人人运动,保障身体健康;下午个性化社团时段,自主选课、自由走班,培养兴趣爱好;下午校队才艺坊,择优入坊、专项训练,发展运动特长。目标是践行校园运动新生活,彰显"健康第一"的主张,实现"野蛮其体魄"育人为本的理念,让每一个凤凰学子形成一种健康运动生活的人生观。

表2-1 创玩体育个性作息表

(一二年级)				(三～六年级)		
周一～周五上午				**周一～周五上午**		
	作息内容	起讫时间			作息内容	起讫时间
上午	学生到校	8:15—8:25		上午	学生到校	五六年级8:05—8:15 三四年级8:15—8:25
	第一节	8:30—9:05			第一节	8:30—9:05
	第二节	9:15—9:50			第二节	9:15—9:50
	体艺大课间	9:50—10:20			**体艺大课间**	9:50—10:20
	第三节	10:20—11:00 (含眼保健操)			第三节	10:20—11:00 (含眼保健操)
	第四节	11:10—11:45			第四节	11:10—11:45
中午	午餐	11:45—12:15		中午	午餐、午休	11:45—12:50
	午休	12:15—13:05				
下午	谈话课	13:15—13:30		下午	谈话课	12:55—13:05
	第一节	13:35—14:15 (含眼保健操)			第一节	13:10—13:50 (含眼保健操)
	第二节	14:25—15:00			第二节	14:00—14:35
	体艺大课间	15:00—15:30			第三节	14:45—15:20
	功课加油站 (含点心时间)	15:40—16:30			**体艺大课间**	15:20—15:30
	个性成长坊	16:40—17:30			功课加油站	15:40—16:30
	特护管理	17:30—18:00			个性成长坊	16:40—17:30
					特护管理	17:30—18:00

	周五中午～周五下午			周五中午～周五下午	
中午	午餐、午休	11:45—12:45	中午	午餐、午休	11:45—12:50
下午	谈话课	12:55—13:05	下午	谈话课	12:55—13:05
	第一节	13:10—13:50（含眼保健操）		第一节	13:10—13:50（含眼保健操）
	第二节（玩转体艺）	14:00—15:00		第二课（玩转体艺）	14:00—15:00
	大课间	15:00—15:30		协同整理课	15:10—15:30
	功课加油站（含点心时间）	15:40—16:30		功课加油站（含点心时间）	15:40—16:30
	个性成长坊	16:40—17:30		个性成长坊	16:40—17:30
	特护管理	17:30—18:00		特护管理	17:30—18:00

2. 创生运动课程表

运动两小时的素养课程还包括国家教材实施的每周3节（一二年级每周4节）体育与健康课，确保学生每天上、下午各半小时的体育运动时间，还将利用多设的两个课时开设年级专项体育课，如一二年级国际象棋每周一节，一二三四年级每周一节国际形体课程，四年级每周一节国际桥牌课程，五六年级的跆拳道和三大球专项课程。此外，每周五下午还开设一小时的玩转体艺选修社团课程，"双减"政策落地后，开设二十余个体艺社团，让每个学生可以选择一门感兴趣的体艺社团活动。还将通过校队建设开设4点钟体艺才艺坊课程，一部分体育校队的学生，每周放学后有1—2次为期一小时左右的专项训练，教练一般外聘。要努力实现在校六小时，运动两小时的最强设置，让素养课程成长起来。

表2-2　低中高学段运动课程表

201班课表

	星期一	星期二	星期三	星期四	星期五
一	语文	语文	语文	英语	数学
二	语文	语文	语文	道德与法治	**体育与健康**
三	**体育与健康**	数学	数学	语文	美术
四	数学	道德与法治	**体育与健康 （围棋）**	音乐	语文
五	班队 （心理辅导）	**体育与健康**	综合实践 （信息／劳动）	**全纳体育**	语文
六	美术	音乐	科学	儿童新读写	**玩转体艺**
七					

301班课表

	星期一	星期二	星期三	星期四	星期五
一	数学	语文	英语	语文	语文
二	**体育与健康**	英语	语文	数学	语文
三	语文	数学	道德与法治	语文	**体育与健康**
四	英语	科学	**全纳体育 （活动）**	综合实践 （信息／劳动）	数学
五	班队 （心理辅导）	**全纳体育 （形体）**	美术	**体育与健康**	美术
六	道德与法治	全科主题	思维与游戏	儿童新读写	**玩转体艺**
七	音乐	综合实践 （书法）	科学	音乐	／

601班课表

	星期一	星期二	星期三	星期四	星期五
一	数学	科学	语文	思维与游戏	语文
二	语文	语文	语文	音乐	数学
三	音乐	英语	数学	语文	**体育与健康**
四	科学	数学	科学	美术	美术
五	班队 （心理辅导）	**体育与健康**	英语	**全纳体育**	道德与法治
六	英语	全科主题	综合实践 （信息／劳动）	儿童新读写	**玩转体艺**
七	**全纳体育 （活动）**	综合实践 （书法）	**体育与健康**	道德与法治	／

(二)探索创玩体育的课程化路径

课程化实施是学校体育实现立德树人的根本任务,最终实现以体育智、以体育心的重要举措。我校秉持体教融合"校园大健康"的育人理念,确立"以体树人"的研究方向,探索"以体育融五育"的校本化育人新路径,设置体育主张、优化教师配置、开展体育节庆,旨在培养学习运动习惯,丰富校园运动生活,助力学生有滋有味健康成长。

1.设置体育主张

我校开设家庭体育坊,设置"把体育带回家"这一体育主张,即把理念带回家、把科学运动带回家、把技术动作带回家、把练习方法带回家、把运动习惯带回家,旨在为体育教学和素质教育搭建桥梁,建立起校内校外、学校与家庭的体育运动氛围,通过体育项目化学习单、体育钉钉打卡等技术手段让运动成为学生和家庭生活中的一部分,让孩子的运动习惯带动家长、带动家庭、带动社区的健康生活,凤凰大健康,一路向未来。

以"把体育带回家"为体育教学主张,建立起校内校外、学校与家庭的体育氛围,通过体育钉钉打卡、技术平台大数据等完善新体育教学主张的实施,通过家校协同彰显新体育教学主张的落地,为呈现我校全纳体育内涵和践行广度,特举行第一届"悦动家庭"评选活动,以点带面,目的是让更多的凤凰学子、凤凰家庭积极运动起来,动出健康、动出快乐、动出幸福。

2.开展体育节庆

开设一年不同次的体育节(童健节、素质达标运动会),通过项目化学习,让学生参与运动会、承办运动会,当记者、写报道、做服务、定规则、清场地……促进学生综合素养的发展。平时要注重体育课与劳动、艺术、德育的融合实施,最大限度地突出学生"毅"商发展。建立新体育评价改革,通过形成性评价、分项等级评价、过程展示评价等方式,推动体育学科的评价改革先行先试。以足球周、冰壶周为载体营造学校运动氛围,形成学校新体育运动文化。评选足球达人、组织足球赛事、开展足球日、足球周活动、打造足球文化盛宴。在普及足球的前提下用足球转动健康,把足球玩出名堂、玩出五育实效,让我们的体育有威力、有实力、有创意。

素质达标运动会 通过达标运动会,培养雏凤学子良好的体育锻炼习惯,增强全体学生体质,引导凤凰学子在运动中发扬运动精神,乐享运动,玩转体育,强化体育锻炼秉持"大健康"的育人理念,坚持健康第一,实施学校体育固本行动。各年级严格执行学生体质健康合格标准,为学生体育测评工作做准备。

童健节 围绕"梧桐小镇大健康,有滋有味促成长"的主旨,通过竞技比赛和趣味比赛等方式,引导凤凰学子健体魄、铸精神、提毅商。"一个都不能少",全员参与,以体育融五育,在运动中磨炼意志,在赛场上团结拼搏,在竞赛中增进交往。校园大健康践行校园运动趣味新生活,追求有滋有味的健康成长路,让每一个金凤凰形成一种健康运动生活的人生观。

国际理解周(足球周、冰壶周)。立足国际视野,开展国际理解周活动,通过项目式学习,引领学生体验研究学习国际赛事项目,心怀远大理想,树立争当新时代好少年的目标。为全面推进学校五育融合的凤凰吸引教育办学实践,开设秋季冰壶嘉年华活动,体验旱地冰壶活动,感受运动魅力,树立凤凰体育精神。突出足球特色,每年春天开设"足球周课程"即各科融足球、乐玩学足球、家庭伴足球等,通过项目化学习方式,开拓学生运动思维和创造思维,丰富校园运动生活。

(三)完善创玩体育的多元化评价

《中共中央国务院关于深化教育改革全面推进素质教育的决定》指出:"健康体魄是青少年为祖国和人民服务的基本前提,是中华民族旺盛生命力的体现。学校教育要树立健康第一的指导思想,切实加强体育工作。"基于以上指导思想,"运动两小时"的多元化评价体系由"学生选的描述评""学校定的精准评"和"国家统的齐步评"三个层级的评价方案组成。这样的评价体系旨在坚持"健康第一"的指导思想,促进学生身心健康发展;激发运动兴趣,培养学生终生运动的意识和习惯;以学生发展为核心,重视学生的主体地位;关注学生个体差异与不同层次需求,确保每一个学生受益。

1.学生选的描述评

描述评以定性述评为主。通过学生自评、组内互评、教师评价方式进行描述性评价,将自评、互评及他评的方式科学结合。定性述评特指不采用量化的方式,根据评价者对被评价者平时的表现、现实的状态或文献资料的观察和分析,直接对被评价者做出定性结论。定性述评的方式特别适用于对于小学生在体育与健康学习中对体育运动的兴趣爱好、运动社交表现、运动毅商等方面的评价。学生通过自评和组评在观摩交流中相互点评,教师通过一学期的课内教学和课后培育对学生的每课记录做出评价,能够充分挖掘和肯定学生的进步、亮点,又能找出学生在体育运动训练中暴露的问题和不足,从而达成完善有效的综合评价,进而促进学生的全方位长足发展。定性评价内容包括出勤状况、学习兴趣、团队协作程度、技能运用能力、沟通能力、体育爱好培养能力、体育理念运用能力、自我展示能力、毅力及拼搏精神几部分。

2.学校定的精准评

根据体育学科的属性,学校定的精准评采取定性定量相结合的方式,定性定量相结合的方式可以有效避免纯定性或者纯定量评价的缺陷,综合定性评价和定量评价两者的优势,相互补充,可以得出更科学、更规范、更综合、更可靠的评价结果。评价内容与标准参考并选择浙教版《体育与健康》教材中对应年级和学期中一项技术与技能内容精准评价,并结合我校特色专项体育课内容进行精准评价。

3.国家统的齐步评

依据《国家学生体质健康标准》(2014)规范开展,进行客观公正评价,采取定量测评的方式,从身体形态、身体机能、身体素质和运动能力等方面综合评定学生的体质健康水平。定量测评强调数量计算,以测量为基础,具有客观化、标准化、精确化、量化、简便化等鲜明的特征,在一定程度上满足了以选拔、甄别为主要目标的教育需求。通过课堂"学、练、评"、家庭"练、思、用"、学校"比、练、赛"等形式达成国家学生体质健康统测要求。本部分定量测评是对学生在不同教学领域课程内容中的水平要求进行的科学化、量化评价。

三、创玩体育的课程保障

(一)加强组织领导

校长室对创玩事务全面负责,成立工作领导小组协调学校对外关系,整合学校创玩体育资源,合理安排《创玩体育》专著撰写和课程实施领导工作。分管副校长发挥课程核心作用,支持校长履行课程管理和领导职责。体育教研组做好教师和分管领导之间的桥梁,为创玩体育课程持续实施和教师自主发展营造良好的氛围。

(二)设置管理机制

根据学校三年发展规划,各部门负责人紧紧围绕规划,制定各学期的创玩体育课程工作计划,形成较为详尽的计划方案体系。同时,召开年级组长、教研组长会议,将课程实施分解到学校教研组、年段组的工作计划中。每学年制订本年度创玩体育课程实施方案和校本评价方案,完善自我评估和自我调控功能。每学年依据评价方案对规划的实施情况进行自测,针对发现的问题,及时分析原因,找出问题的本质,采取有效措施进行修订和调控,保障课程的可持续发展。

(三)优化教师配置

1.体育教师专业化

体育教师年龄结构分布均匀,教学经验丰富,专业技能扎实多样,包括三大球、田径、体操、舞蹈;学科教师全员化。我校体育教研组共有6名体育教师(2女4男),其中杭州市教坛新秀1人,上城区教坛新秀2人,上城区优秀教师1人。体育组坚持德、智、体三育并重原则,把素质教育和提高学生健康水平当作学校体育工作的根本任务。不仅定期召开学校体育工作会议,研究讨论学校体育工作,还认真制定学校体育工作计划,每一项工作都做到有计划、有检查、有评比,做到议而有决、决而必行,在实践中反思、总结、提升。

2.学科教师全员化

每一位学科教师都参与到体育活动课、体艺大课间,会上体育活动课、会玩创意体艺大课间,在体育活动课、体艺大课间上和学生一起运动、一起锻炼,师生齐运动,师生共健康;骨干教师勤思考、有路径,年轻教师有活力、有干劲,近年来老师们始终以创意体育、"全景式"教学等理念开展一线教学和学校体育活动,打造校园体育文化,书写不一样的"凤凰大健康"。

3."外教"团队多样化

"双减"政策落地后,课后服务1小时X社团,学校克服困难,采用外聘、合作和自主开发等方式开齐开足6个年级70余种玩转体艺社团,如形体、跆拳道、桥牌、围棋等,让每一位学生的兴趣有所学,使全员体艺2+1有保障。

(四)完善奖励制度

运用"齿轮效应"原理,优化学校治理,完善教师薪酬体系。完善绩效奖励、创玩体育校长统筹奖奖金发放的规程与制度,以师德为先,重点结合月度考核,推进创玩体育课程安全、规范等日常管理。通过校长统筹奖引领的绩效考核,推动创玩体育课程课题、论文、课例、讲座、学科项目化、"双师"带教等举措,不断为体育教师专业发展赋能。

第三章

转型：让体育课好玩起来

　　创玩体育的课堂有着无限活力，教师教学方式的转型，让体育课好玩起来。学习前置翻转课堂，学会合作共进分享，课堂展创任务驱动，在灵活多变的方式中体悟体育的快乐，习得体育的技能，培养运动的精神。"安全、有趣、出汗、技能"，凤凰创玩体育课自有主张。从内容支持的选择与交往，从评价支持的多元与开放，交互性创玩，生成性创玩，协作性创玩，玩中有创，思维爬坡，向着核心素养发展的新课堂不断实践。

第一节　丰富体育课的学习方式

　　灵活、多变、新颖,学校的创玩体育课堂有独特别致的自我追求。以"师生交互主导,学生主体"为要义,丰富体育课的学习方式,对身体能力、认知能力、创造能力、社交能力、健康与健身能力的培养,形成创玩体育课堂教学的结构体系。

一、自主自由的前置学习

　　"前置学习"的实质是将学习的起点向前移动,使学习任务提前,使学习者能够自主地进行个体化的学习。"前置学习"既可以在课堂上进行,也可以在课后结合体育的学科特点和教学实践开展,在这个基础上,让学生把问题和思想带入下一步的学习。体育教学活动中,教师需要遵循小学生身心发展特点,根据他们爱玩的个性,从趣味性教学的角度切入体育课堂,让体育课变得丰富多样,让体育课的教学内容可以最大程度上吸引到学生的注意力,让学生融入快乐的学习氛围中。坚持德育为先,提升智育水平,加强体育美育教育,落实劳动教育,构建出中国特色的小学体育教育专业课程体系。

　　首先,在教学活动中,教师应该培养学生自主学习的能力和习惯,这是前置学习的重要体现方式,不断提高学生的体育核心素养。在核心素养背景下,中小学体育课程改革与创新需要体现以人为本的追求,从文化基础、自由发展、社会参与等不同层面表现出学生的健康生活、实践创新、责任担当。前置学习是培养小学生自主学习能力的重要途径,倡导学生积极参与,乐于探索其余实践的自学方法,让学生在前置学习活动中找到自我体育学习兴趣,进一步提高自我学习综合能力,有利于帮助学生形成良好的体育品质。体育课堂由于受到传统教学方式的限制,长期以来都处于一种一成不变的传统教学状态之下,没有以学生的核心素养作为基本指引,难以涉及前置学习的内容,也难以促进学生自主能力的发展。

学生前置学习的问题主要表现在于学生缺乏前置学习动力,缺乏体育学习实践机会,缺少体育学习的健康方法,缺乏自觉意识和前置学习的习惯。教师要基于这些小学体育前置学习的相关教学问题,提出对应的优化教学措施,主要从多元评价、教材内容、全纳教育、责任转化、教学方法等不同维度,提出相应的健康教育措施,提高学生的体育综合素养,让学生在不同的场景中锻炼自我的体育综合素质及能力。

在实际的体育教学活动中,教师需要触发学生前置学习的动力和兴趣。小学生一般具有较强的好奇心和求知欲,学生在学习活动中接触到的知识吸引自己的兴趣越浓厚,就越有动力来解决相关的问题。注重学生的体验式教学,给学生设置不同的场景,引导学生开展学习活动,一定程度上可以培养学生良好的学习习惯。比如,在实践活动学习健康知识的过程中,可以指导学生了解家庭成员的饮食习惯,使学生了解什么是不健康的饮食习惯,拒绝暴饮暴食习惯,注重饮食健康卫生。教师也可以将知识性的内容与一些直观的教学方式结合起来,比如通过儿歌、图画、游戏、故事、表演等不同形式激发学生的学习兴趣,让学生和家长共同参与到健康教育中,提升教学效果。

案例3-1　大大陀螺

在一次"小陀螺转转转"的比赛课堂中,下课铃响,学生迟迟不愿离开。看得出,孩子们意犹未尽,余兴未了。一学生跑过来对我说:"老师,他把我的陀螺踩破了。"我笑着说:"没关系,明天叫他给你买个大大的。"话一出,学生都笑了,都说小店卖的就是他们手上的这些,而且是最大的了。突然一个学生说:"大的我会做,我以前做过的。"一时间气氛马上活跃起来了,学生们个个争先恐后说自己会做,我趁机说:"今天自己回家做个大陀螺,可以叫大人帮忙,明天我们大家来比一比,看谁的大陀螺最棒!"学生们一蹦三尺高。

第二天体育课,学生迫不及待地玩转自制的陀螺,他们三五成群地围坐、趴在地上,我发现他们的陀螺各式各样,千奇百怪,有的玩转自己的、有的和同学换着玩、有的一人玩转两个陀螺,还有的呐喊着比谁的转动时间长……

分析:教师给学生提供自主学习的前置学习机会,包括给予学生独立思考的时间和空间,提供学生语言表达的机会,提供学生动手操作实践的机会。引导学生进行自主学习,给予学生讲解前置学习的基本方法和技巧,使学生勇于探索。

教师还需要根据每个学生的具体学习情况,设计多层次、有针对性的训练方式。分析每一个学生的学习能力,在教学活动中给学生创造更多的体育学习机会,通过分层形式让每一个学生都能得到一定程度的锻炼。对于基础较差的同学来说,只需要让他们达到体育课堂教学的基本水平,能够巩固运用即可,对于优秀的同学可以增加一定的练习难度,选择一些综合性更强的体育运动项目。要求学生说出体育活动的好处,能够列举出体育活动或者比赛中的一些安全注意事项,能够知道应对运动损伤的简单的处理方式等。

除此之外,在小学生的体育教学活动前置学习这一板块中,教师应该做好学生的点评工作,在完成前置学习之后给予学生点评,激发他们自主学习的兴趣,给予较多肯定的语言,帮助学生树立自信心。

二、缤纷多彩的合作学习

合作学习是一种被广泛应用于世界各国的教育理念和策略,它因其有效性而被称为十多年来最为重要、最为成功的教育改革。不同国家之间的合作学习在特定的形式和名称方面并不完全相同。从整体上讲,它是一种以小组团队协作为基础的教学组织方式,通过系统地运用教学中的各种动态要素相互作用,使学生更好地学习,并以团队的表现作为衡量指标,从而达到教学目的。在新课程改革的背景之下,小学体育的教学活动需要倡导自主、合作、探究的学习方式,合作学习具有一定的积极促进作用。在合作学习中,明确小组分工,让每一个同学都能找到自己的责任,快速沟通,及时做好交流和评价。在合作学习中养成学生良好的体育学习习惯,教师通过开展多样化的合作学习方式,锻炼学生的身体素质,培养学生健康的心理状态,实现学生的综合发展。

为了达到合作学习应有的教学效果,教师首先就应当转变固有的教学理念和思维。采用多样化的合作学习方式,让学生可以在学习活动中丰富自我的合作体验感知,认识到合作学习的重要意义和价值,提高自我合作学习交流的能力,培养合作学习的兴趣和习惯。在各种教学活动中,教师要保护学生学习的信心和兴趣,让学生在合作学习中分组讨论体育学习的心得,感受到互帮互助的成就感。通过合作竞赛的方式,让学生在体育课上加强体育锻炼,提高学生的兴趣,营造良好的你追我赶的竞争氛围。

小学体育的课程教育活动也不能局限于传统的田径、跳绳等活动,需要以多样化的活动激发学生的学习兴趣和学习动力。比如教师可以组织学生进行小组之间的拔河比赛。在活动前,为学生讲解团队精神,让学生在实践中产生较强烈的团队意识。教师也需要加强学生对体育锻炼的认同感知,从而促进学生健康的生长发育,让学生了解如何在运动中保护自己。将体育运动和学生的思想教育相结合,利用专项运动技能的教学,如常见的球类运动、田径运动、体操运动、传统体育运动等,设计不同的运动类型,让学生可以以小组合作的方式提高自我的运动技能,达到举一反三的运动效果。足球、手球等球类运动可分成多人相互合作的对抗性运动项目;羽毛球、网球等可以设计为体现个人为主的对抗性运动项目;排球、乒乓球可以分为在区域内组织的对抗性赛事项目……教师将体育运动项目进行这样的详细划分,以合作学习的方式让学生提高身体反应能力,有助于培养学生独立判断、情绪调控等多方面能力。

在合作学习的教学活动中,教师可以针对教学时间、教学方法、教学手段进行完善和创新,抓住恰当的教学时机,达成更好的教育锻炼效果。在热身阶段中,教师可以引导学生通过想象将一些常见的热身运动动作联系在一起,可以引导学生熟悉之前学习过的热身动作,锻炼学生的思维能力及身体模仿能力。结合学生所属年龄阶段的思维特点进行对比联想,让学生积极参与到体育活动中。教师可以通过类似故事情节的解说,充分表达体育动作的教育目标。类似于仰卧起坐等锻炼学生身体力量的运动,在讲解相关的动作要领后,组织学生进行小组合作学习,小组成员之间可以相互监督其他同学一些不规范的动作,及时指出,相互改进。

合作学习教学能大大提高课堂效率,更好地使学生理解和掌握教学内容,特别是技能性比较强的运动项目。

在体育教学中应用合作学习时,为了达到共同的学习目标,小组成员之间必须相互了解、彼此信任,经常进行交流,互相帮助和支持,同学之间建设起一种融洽、友爱的亲密伙伴关系,有利于培养和提高学生自主合作学习能力和人际交往等社会适应能力。

表3-1　实验班合作学习教学问卷调查

内容 时间	合作的 成功体验	有较强合作的 技能和意识	有强烈 合作欲望	善于课堂 交流探讨	有较好的 人际关系
实验前	56.3	28.7	65.9	53.5	71.2
实验后	93.6	75.7	95.4	78.6	90.8

表3-2　对照班合作学习教学问卷调查

内容 时间	合作的 成功体验	有较强合作的 技能和意识	有强烈 合作欲望	善于课堂 交流探讨	有较好的 人际关系
实验前	58.9	32.4	71.7	49.0	68.3
实验后	61.4	40.5	76.5	48.3	74.3

根据上表的数据我们可以看出,通过一年的合作学习教学,在合作的成功体验、合作的技能和意识、课堂交流探讨以及人际关系等方面,实验班的同学要优于对照班的同学,由此说明合作学习的课堂教学能大大提高学生的合作技能和合作意识,明显有利于学生树立良好的人际关系,对学生意志品质的培养有深远的意义。

表3-3　实验班实效分析

内容 时间	有较强 自信	体育兴趣 浓厚	有良好的 锻炼习惯	课堂常规 教好	体育技能 指导	有最喜欢和 擅长的运动
实验前	76.3	71.7	37.9	64.5	25.2	48.9
实验后	87.6	90.5	68.4	89.3	65.6	76.7

表3-4　对照班成效分析

内容 时间	有较强 自信	体育兴趣 浓厚	有良好的 锻炼习惯	课堂常规 教好	体育技能 指导	有最喜欢和 擅长的运动
实验前	69.3	75.6	35.5	62.8	28.2	48.9
实验后	67.6	73.8	43.1	57.6	35.7	54.4

从上表可以看出,通过一年的合作学习教学,实验班同学和对照班同学相比,在实验前相差不多,可以说是平行班。但在实验后实验班和对照班同学在自信心、体育兴趣、良好体育习惯的养成、学习态度和终身体育意识都有显著差异。

三、与众不同的展创学习

展创学习是一种适应未来社会不断变化的需要而形成的一种学习系统与形式,即要求学生不受书本束缚,不因循守旧,以现有的知识为依据,结合实际情况和对将来的展望展开学习,鼓励学生自主思考、大胆探索、创新思路、发现问题、学习新方法等。

通过加强体育课的展创教学,学生可以在创新的体育教学活动形式中丰富体育认知,提高体育综合水平。在实际的展创教学活动中,教师应该从体育课的趣味性角度进行课堂教学的设计及实践,培养学生终身体育的意识。在新课程的理念指导之下,改变目前体育教学存在的问题,首先是树立学生的主体学习地位,使学生从被动接收转变为主动学习。考虑到学生的身心健康发展,为学生提供学习机会、创造条件,让学生可以主动学习锻炼,尝试新的体育项目。也可以让学生在体育游戏活动中自编小游戏,激发学生良好的学习兴趣和习惯。教师给予学生更多的空间和时间,给予学生展示自我的舞台和机会。此过程中,教师需要发挥引导作用,引导学生积极学习、乐于思考,进而引导学生学会体育学习的基本方法。教师优化教学内容和模式,建立良好的师生互动关系,真正实现体育教学的展创教学目标。

教师也需要尽可能多使用一些多媒体的教学技术,采用信息化教学手段使体育的一些实践教学与理论相结合。部分教学动作的重难点也可以通过信息化的展现形式,将图像、声音、文字有机结合起来,使整个教学过程体现出更多的形象性和互动性,调动学生学习的主动性、积极性。比如,在足球基础知识讲解的时候,教师首先给学生讲解基本的动作要领,完成动作示范,然后结合足球的一些比赛情况制作多媒体课件,细化教学细节,让学生可以直观感受到足球学习中的一些技术环节,领略足球运动的重要魅力。多媒体课件可以通过慢放、反复播放的方式,让学生对某一个技术动作更仔细地进行观察,一定程度上提高了学生的学习水平。

小学体育的创新教学工作需要不断开发丰富的体育课程资源,体育项目不能用单一形式展现出来,需要建立在全方位、多层次的基础之上。我校提出"10分钟展创"既是课堂环节的刚性要求,又是学生学习方式的操作要领,即在40分钟的课堂内安排10分钟左右的时间,学生以当堂练习、合作学习、自主学习等驱动型任务为前提,在课内充分展现思维成果、个性化学习成效。呈现创新创造的学习成效,师生彼此成就,学生在学习中做出贡献。"10分钟展创"尤其关注学业成绩表现中等及困难学生的学习贡献,激发全体学生深度学习,发展核心素养。学生除参加教材中一些特定体育活动之外,还应当积极拓展课程资源,引进时尚、受学生欢迎的新体育项目,如一些常见的健美操、健身舞、保龄球等,也可以考虑引进具有地方特色的飞盘、冰壶等体育项目。针对一些身体素质较差的学生,可以将竞技类的体育项目难度适当降低,改变竞赛规则,有利于激发这一部分群体的学习兴趣,实现分层次的教学形式。将身体素质相近的学生划分为一个小组,让这一部分学生自我制定一定的学习目标,有选择性地进行体育锻炼,体现出体育的创新教学。

案例3-2　移形换位

同学们今天我们来玩个游戏,游戏的名字叫"移形换位",我们四组同时开始,需要大家讨论、合作,用自己小组最有创意且有一定的运动量的方法来完成仰卧起坐,每组选出一个领导者带领其余组来体验。每个练习都由老师和各组的教练指导和纠正错误。

引领者游戏:为了使学生注意力集中,锻炼不同的练习密度,同时达到练习效果,安排了"引领者游戏",在游戏中教师通过对学生多元能力的培养,通过每组商量练习方法并且选出一位带领其余组进行练习,同时激发了学生创造、社交、认知的能力,也提高学生对仰卧起坐的兴趣。

在教学活动中,教师需要善用启发性的教学方式引导学生进行想象和思考,通过一系列有因果关系的体育活动,拓展学生的思维空间,培养学生的想象力及创新精神,让学生可以根据自己理解,诠释某些体育动作的技巧和方法。在这样的基础之上进行分组学习和比赛,调动学生的思考积极性及运动积极性,既培养了学生的组织能力,又锻炼了学生的思维能力。"展创"一定程度上体现了学生创新能力的教学优化方式,这种教学模式满足了学生的学习兴趣和表现欲望,发展学生的特长,促进了学生的创新意识有效提升,能够更好地完成立德树人的教育任务。

第二节　改变体育课的教学支持

改进教师教育观念,完善课堂教学模式,在课堂中教师需要改变思维方式、教学内容和练习方法。对于学习场景和学习的模式等方面全面升级。尝试让学生在体育运动的过程中不仅能专项发展,也能全面发展,不仅育体,也能育智。

一、学习内容支持选择与交往

为了体现出我校体育的教学有效性,需要注重学生学习内容的支持选择和交往。学习内容支持选择与交往主要指的是小学体育教师应当让学生可以选择自我比较适合的学习内容,给予学生更多选择的空间和权利。在这样的基础之上,结合不同的教学方式,将这些内容之间的紧密联系性体现出来,达到不同内容之间相辅相成、相互促进的作用,这是保障我校体育趣味性开展的重要前提。将有价值的学习内容作为学生学习的重点部分进行讲解,这对于学生来说更能激发他们的学习自信心和学习欲望,这是体育教学支持策略改革的要点。

教学内容改革一直是新课改的重点,"目标指导内容"是体育课程的选题依据。在教学内容的选取上,要以课程的目的为指导。课程目的是选择教学内容的起点与终点,所选取的教学内容应与课程目的的需求相适应,以达到课程的目的。在内容选择的同时,需要遵循基本的原则,例如,健身原则、发展原则、教育原则、趣味原则、针对原则、安全原则等。主要的步骤为:

1.从大量的运动材料中,结合自己的亲身经历,选择适合于教学对象的教学内容。

2.注重健身和教育的价值,对所选的课程进行综合的价值评判。

3.根据目标要求、学生基础、场地器材和自己的特点,对所选择的项目进行可行性分析。

4.根据可行性分析的内容,对项目的整体价值进行评价,并将其分类。

5.依据体育水平、体育课时分布和季节特征,从排名表中选择适合的课程。

在教学内容拓展方面,以兴趣为切入点,以运动游戏为主要内容。在选择、组织、创编的过程中,我们要把游戏的趣味运用到学生的日常生活中去。在不同的年龄段的学生,学生的身体和心理特征决定了其对运动的需要。只有使学生对所学的东西感兴趣,使学生能够全心全意地投入实践中去,激发体育兴趣,才能养成体育活动的习惯。

具体内容选择方式比较多,可从现有的教材中进行选择,传统的教学内容经过一代代体育工作者的实践和积累,并在实践中产生显著的效果。新课改在传统的教科书基础上,选择、取舍、优化、组合,改变以往单纯的只学一门技术或提升一门体能的教学。整理民间传统体育,我国民族传统体育活动的内涵也十分丰富,其形式多种多样,比如:滚铁环、踢球、跳绳、拔河、跳房子、抽陀螺、抖空竹、踩高跷等。教师可以依据地域特点、环境因素、学生情况,进行恰当的加工处理。

体育与其他学科一样,"吐故纳新"是必然的,但体育内容的多样性、时代性、流行性,使得体育课程内容的更替具有更大的必要性。近年来,我国出现了一批新型的体育活动,如轮滑、独轮车、街舞、攀岩等,这些都受到广大学生的欢迎,有的甚至在学校里流行起来。我们可以充分运用这种具有时代特色的体育活动的内容与方法,丰富教学,引入一些新的体育项目,使体育教学更具吸引力。此外,也可以考虑利用废旧器材、生活物品,制作简单的体育运动游戏材料,例如沙包、毽子等,吸引学生的注意力,提升学生的体育运动兴趣。

二、学习过程支持创新与创造

在小学体育趣味性教学活动中,需要关注学习过程的支持创新与创造。让学生的学习过程体现出多元化的趣味性,在改变传统教学方式的基础之上进行创新和创造,让更多的学生可以参与到体育游戏活动中,增强体育游戏活动的体验感,这是学习过程创新创造的主要含义。

《学校体育学》指出:"体育活动是指实现体育活动的一个过程,也就是实现体育活动的目的。"体育教学是指在体育教师的有目的、有计划的引导下,通过锻炼身体,增强体质,积极主动地学习体育、保健的基本知识和基本技术,培养体育能力,培养良好的人格和道德品质。

在教学过程中,教师要把知识、技能、技能的传播与学生的思想道德修养相结合,培养学生的人格,培养和提高学生的情感价值、精神面貌、道德情操、意志品质。教学过程也是学生认知的一个过程,要用系统的知识、技术和技能武装学生,为终身体育奠定坚实的基础。

要正确认识教育观念创新在教育创新中的引领作用,树立符合时代发展要求的教育观念。要以构建符合社会主义现代化要求的教育体系为核心,积极营造良好的社会环境和保障体系。教育创新的基本目标是培养学生的创造性思维和动手能力,全面推行素质教育,培养全面发展社会主义事业的建设者和接班人。这是现代学校教育发展的必然产物,也是小学体育教学改革创新必须要走的一条路。

教学创新实施中,老师要认识到学习是以学生为主体的,要让学生主动地进行学习。在力所能及的范围内,要让学生自己去做、去体验,老师要创造一切机会,让学生自己动手、动脑,积极地参与到学习、管理、评价之中,更多地参与到对知识海洋的无限神秘的探究之中。

三、学习评价支持多元与开放

小学体育的趣味性教学改革与创新离不开教学的评价,教学评价体现出多元和开放性的评价模式,进一步提高学生的学习效率和质量,让学生可以通过评价反馈的方式了解自我学习中存在的一些问题。构建一个完整的教学评价体系,有助于提高教师的教学质量和水平。构建多元开放的小学体育教学评估系统,是当前我国语文教学的迫切要求,是适应新一轮体育新课程的要求,也是实施素质教育的必然要求。这有利于促进我国小学体育教育的健康发展,促进德、智、体、美全面发展,促进学生的个性发展与成长,能造就具有创造性、实践性的优秀人才。如:某体育课,教师需要同学之间评价，就设计了"拍背祝贺"，所有教师和学生在一块面积较小的区域内来回走动。当老师喊"拍背庆祝"例如拍一下"今天表现有所进步"的人或者"帮助你"的人，或者"今天想出好点子"的人。整个小组成员，一边来回走动，一边轻拍符合特定头衔的人的背。

在体育教学中，教师要正确、科学、合理地引导学生，使他们的运动能力得到更好的发挥，从而使他们的学业水平得到进一步的提升。教师的教学计划的制定有利于学生全面发展，使他们能够发现自己的不足，并加以改正。在课堂上，老师要做好充分的准备工作，及时处理各种突发事件，以确保课堂的正常进行。情景教学，要把教学和生活紧密联系在一起，一切知识都是从生活中来的，在教学中要关注学生，注意学生的心理状态，使他们把压力转化为动力，重视他们的学习愿望，根据他们的反馈，逐步地改善教学质量。

根据小学生的成长特征，建立一套合理的交流和反馈机制。小学生是敏感的，他们的心里也许没有明确的对与错，但是对于表扬和惩罚的反应却非常大，在这个时期他们更愿意得到表扬和鼓励。体育教师在教学过程中需要形成一种良性的交流机制，既要表扬，也要在错误的时候指出，让学生能够聆听他人的意见，接受他人的批评，培养自己的精神品质。

小学生的参与意识很强，具有强烈的求知欲。在引导学生成长时，教师要根据自己的喜好，适当地选取合适的教学内容，使其与同学们进行积极的互动。有些项目要求设备简单，老师们可以用现有的运动设备来替代，比如球类、绳子、体操棒、呼啦圈、体操垫等。在整理工具时，老师可以将自己的主动权交给小组成员，由他们自行安排。教材中每课都有重难点，但是教师也要联系任教学生实际情况行进备课。而上城区的创意体育中重难点的教学另辟蹊径，根据本组伙伴大量练习结合教师引导设置的学习问题，与同伴交流思考找到动作重难点。用逐步升级的游戏形式，将难度提高，刺激学生再积极投入练习和思维发散，找到所学的动作难点。

在此过程中，通过对学生在学习体育知识的过程中的具体表现进行能力、品格的评价，营造轻松、愉快、互信、互助的学习环境，让学生感觉到每一次的评价都是发自内心的。学生在意义建构过程中表现出来的能力不是单一维度的数值反映，而是对多维度、综合能力的体现。

第三节　实现体育课的真实创玩

创玩体育不是简单的运动,而是教育的一部分。从实际生活和教学出发,通过组织和开展丰富多样、寓教于乐的活动,培养孩子全纳、全人、全面的核心素养,激发他们对于体育的热情,挖掘运动潜力,促进身体及心理素质的综合发展。通过从教材内容、全纳教育、责任转化、多元评价、教学方法和多元能力六个维度出发,赋予所有孩子良好的身体素质、情感及思维能力,助其在体育运动及生活中成为赢家。

一、任务设计支持交互性创玩

"交互"最初是一个计算机概念。它是一个系统从终端接收输入、处理输入并将结果送回终端的过程,也被称为"人机交互"。从传播学的角度来看,互动是发送者和接受者之间的信息交流,这就是为什么互动会出现在所有的教育活动中,事实上,它是教育活动的基本特征之一。简单地说,不同形式的教学有非常不同的互动形式和特点。互动式教学是由Palincsar在1982年首次提出的,此后得到了进一步的研究和发展。这是一种在支架理论基础上发展起来的教学模式,支架的本质是教师的直接发展空间,是教师的干预空间,目的是支持儿童的学习,促进他们积极有效地学习。

互动式教学的一个显著特点是,它注重发展具体的方法来加深学生的理解。教师应帮助学生理解和讨论文本,而不是简单地重复单词和短语。总之,互动式教学被认为是一种教学方法,教师和学习者在一个宏观的位置上,在一个多点的平台上,在平等和独立的基础上,在自由选择的情况下,对一个特定的问题或话题进行合作。

在目前的小学教育改革中,小学体育任务设计存在的问题是体育课程的变化被忽略了,因为人们认为体育课程不需要大的变化,只要整合一些体育课程就可以了,这种对体育的看法是错误的。许多学校和体育教师没有认识到小学体育对儿童的重要性,认为体育是学生课外活动的同义词。教师指导不力,忽视了小学生体育活动习惯和体育学习能力的培养,小学生体育教育的目标基本没有达到。同时,体育教师的缺乏也是学校的一个现状,或者说体育教师没有得到定期的考核和评价,很多体育教师的教学能力没有得到认可,反映了学校忽视体育教育的发展。

小学体育任务设计支持交互性创玩策略,需要保证对学习对象具有一定的难度。不应该只教给学生基本技能,也不应该给他们太容易的任务。反应阶段鼓励学生探索复杂的学习环境,而这些复杂的问题应该与现实世界的任务和活动有关。学生在解决复杂问题时可能需要支持,需要教师帮助他们寻找资源以保持进度。

必须充分发挥学生的自主性。传统的体育教育,也被称为"填鸭式"训练,在中国很普遍。这种学习方法并不能保证良好的学习效果,因为它忽略了学习者在学习过程中的主观能动性。所谓自主学习是指学生学习的内在质量。自主学习的特点有以下几个方面:学生制定有意义的学习目标,确定自己的学习进度,并参与制定评估指标;学生积极发展不同的思维和学习方式,并解决问题;学生能够在学习过程中监测自己的认知能力,并做出适当的调整。互动式主观学习是否有效还取决于学生是否具有自我导向性,因为自我导向的学习是强烈的学习需求和兴趣的结合,让学生寻找意义的教学。体验式教学表明,当学生在与他人讨论后达到理想的结果时,他们会有一种成就感;当他们的想法在讨论中得到他人的支持时,他们会感到特别兴奋,并有学习的动力。只有为学生提供足够的空间和机会,让他们积极自主,真正做到"在参与中体验,在发展中创新"的教学,才能有效培养学生。只有为学生提供足够的空间和机会,让他们主动参与学习,真正做到"参与和创新"的教学,才能有效地促进学生的发展,使学生能够互动地学习。因此,在互动式教学中确保学生的自主性是很重要的。

实施交互主体性教学要以学生已有的知识技能为基础。苏联著名教育家苏霍姆林斯基在谈到课堂上的和谐友好气氛时说:"如果教师不努力培养学生的高度情感和积极思考,知识只能导致冷漠,而没有情感的智力劳动只能导致疲劳。"在传统的体育课上,学生们常常因为听讲解、看示范和重复老师带领的练习而筋疲力尽,没有时间与他人交流或体验运动的乐趣。教学中过于强调"统一性和统一教学方法"。学生缺乏主动性,体育教学缺乏活力,课堂气氛单调,使教学变得机械、枯燥,在这样的氛围中很难适应互动式的主体教学。和谐的课堂气氛能促进学生的良好情绪、热情,影响学生的学习。良好的课堂气氛,教师和学生民主平等,采用不同的教学方法,强调学生的基本态度,学生在平静、愉快的气氛中学习,能更好地进行互动学习。

二、任务转移带动生成性创玩

从通信的角度来看,任务转移驱动的生成性交互是发送方和接收方之间的信息交流。发送者根据自己的经验对信息进行编码,接收者根据自己的经验对信息进行解释,接收者以同样的方式将编码的信息返回给发送者,尽管信息本身已经是接收者原始经验的产物。两个人编码、解释、发送和接收信息,并在一个连续的循环中给予和分享信息,构成了良好的互动。从教学的角度来看,互动是教学中最重要的特征之一。生成性互动任务学习是一种独特的、创造性的教学方法,教师和学生在特定的情境中进行有组织、有目的的双向或多向交流,使用特定的技术和方法进行沟通、互动,激发学生的学习兴趣。这不仅包括从教师到学生的信息传递,还包括多方向的信息传递:从教师到教师,从学生到学生,从教师和学生到媒体,从教师和学生到社会,等等。然而,在教学过程中教师是信息的主要来源,为了达到一定的教学目标,在选择教学内容和方法时,要让学生根据自己以往的经验更好地理解教师传达的内容。因此,教师和学生之间的互动对教与学的交流至关重要。

基于游戏的学习作为一种有效的教学方法,引起了小学体育教师的极大兴趣。然而,尽管游戏化学习很受欢迎,但在小学体育教学中,游戏化学习的效果也存在问题。

游戏没有与教学重点分开,教学游戏的目的不明确。小学体育教学游戏的目的是应对小学生的年龄特点,支持课堂上学习目标的有效实现,游戏的设计应考虑到学习目标。在当前中国的小学体育教育中,很多体育教师在教学中使用游戏,但缺少重点,强调的是游戏的趣味性,于是课堂成了游乐场,游戏的过度使用使课堂教学失去了真正的意义。

游戏中缺乏乐趣,影响了学生的参与意愿。在小学体育教学中,将游戏作为一种教学方法,通过游戏的独特乐趣吸引学生的兴趣,提高他们参与课堂的意愿和主动性。小学体育的实际情况是,许多学校游戏简单、老套,缺乏新意,使得游戏没有乐趣,使课堂枯燥乏味,影响了学生的参与意愿。

针对个体的角色任务法。小学生从家庭中接受的教育已经形成了以自我为中心的个体。特定的游戏使教师能够为学生提供机会,通过在游戏中扮演特定的角色,并通过自己的努力实现这些角色的集体期望,从而实现自我肯定和赋权。这不仅增加了体育教育的乐趣,而且有助于学生改变以自我为中心的观念,更加融入班级集体,帮助他们成为健康的成年人。

因此,在小学体育课程中,教师应加入创新和有趣的游戏,并在教学过程中逐渐增加游戏的难度,以保持小学生的好奇心,让他们在游戏中自由发挥想象力。

案例3-3 学生在准备活动

一个热身游戏:"嗨,宝贝!"要求全体人员在规定区域内行走,走到边界或碰到同伴,需要向反方向折回,碰到同伴时可以相互击掌问候走:"Hello!"刚开始练习的时候,就有学生问:"老师,我们可不可以慢跑起来?""老师,我们可以用小矮人走的形式去玩吗?""老师,可以拿球,采用一手滚球的形式,另一手掌握方向并击掌吗?"……

分析:准备活动的一个热身游戏,学生就可以想到这么多玩法,因此学生创造了自我发挥和提高的机会,促使练习充满趣味性。

增强凝聚力的集体荣誉法。班级的凝聚力对班上所有学生都有很大影响。集体荣誉是一种团队精神,在培养班级凝聚力、营造和谐的课堂氛围、促进有效教学方面发挥着重要作用。因此,教师可以把学生分成不同的小组,以集体比赛的形式开始教授集体荣誉游戏,在这个过程中,集体荣誉的心理和求胜的欲望不断得到发挥,潜移默化地提高学生对体育课的兴趣。

围绕课堂教学目标,结合学生心理生理特点,精心选择恰当的体育游戏。小学生大致处于7—13岁的年龄段,他们的共同特点是好动、竞争性强、好奇心强、无纪律性。在小学这个阶段对他们进行体育教学,应该是基于对他们心理生理特点的了解,有效的教学将更好地服务于课堂的学习目标。教学应注重班级的学习目标以及学生的心理生理特点,并精心选择适当的体育游戏。

案例3-4　学生学习跳绳教学

通过情境导入在进入"跳绳王国"并了解到初步的跳绳知识后,学生的活动热情也被充分调动了起来,所以我也趁此机会,开始对学生们说:"孩子们,既然跳绳如此有趣,那我们要不要也一起来学习跳绳呢?"在得到了学生"要"的一致回答后,我便让学生们解开准备好的跳绳,开始进行跳绳动作的讲解与示范。

在跳绳教学的过程中,我首先是让孩子们了解到如何握紧绳子的两端,并从头上回转至脚步;在此基础上,开始教授孩子"基本跳绳动作""30秒单摇跳"两个跳绳动作,让孩子们逐步熟悉跳绳的基本方式,并在不断学习的过程中达到了热身的效果。值得注意的是,在这个阶段,我还将学生分为两两一组,互相观察对方的跳绳动作,为后面的动作纠错、合作竞赛奠定基础。

"踩蛇尾"活动。在学生们学会基本的跳绳动作之后,为了防止学生感觉到枯燥无味,我还设计了"踩蛇尾"活动,即让学生借助游戏来感受到跳绳的别样魅力。在游戏中,还是以两人为一组,允许一名学生用"甩"的方式挥动绳子,而另外一名学生则尝试"踩"到绳子,在规定时间内,如果学生没有"踩"到绳子,则挥动绳子的人获胜,并交换进行尝试。也正是这个活动,不仅能够进一步让学生开展热身活动,也能够让学生通过别样的"跳绳"活动而锻炼自己的灵敏性与反应能力。

花样跳绳动作大比拼。在充分热身之后,为了让孩子能够更熟练地开展跳绳运动,我便让孩子们充分发挥想象能力,让孩子们在基础跳绳动作的前提下,做出不一样的跳绳动作,并且对其中跳得好的孩子进行表扬,激励其他的孩子也发挥自己的想象力,积极参与到课堂活动中来。而且,由于孩子们年龄尚小,所以我主要还是依照顺序的方式让孩子们进行演示,确保他们的人身安全不会受到伤害。

歌曲跳绳竞赛活动。在课堂的最后,我依据前面的练习效果,将孩子们分为7组,每组6个人,开展跳绳游戏竞赛活动。第一个活动是"抓尾巴",即每一组学生利用跳绳将自己和组员绑(围)起来,只是露出首尾两端的"尾巴",中间的五个学生则是要努力阻挡,保护自己队里的尾巴不被抓住,能够坚守到最后的小组则获得最后的胜利。在这个活动中,我会加以指导,要求学生一定要注意安全和动作规范,并适当参与到活动中,调动起活动的氛围。

第二个活动则是歌曲拼图,即要求每一个小组的学生在一首歌曲的时间内,合作利用绳子拼凑图形(图形可以自己设计),并且在歌曲结束之后,对学生的拼图进行赞赏(不区分名次,主要是为了保护孩子们的自尊心),让学生们沉浸在思考运动的氛围中,并从中感受到运动的快乐与幸福。

分析:在跳绳这节课上,考虑到面对的是小学一年级的学生,因此我主要是采用了示范讲解法、合作竞赛法和游戏法等多种教学方法进行教学,并且主要是让学生自己去尝试与摸索,我更多是扮演指导保护的角色,充分发挥了学生"课堂主体"的作用。而且,在课后,我还会引导学生尝试模仿小兔、袋鼠等动物跳跃的方式学习跳绳,比一比谁学得快的任务,让学生自由练习。练习过程中,一些基础好的学生很快就完成我布置的任务,并积极上传视频到班群中。除此之外,为了保持学生的练习兴趣,一方面,引导学生学习花样跳绳,一方面,让学生当小老师教不会的同学。

三、任务达成凸显协作性创玩

任务达成凸显协作性教学具有激励性。成就议程改变了传统的单向教学,强调合作教学能充分调动教师的积极性和主动性。首先,它能有效地激发学生的学习热情,产生强烈的学习欲望,创造学习动力,培养学生探索、分析和解决问题的能力。其次,可以有效地激励教师充分享受教学,进一步提高教学效果,不断提高学习和教学的能力和水平。通过他们的努力,教师可以激发学生的同情心,促进有效的教学和学习。在互动式教学过程中,教师和学生之间不断进行互动。交流和合作,确保了教师和学生在行为和精神上的契合。最重要的是,老师和学生是和谐的,教师和学生都能在精神上充分投入。只有当教师和学生都参与到整个过程中,他们才能体验到积极互动的乐趣,实现理想的互动教学。

互动作用失衡。在现阶段,教师和学生之间有更多的互动,这似乎是非常有效的,但实际上在互动中存在着严重的不平衡,单向的"支配—服从"的互动,比师生互动的效果要差得多,也对学生的积极性产生了负面影响。许多教师没有意识到,这意味着在体育教育中,理论和实践都没有达到要求,因为许多学生没有学到他们应该知道的东西。

师生互动中存在着大量的差异性。在目前的情况下,大多数小学体育教师的态度并不一致,师生互动存在很大差异。首先,男孩和女孩之间存在差异,就像男孩和女孩在性别、体力和其他方面存在差异一样,所以有些老师更偏向于男孩,有些则偏向于女孩。这就造成了主观上的差异,无法实现男孩和女孩之间的平衡。另一方面,学生之间的能力差异更大。几乎所有的老师都偏向于最好的学生,而忽略了那些有问题的学生,这使得有困难的学生在没有平等的师生互动的情况下更加难以学习。这两方面的差异是小学体育教学师生互动中最难克服的问题之一。

体育教学任务达成的策略:

评价的创新,事半功倍。体育游戏不应局限于竞争性游戏,因为这只会刺激兴趣和成长。在培养学生的竞争力时,应更加重视培养他们的合作能力和发展他们各方面的能力。如果学生明白在游戏中得第一是好事,但不得第一却尽力而为也同样是好事;如果学生明白在一项任务中他们不能得第一,但他们可以按照老师的指示完成任务也是好事。意识到学生之间的个体差异也很重要。有些学生的能力较差,在比赛中不能做得很好,但他们对比赛认真,能掌握基本的练习措施,能越做越好,这也是不错的。课堂评价是一节课学生完成教学目标的总结,同时在学期末也会有体育的表现评价,之前的大多数评价都是教师来完成,而体育赋予学生自我评价、评价他人的权利。在我区、校体育课程中,主要有三种学生自我评价形式。

个人能力评价:

☆☆☆:我开始挑战自己的最佳成绩,并分享如何传球准确的秘诀。

☆☆:我可以挑战同伴,争取超越同伴得分。

☆:尝试了几次后,我能成功并获得分数。

技能学习评价:

☆☆☆:我能熟练、准确、连贯地完成投掷。

☆☆:通过多次尝试后,我能明白投掷动作的连贯性和准确性,合理控制力度。

☆:我能理解投掷动作要领,并能基本完成动作技术。

社交能力评价:

☆☆☆:我能在帮助下,分享练习心得,并做到鼓励他人。

☆☆:我能在帮助下,与他人一同练习,分享练习心得。

☆:我能在帮助下,与他人一同练习。

在教学中这三种自我评价形式,让学生对自我学习有了更清晰的认识,不同的星级也能够刺激学生的学习欲望,不断挑战自己,教师加以指导后对教学起到了事半功倍的作用。

发挥主导作用,科学组织游戏过程。在组织体育比赛时,教师应作为公正的"裁判员",确保公平竞争,同时考虑到材料、比赛形式和儿童活动的强度。游戏应该有目的地将体能和运动能力相似的团队聚集在一起,每队的参与者人数应该相等。在游戏开始前应注意游戏规则,使学生熟悉这些规则,并在游戏规则的指导下更有效地发挥他们的主动性,在游戏过程中,教师应不时检查,以确保规则得到遵守。在比赛过程中,教师应立即纠正一些不公平竞争的情况,鼓励学生有集体荣誉感,鼓励学生和同伴互相鼓励、互相帮助,共同赢得比赛。

案例3-5　学生学习仰卧起坐教学

我们需要教师先从情景引入:"刚才我们学了坐姿平衡,小朋友学得很认真,练习的动作也很正确。我们来玩个游戏,游戏的名字叫'疯狂掷骰子'。一个骰子有6个面,每一个面都有新任务。"教师下达教学任务后,每个学生的目标就成为合作小组的目标。于是每个小组的每个成员为了小组的利益,在小组长的带领下,相互协作,相互帮助,共同完成任务,增强了人和人之间的友谊,培养学生的团队精神。使学生在本来无聊的练习腹肌基础上增加了兴趣,使得每一个人都参与其中。

图3-1 游戏道具——"疯狂掷骰子"任务示例

分析:为了使学生注意力集中,精神振奋,同时达到练习效果,安排了"疯狂掷骰子",在游戏中教师通过责任转化,在每组的组长带领下进行练习,运用了情景教学、小组合作,提高兴趣,同时培养学生情操。

转变角色意识。体育教师与小学生互动的方式存在很多问题,其中一个原因是教师没有随着时间的推移改变自己的角色。许多教师认为自己是绝对的领导者,这在主观上导致了教师和学生之间的单向互动形式,教师的交流形式优先于学生的交流形式,学生只能期望从一个交流形式与自己的交流形式相匹配的教师那里学习。很少有体育教师试图改变他们的角色。教师不要把自己置于学生之上,小学的体育老师需要与学生进行更多的交流,使教师和学生之间的互动达到一个理想的水平,然后逐渐增加。例如:腿部力量的一节课,教师在课前进行分组,每一组推选一名小组长,一名组织委员和一名督察员,小组长领取问题:今天这节课如何能够提高我们的腿部力量？随后，小组长带领大家一起讨论，组织委员组织大家练习，督察员监管组内同学的练习情况并及时向小组长反馈。在这节讨论中，每个小组均有至少一项不同于其他组的练习内容，教师首先让小组分别展示，并提出自己的看法；然后三组交叉练习其他组的内容；最后大家一起点评并推出最佳练习内容。同样的教学内容，经过学生的创新并通过多形式的练习可以有效达成教学目标。在练习过程中，赋予学生各种角色，教师将教学责任转换到各种角色上，学生担负着各自的角色的责任，由被动接受变成主动积极地参与各项运动游戏，学生的自主能动性得到了充分发挥，课堂自然更加高效。

小学体育教师树立正确的学生观，以减少实际师生互动中的差异。体育教师需要将学生作为一个具有个体差异、发展潜力和动态成长的主体来发展理解。这是学习过程中真正的师生、生生互动的先决条件。在教学中，采用什么样的教学方法来提高学生练习兴趣，促进课堂参与呢？主要是通过开展和组织丰富多彩、寓教于乐的活动，培养孩子平衡感、协调性和灵敏度，激发他们对体育运动的热情，挖掘运动潜力。很明显，小学体育教师对其学生的准确了解可以对师生互动产生重大的积极影响。如果小学体育教师能够保持对学生的准确认知，我相信他们在未来的教学工作中会更加成功。

案例3-6　学生学习剪刀石头布——灵敏度

"今天的准备活动名字叫'变变变'，同学们准备好了吗？"一听到游戏，孩子们都感到惊喜和开心。老师又说："那我们两人一组面对面相互传球（地滚球）。现在四人一组站成一条直线，中间两人背靠背，各自面对自己的队友传球，当听到'内圈变'时，中间两人交换位置（不持球），当听到'外圈变'时，最外面两名同学交换位置（不持球）。可以吗？"同学们齐声回答"可以"。

"我有个问题需要你们去考虑：你能想到哪些滚球姿势？在接下来的练习中我们需要在10米距离之内完成以下任务：1.看看你能想出多少种滚球、追球、捡球的动作并尝试。2.请你和小伙伴一起合作完成滚球、追球、捡球动作。"

分析：课堂整个过程充满乐趣和挑战，学生接触的游戏内容不重复，同时对完成的情况还做了星级评价。一星，能简单做出动作，并在同学的帮助下完成游戏；二星，能够做出两种动作，并在同学的帮助下完成游戏；三星，能够熟练做出两种动作以上，并能帮助同学一起完成游戏任务。因此，同样的教学内容，利用新理念去教学，更能够促进学生的课堂参与。

正确认识不同学生的心理水平差异。小学体育教师需要很好地了解学生心理水平的差异，以便知道在师生互动中应该采取什么方向。教师必须尊重所有学生的心理需求，以合理的方式满足他们的期望，并根据每个学生的期望水平提高他们的期望，这是实现更理想的情况的唯一途径。另一方面，小学生有时容易出现叛逆、低自尊或其他消极的心理态度。因此，教师应该意识到不同学生心理水平的差异，不要总是用"消极激励"来鼓励他们。

体育课胜负在于教师，教师于课堂之中不需要滔滔不绝讲解规则、讲解要求，而是学生学习的掌舵者和欣赏赞美者；高质在于学生，学生在课堂中不能只是你讲我听、你喊我跑，更要在教师指引下与同学一起创造更多的可能性。

第 四 章

改革:为了终生相伴的兴趣

　　倘若一个人终身进行体育锻炼和接受体育教育,体育贯穿人的一生成长,他便真正拥有了体育人格。终身体育是学前体育、学校体育和社会体育等体育教育层次构成的教育全过程。全面落实素质教育,提高学生身心健康,培养学生终身体育意识,将是我国体育与健康课程教学发展的重中之重。小学体育与健康课程教育是终身体育意识培养的关键,运动兴趣、运动习惯、参与意识的形成是促进学生自主学习和终身锻炼的前提。它不仅为学生终生体育打好体质基础,更重要的是培养学生终身体育的能力,并使之更好地为终身体育作出贡献。

第一节　大课间里跑出意志

　　在推进基础教育课程改革的实践过程中,近几年大量涌现出"课程化"一词。课程化是突出课程育人、完善学校课程体系的追求。它既为一个过程,依据课程理论和课程要素,规划课程方案的研制过程以及不断优化的持续改进过程,也是一种课程形态,一种适度符合课程规范和要求,属于活动课程范畴的准课程。课程化是体现办学以人为本、培育学生核心素养、促进学生全面而有个性成长的必然要求。

　　伴随着"双减"政策的出台,以体育融五育,培养雏凤学子良好的体育锻炼习惯,增强全体学生体质,保护眼睛,控制肥胖,引导凤凰学子乐享运动,强化体育锻炼已经逐渐成为我校体育发展的基本理念。在大课间活动中,体育教师结合学校的实际情况开展教学活动,在场地和内容上努力做小场地、大文章并践行"把体育带回家"的主张。

　　与此同时,在趣味游戏环节上紧紧围绕防近控肥举措来进行,创设平台让学生能够爱眼护眼,挑战自我,使得整个大课间活动呈现出"规则意识贯全场、运动内容显增量、音乐元素添美感"的显著特征。

一、规则意识贯全场

　　"没有规矩,不成方圆",在体育运动中,只有做到了解规则、遵守规则、严格依据规则行动,才能够使得体育运动变得井然有序,并顺利达到预期的教育目标。对于小学生而言(尤其是一二年级的学生),由于他们刚刚从幼儿园升入小学,遵守规则、保持礼仪的意识较为薄弱,所以引导他们养成良好的行为习惯以及规则意识成为教育的重要任务。因此,在体育大课间活动中,我们要求学生从教室开始,按序往右侧下楼,进入操场后跑步到指定位置,所有班级做到"零级音量贯始终,迅速排队有秩序,动作整齐有力度,和着音律姿态美",避免出现吵吵闹闹、毫无秩序的情况。另外,在体育大课间活动中,学校还对班级出操、队列、跑操以及做操的每一个步骤都制定了明确要求,即严格遵循"动作整齐有力度、和着音律姿态美、坚持锻炼有毅力、口令洪亮有气势"的原则,并赋予每个步骤不同的分值。通过这样的方式,不仅能够对每一个班级的秩序情况进行量化评估,引导学生意识到规则的重要性,也能够依据不同班级所得到的分数制定相对应的措施,尽可能令所有班级都达到预期的理想结果。

总体而言,将规则意识融入大课间活动中,确实起到了良好的实践效果,有效帮助小学生尤其是低年级学生迅速养成良好习惯,融入学校大集体。比如说,在大课间活动成果展示中,一年级的学生共同迈着整齐的步伐走进了展示场地,脸上均洋溢着自信与热情,加上他们嘹亮的声音、整齐划一的动作,充分彰显了他们的精神面貌;他们抬头挺胸、精神焕发地迎接着每一次检验,不惧挑战,让我们从中看到了孩子们光明的未来、辉煌的未来。

另外一个例子是,二年级某学生行为习惯较差,没有集体观念,但他其实是一个特别热心的学生,同学摔倒受伤了,他会主动上前搀扶并陪同去医务室;同学在跑步时掉队了,他会鼓励其加油,虽然有时方式方法不到位,但看得出他想帮助别人,老师就强化这一点,让他作为引领者,负责大课间领跑工作。长此以往,他不仅形成了良好的体育规则意识,也逐步改正了自身的不良习惯,成为一名优秀的少先队员。总体而言,教师要从一开始便引导学生严格要求自己,进而形成良好的规则意识,提高体育大课间的运动效果。

表4-1 体育大课间评分细则

评价内容	要求	分值	评分
出操及列队	零级音量贯始终	20	
	迅速排队有秩序	20	
	保持距离人挺拔	10	

续表

评价内容	要求	分值	评分
跑操、做操过程	动作整齐有力度	15	
	和着音律姿态美	15	
	坚持锻炼有毅力	10	
	口令洪亮有气势	10	

二、运动内容显增量

大课间跑操是很多肥胖孩子的天敌,由自身素质的薄弱,导致这些孩子主观能动性的懈怠。于是在教学中,我们采用以各游戏为载体,通过形式多样的练习方式,提高练习的趣味性,这种创设让学生获得了强烈的动作体验。课堂气氛浓厚,学生参与积极性高涨,同时又弥补了传统教学方式上运动强度和密度不足的问题,促进学生刻苦锻炼习惯的养成,最大限度地增强了课堂实效。

因此,在引导学生树立规则意识的基础上,学校充分利用大课间时间,制定专项活动帮助学生提高体能,设计创意游戏活动,落实防近控肥举措。如表4-2所示,针对一年级到四年级的学生,学校设计了花样跑操、创意防近控肥游戏等项目,并利用上午与下午的课间进行合理开展。而且,学校还将爱眼护眼等原则融入大课间活动,尽可能促进学生的身心健康成长。如此一来,让学生不仅能够在课余时间享受到体育运动的快乐,还能够养成积极参与体育运动的习惯,避免沉迷于网络游戏与吃喝玩乐,而导致近视、肥胖的情况。

案例4-1 开启控肥之旅

三年级的小陈同学自述:"在一年级的时候,因为父母对我的饮食没有严格控制,所以我非常喜欢吃肯德基、麦当劳这些高热量食物,也不喜欢运动,导致了体重严重超标。医生也叮嘱父母要帮助我控制饮食减肥。但是由于我不愿意运动,父母也没有逼迫我,所以体重问题迟迟没有得到解决。但是,在参加一学期的体育大课间活动之后,我不仅喜欢上了花样跳绳运动,在课后也会积极练习;而且由于创意防近控肥游戏比较有趣,所以我很愿意参加。也正因此,一个学期之后,我的体重有了明显的降低,身体素质也比以前好了很多。"

人们普遍认为,心理暗示可以帮助学生形成实现这一目标的良好精神状态,提升体育教育的高参与度,增强心理健康,提高社会适应能力。因此,在开展体育大课间活动的同时,我校还通过组建控肥小分队,让学生之间相互帮助、互相鼓励,引导学生克服懒惰,积极参与大课间活动。总体而言,通过多样化活动,不仅能够调动学生参与体育运动的积极性,还能够指导学生学会科学运动,进而帮助学生培养良好的运动习惯,使学生的体质逐渐变好,体能逐步提高。

案例4-2 班班运动,齐力向前

二年级某班,大部分男生性格外向好动,精力充沛,但自制力弱,行为习惯不规范,少部分学生运动积极性不够的原因却是运动参与度不够,机会都被好动的学生给占据了。据班主任郑老师所说:"通过开展体育大课间活动,配合小分队的监督鼓励,制定好运动规则,以强带弱,学生们参与体育锻炼的热情逐渐高涨,不仅能够将大课间的活动效果延续到课后,还能够帮助学生形成良好的体育运动习惯。在我任教这个班级期间,我见证了孩子们从不愿意参加大课间活动,到主动希望延长大课间的转变,这也是体育大课间活动起效果的重要证明。"

总而言之,在体育大课间活动中,学校的开展频率以及时长缓解与改善了小学生身体健康问题,并以中等强度的花样跑操运动、创意防近控肥游戏作为主要内容,坚持每天活动,创办活动协助小组等形式增加大课间活动的运动总量。与此同时,依据不同学生在大课间活动的表现,学校还会对学生的身体情况及健康情况进行综合评估,为这部分学生调整活动内容,令大课间活动的实效性得以充分发挥,并帮助学生有效提高自身的身体素质。

表4-2　体育大课间内容安排

		星期一	星期二	星期三	星期四	星期五
一年级	上午	无	花样跑操	花样跑操	花样跑操	花样跑操
	下午	创意防近控肥游戏	创意防近控肥游戏	创意防近控肥游戏	创意防近控肥游戏	无
二年级	上午	无	花样跑操	花样跑操	花样跑操	花样跑操
	下午	创意防近控肥游戏	创意防近控肥游戏	创意防近控肥游戏	创意防近控肥游戏	无
三年级	上午	无	花样跑操	花样跑操	花样跑操	花样跑操
	下午	创意防近控肥游戏	创意防近控肥游戏	创意防近控肥游戏	创意防近控肥游戏	无
四年级	上午	无	花样跑操	花样跑操	花样跑操	花样跑操

三、音乐元素添美感

在《关于全面加强和改进新时代学校体育工作的意见》和《关于全面加强和改进新时代学校美育工作的意见》等文件中,我国政府对加强和改进新时代学校体育、美育工作进行了系统设计和全面部署,强调了引导学生发展体育美育素质的重要性与必要性。作为直击心灵的旋律,音乐不仅有助于美化人们的精神空间,促进人们道德素质的提升,更有助于帮助学生舒缓心理疲劳,激发运动热情,让学生以高昂的热情投入体育活动中,提高体育运动的实际效果。因此,在大课间活动中融合音乐,不仅能够让个体情绪得到放松,也能够让学生拓宽视野,做到以美育人、以美化人、以美培元。

具体而言,考虑到音乐元素与美感呈现的效果取决于音乐的精神内涵和表现形式,因此在选择大课间活动的配乐上,学校也是进行了仔细钻研。比如,在花样跑操的过程中,我校专门选择《We are the champions》《Hand in hand》《奔跑》《欢迎进行曲》《相信自己》《超越梦想》等音乐作为配乐,充分调动小学生的情绪,引导他们感受到体育运动的快乐,并借助音乐与体育的结合而慢慢产生体育审美能力,为提高体育、美育素养奠定基础。而且,所选择音乐的旋律及节奏还与花样跑操等活动的动作快慢、强弱等密切相连,极为和谐,从而启发学生在练习动作时能够和音乐节奏保持一致性,达到身心与意境的统一,提高活动效果。

此外,在大课间活动时间,我们学校要求从教室到操场,从准备活动开始到整理活动结束,老师都应该通过音乐来进行指挥,通过节奏变化来指挥学生变换活动内容。因此,为了使大课间活动的不同阶段都能够顺利进行,在每一个阶段所运用的音乐也有所不同,即分为出场音乐、准备音乐、练习音乐、放松音乐及退场音乐四个部分。详而言之,(1)出场音乐:这部分音乐主要是以活泼、轻快节奏为主,由音乐特有的美感调动起学生参与大课间活动的欲望,使学生在老师的引导下,聆听着美妙的音乐前往操场;(2)准备活动音乐:在开展大课间活动之前,必须要进行活动热身,调动身体的机能,避免出现运动过度的情况。因此,在这个阶段,选择的是节奏轻快、音调较为柔和的音乐,调动学生的运动积极性,并引导学生为后续的活动做好准备;(3)练习音乐:这一阶段的音乐选择不仅要注意实效性,而且要注意具备号召能力与震撼能力,因此可以选择激烈、强劲节奏的音乐,唤起学生参与体育活动的情感。因此学校主要是选择具有强烈震撼力和立体感的西方音乐如《蓝色多瑙河》,直击学生的心灵,让学生产生积极运动的热情;(4)放松音乐及退场音乐:在进行花样跳操等活动之后,通过播放《春江花月夜》等轻松的音乐,引导学生从激烈的运动状态迅速过渡到相对平静的状态,并随后紧跟着中国民族音乐,带着学生有序退场。每一位学科教师也都共同参与到体艺大课间中,和学生一起伴随着音乐锻炼,师生齐运动,师生共健康。

我校骨干教师勤思考、有路径,年轻教师有活力、有干劲,近年来老师们始终以创意体育、“全景式”教学等理念开展一线教学和学校体育活动,打造校园体育文化,书写不一样的“凤凰大健康”。

案例4-3　丰富多彩样式新,和着韵律姿态美

孩子的变化家长最能感受到,正如四年级的一位家长说:“学校组织的大课间活动,贯彻将活动与音乐相结合的原则,合理运用不同节奏与旋律的

音乐引导学生开展活动,从而使得整个运动强度和活动量均符合学生的身体状况。整个活动的有效时间大幅度增加,也提高了整个大课间活动的美感。我的孩子自从参加了大课间活动,不仅爱上了体育运动,而且其审美能力也有了一定的提升,真正做到了艺体结合、全面发展。"

班级管理缺少不了班主任的付出,孩子们的变化他们也是尽收眼底。如一名三年级的班主任所提及:"学校的大课间活动内容设计合理,动作编排质量较高,柔和的音乐使人舒缓,劲爆的音乐使人振奋。通过运用各种各样的音乐作为辅助,充分激发了孩子们参与活动的热情。并且,班级的孩子们跟随着音乐开展课间活动,将大课间全权交予学生,真正做到自主、自立、自省,不仅其审美能力有了明显提升,还提高了班级凝聚力。大课间的规范操作立见成效后,随之顺势也应用到了班级的规划中。"凡此种种,均体现了音乐与课间活动相结合的有效性,达到了同时提高身体素质与审美能力的效果。

第二节　托管社团选出个性

"双减"形势下,打破以往的组织形式和教学模式,充分考虑到学生的生理特点和心理特征,以"在校六小时,运动两小时"为育人目标,设置了全员走班玩转体艺社、课后服务"外教"体育社、校级选拔毅达运动社三种不同的课程,满足不同学生的需求,确保每位学生都能够积极地参与到练习中,每位学生都有展示自己的舞台,每位学生都有收获,达成每位学生掌握1至2项运动技能,从而促进学生养成终身锻炼的习惯,树立健康第一、生命至上的人生观,为以后的健康成长奠定基础。

一、"玩转体艺"的全员走班

为培养多元化发展的个性人才,我校组织开展了"运动两小时的差异化学习"的全员走班"玩转体艺社"。"玩转体艺社"指的是每周五下午,我校专门拿出一小时的时间进行走班式课堂。走班式课堂是采用学生们去某类项目专用教室这个略显"新奇"的方法。同一个年级的学生们,只要选了同一门选修课,即使不同班也可以成为一起学习的"同窗"。每学期初,学校会发布该学年的所有玩转体艺课程类目,让学生们自由、自主选择感兴趣的体艺项目进行报名。学校采用外聘老师、合作老师和自主开发等方式,开齐开足6个年级的70余种玩转体艺社团,如形体课程、跆拳道课程、桥牌课程、围棋课程等,让更多同年级不同班的学生们成为兴趣一致、志同道合的好伙伴,使全员体艺2+1(2项运动技能＋1项艺术特长)有保障。

在玩转体艺课教学前,每个体育运动专项老师会依照教学标准制定相应的规范、科学的教育教学计划、单元计划以及课时计划,选择符合学生心理和生理特点的教学方法,努力提高学生的兴趣,明确课程目的;在教学过程中,认真、专注、专业、生动地教好每一节玩转体艺课,在课堂中加强对学生的基础指导,激发选课学生对该项体育运动项目的兴趣,进而努力提高学生的身体素质和运动能力;在教学后,体育运动专项老师会比对教学计划及教学过程实施,进行课后总结反馈,使我校的专项体育运动教学工作更加规范化,教学方法多样化、生动化。

比如,2022年2月,我校依托于亚运会,开展"虎虎生威,喜迎亚运"一二年级主题游园实践活动。一二年级教研组的老师们结合孩子们所学的知识,精心设计各个环节,让孩子们学有所成、学有所乐。而且,在活动过程中,凤凰娃们也力争成为"亚运小健将",化身为"灌篮高手""保龄好手""乒乓巧手""射击能手"。孩子们在体能运动及游戏中说成语、背课文、拼读音节、讲故事,既锻炼了肢体协调能力,又闯过一道道知识难关,提升自己的语言组织能力和自我表达能力。毋庸置疑,这种有趣味、有温度的评价方式也为孩子们创设了尽情展现能力的空间,搭建了绽放精彩的舞台,让孩子们在活动中收获智慧、收获快乐、收获自信,并留下心中美好的印记。

除此之外,玩转体艺课作为"运动两小时的差异化学习"金字塔体系底端的基础性课堂,面向我校所有在校学生,由于所有在校学生不同的体育运动基础和不同学情,玩转体艺课课程并不要求所有学生能在课堂中进行高专业程度的专项训练,而是在这一小时之内最大程度了解某项体育运动,进而调动学生们对该专项体育运动学习兴趣及锻炼欲望。每学期初学校会统筹安排,进行一次全新的线上平台自主选课,学生们可以延续旧项目学习或者利用学期初的机会自由更换新的体育运动项目进行尝试。

经过几年的活动开展,我校参与玩转体艺中体育相关项目的学生逐年增多,说明越来越多的学生对不同的体育运动项目产生了兴趣和训练内驱力。玩转体艺课程能够全面启发学生对不同体育运动项目的热情,并将体育专项学习兴趣调动到较高程度,这就是作为金字塔体系底端的基础性课堂——玩转体艺课的开展目的。

开展"玩转体艺"的全员走班活动,让学生能够在课余时间享受到专业的、有趣的体育活动及指导,从而充分激发学生的体育参与热情,达到提高学生体育技能和审美能力的综合目标。

二、"外教社团"的自主走班

2021年9月,杭州市正式发布《进一步减轻义务教育阶段学生作业负担和校外培训负担实施方案》,学校为了配合实施政策,妥善、高质量解决学生放学后看护难问题,将放学后托管服务按照"1+X"课后服务总模式统筹安排。全面升级后的学后托管"X"课程中,体育运动相关课程占据半壁江山。

为了进一步开发学生的多元智能,强化不同年级、年龄学生的身体技能,促进学生综合素质提升及身心全面发展,实现以智慧润心、以运动强身健体的目标,学校积极联系校内外优质教育资源,细分领域专业人才,聘请了诸多"外教",即校外体育运动项目专业指导老师进校指导我们的学生进行拓展性学习与科学化锻炼。让专业的人来做专业的事,通过"校内体育教研室+校外专业指导老师"配合的新模式,课后服务"外教"体育社将体育运动的精神、体育锻炼的专业细节充分展现在放学后托管服务中。不仅把课后体育锻炼时间做到最大化,还把学习内容和锻炼练习做到有效化,让学生们能在放学后托管项目中进行拓展学习、有效学习。

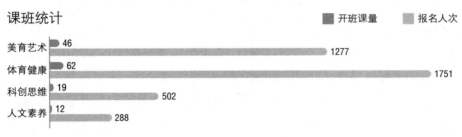

图4-1 2021学年第二学期体育类X课程开课班量和报名人数统计图

作为拓展性放学后托管服务模式的特色项目,组织"外教"体育社的初衷是提升学生们对于专项体育运动项目的实操能力,进而培养他们对体育运动专项的学习锻炼兴趣。"知之者不如好之者,好之者不如乐之者",兴趣是最好的老师,我校的特色课后服务"外教"体育社的宗旨是让所有学生都能主动积极、自由地选择感兴趣、擅长的体育运动项目。学校老师和学生家长仅承担介绍、启发、引导的工作,把选择权重新交还给学生,只有学生自己参与感兴趣的体育运动项目,乐在其中,才能将兴趣变成体育锻炼的内驱力,这也是逐步培养学生们形成终生对体育运动感兴趣的重要一环。

在课程设置上学校采取了分层教学模式,最大可能照顾到不同运动基础与层次的学生。例如:最受欢迎的"轻羽飞扬"项目将学生们按照水平一、水平二、水平三进行划分,分成3大班,不同的"外教"老师针对年级不同、运动基础不同、学习效率不同、练习强度不同的学生们制定有针对性的教学内容及教学计划,由体育组一名专任老师协同三名外教进行课后拓展教学。在此基础上,我校还开展了进阶课程,由体育组老师进行选拔,选出各个班中的项目尖子生组成校队,在同样的时间进行进阶教学。对于这些学生来说,普通的教学内容已经无法满足他们的需求,而校队的专业化练习则能进一步深度提高他们潜在的兴趣及能力。

值得注意的是,学校不仅有专门的个性化课程,每年还创设与时俱进的国际化理解周课程。旨在于立足国际视野和体教融合,通过项目式学习,引领学生体验研究学习国际赛事项目,心怀远大理想,树立争当新时代好少年的目标。为全面推进学校五育融合的凤凰吸引教育办学实践,在一二年级开展冰壶嘉年华活动,三到六年级开展足球嘉年华活动,感受运动魅力,树立凤凰体育精神。以"中国女足重返亚洲之巅、盛世北京冬奥会"为契机,结合新体育的"威、全、融"三个维度设计,基于学程式校本课程实施理念,通过为期一周的体育盛事,体验体育突破国际边界的魅力。

总体而言,设置多种多样的体育社团活动,既为孩子们提供了参与体育运动、锻炼身体的舞台,也为孩子们提供了放松大脑、放飞心情的空间。而且,这个过程还能够让学生同时享受体育与艺术的熏陶,达到强身健体与美育并举的目的。正如一名三年级学生所言:"自从参加了排球少年课程,我不仅感受到了排球的魅力,还掌握了排球的基本技巧,深深为这项运动所吸引。也正因此,即使是没有课的时候,我也会和另外一些朋友主动练习排球或者进行比赛训练,我的排球水平有了一定的提升,身体素质也变得越来越好了。"此外,另外一名参加了国际象棋课程的四年级学生则说:"自从参与了国际象棋课程之后,我的思维能力得到了大幅度提升,而且审美能力也有了一定提高,感觉学校真的非常用心地为我们着想。"由此可知,"外教体育社"不仅为学生提供了各式各样的体育课程,满足了不同学生的体育需求,还借助专业的教练让学生同时享受体育与美育的指导,实现提高体育技巧和审美能力的双重效果。

表4-3 课后服务"外教"体育社参加学生人数统计表

课程类别	课程名称	参加学生人数/周
C-运动健身	花样跳绳	72
	轻羽飞扬	270
	"排"球少年	44
	国际象棋	85
	灌"篮"高手	245
	"足"下生风	145
	桥牌	35
	校足球(不自选)	18
	校排球(不自选)	17
	校篮球(不自选)	17

三、"精英校队"的优选走班

在放学后拓展项目"外教体育社"的基础上,我校还开展了名为"校级选拔毅达运动社"的进阶课程,由体育组老师们选拔各班体育运动项目拔尖的学生组成校级训练队,在放学后托管服务拓展时间进行进阶训练。而且,这种"精英校队"模式的优选走班呈现出金字塔尖模式,即从全员走班激发学生兴趣入手,继而发掘适合继续深造的学生,最后组织这些学生进行培优授课。值得注意的是,对于体育运动项目尖子生而言,基础的体育运动教学已经无法匹配其需求,而"校级选拔毅达运动社"的专业化、分层级进阶训练则能进一步磨炼他们的毅力并开发他们的潜能。

依据塔式结构体育课程群内容,我校体育组老师们充分运用体育活动课(A基础性课程)、玩转体艺课(B拓展课程)、才艺坊(C拓展课程)、校队(D个别化课程)四级课程体系夯实体育运动培育梯队建设,在前三级(A基础性课程+B拓展课程+C拓展课程)日常授课过程选拔资优生组建了由校排球队、篮球队、足球队、三跳队等专项队伍合成的"校级选拔毅达运动社"。"校级选拔毅达运动社"并不仅仅在比赛前期临时集训,而是全年进行有规划、有针对性的常规训练,训练强度、训练难度、训练重点会根据距离比赛的时间进行不同程度、有侧重点的调整训练。而且,从表4-4来看,对于不同的项目,学校安排了不同的老师担任负责人,并且会混合采用社团训练、暑期集训、晚托社、团校队训练、年级专项体育课、居家自主练习和阳光大课间等方式展开训练,加之配以专业的外聘老师,尽可能帮助学生提高体育水平,令训练的结果达到预期目标。

具体而言,在每学年及每学期初期,我校体育组规范制定本学年及本学期的训练计划,按照训练计划严格执行训练要求,并分阶段进行训练过程分析,总结反馈训练遇到的问题及原因,认真抓好"校级选拔毅达运动社"的日常训练与日常管理工作。在训练期间,体育组老师们及学生们遇到了不少的困难,然而师生们都没有放弃,而是积极想方设法,通过刨根问底的多方反馈调节,尽全力协调好班主任工作、学生家长及学生运动员的相关工作,充分调动学生运动员的内在驱动力,提高学生运动员的训练积极性,合理调配训练时间,全方位保障及提高训练的质量。除此之外,本学期组织了定期检查训练计划与阶段小结反馈工作,学校各学科老师们在学校统筹安排下都能够相互支持及配合,带队体育教师放弃节假日休息,坚守训练一线,带领学生参加区田径运动会、足球比赛、篮球比赛、排球比赛、三跳竞赛、游泳竞赛、体质测试比赛、市三跳比赛、市排球比赛等,并均取得优异成绩,将"无体育,非凤凰"坚持到底。

从实验成果来看,通过组建"精英校队",我校排球队不仅连续三年都有学生考入杭州市外语学校,另外还有四位学生将爱好变成特长,特长变成专长,进入杭州市陈经纶体校,成为专业的排球运动员。此外,在2021年的上城区第五届"七彩阳光"体育节上,我校获得了男子篮球第二名、女子排球第三名的佳绩。凡此种种,都彰显了这一做法在实际的操作中取得了理想的效果,也证明了延续这一做法的重要性。一言以蔽之,学校通过开展以全员走班玩转体艺社、课后服务"外教"体育社及校级选拔毅达运动社等多种方式的课后运动模式,引导更多的学生参与到"运动两小时"活动中,并从中感受到体育运动的乐趣,提高自己的身体素质。

表4-4　校级选拔毅达运动社分工安排

类别		负责人与 具体分工	训练方式	备注
体育类 总负责人	田径队 李老师	跑:张、徐	社团训练 暑期集训	/
		跳:李、樊		/
		投:王、郭		/
	三球队 王老师	足球:郭	晚托社 团校队训练	/
		篮球: 王(男子组) 徐(女子组)		/
		排球:樊		兼游泳负责
	三棋队 许老师	国象:许	年级专项体育课 居家自主练习	外聘教师
		围棋:张		棋院外聘
		桥牌:徐		桥协外聘
	三跳队 张老师	长绳:王、张	体育课 体育活动课 阳光大课间	/
		单摇:李、徐		/
		双摇:张、徐		/
		毽子:郭、李		/
		毽球:樊、王		/
		牛皮筋:张		/

而且,为了确保"运动两小时"能够达到预期效果,我校还专门设置了相应的多元化评价机制。具体而言,"运动两小时"的多元化评价体系由"学生选的描述评""学校定的精准评"和"国家统的齐步评"三个层级的评价方案组成。旨在坚持"健康第一"的指导思想,促进学生身心健康发展;激发运动兴趣,培养学生终身运动的意识和习惯;以学生发展为核心,重视学生的主体地位;关注学生个体差异与不同层次需求,确保每一个学生受益。首先是学生选的描述评:"完善运动两小时的多元化评价"中"学生选的描述评"评分以定性述评为主,通过学生自评、组内互评、教师评价全方位360度评分方式进行描述性评价,将自评、互评及他评的方式科学结合。定性述评是一种描述性的评价,特指不采用量化的方式,根据评价者对被评价者平时的表现、现实的状态或文献资料的观察和分析,直接对被评价者做出定性结论。定性述评的方式特别适用于对小学生在体育与健康学习中对体育运动的兴趣爱好、运动社交表现、运动毅商等方面的评价,包括出勤状况、学习兴趣、团队协作程度、技能运用能力、沟通能力、体育爱好培养能力、体育理念运用能力、自我展示能力、毅力及拼搏精神几部分。在"完善运动两小时的多元化评价"中"学生选的描述评"评分中,学生通过自评和组评在观摩交流中相互点评,教师通过一学期的课内教学和课后培育对学生的每课记录做出评价,这种全方位360度评分方式的评价,能够充分挖掘和肯定学生的进步、亮点,又能找出学生在体育运动训练中暴露的问题和不足,从而形成完善有效的综合评价,促进学生的全方位长足发展。

此外,特长(专长)述评部分采用表现性评价方式。特长展示评价旨在挖掘学生运动专长,鼓励更多的学生坚持运动爱好,达到"一生一课程"的学习目标,享受运动生活,树立健康的人生观。特长(专长)述评部分评价内容和标准包括:(1)自我"封号"。如"灌篮高手""排球小将""足球小子""游泳达人""围棋大师"等;(2)特长介绍。包括特长学习的时间,参加过的比赛,制定的目标,今后的计划,等等;(3)特长展示。如学生在班级进行特长展演。

其次,是由学校定的精准评。"完善运动两小时的多元化评价"中"学校定的精准评"环节的评价采取定性定量相结合的方式,这种方式可以有效避免纯定性或者纯定量评价的缺陷,综合定性评价和定量评价两者的优势,相互补充,得出更科学、更规范、更综合、更可靠的评价结果。其评价内容与标准参考并选择浙教版《体育与健康》教材中对应年级和学期中一项技术与技能内容精准评价,并结合我校特色专项体育课内容进行精准评价。

最后,是由国家统的齐步评。"完善运动两小时的多元化评价"中"国家统的齐步评"评分严格参照上述《国家学生体质健康标准》规范开展,进行客观公正评价,采取定量测评的方式,从身体形态、身体机能、身体素质和运动能力等方面综合评定学生的体质健康水平。定量测评强调数量计算,以测量为基础,具有客观化、标准化、精确化、量化、简便化等鲜明的特征,在一定程度上满足了以选拔、甄别为主要目标的教育需求。本部分定量测评是对学生在不同课程中的学习水平进行科学化的量化评价。总体而言,为了确保体育活动的效果,学校制定了由"学生选的描述评""学校定的精准评"和"国家统的齐步评"三个层级的评价方案组成的多元化评价体系,让学生能够借助自身与外界的评价,了解到自身参与体育运动所存在的不足,并参考建议以进行改变,为提高自己的体育运动效果而奠定基础。

概言之,学校依据体育塔式课程群,运用体育活动课、玩转体艺课、才艺坊、校队四级课程体系夯实梯队建设,制定训练计划并严格执行,分阶段进行分析与总结,认真抓好运动队的训练与管理工作。老师们分工明确,坚守训练一线,带领学生参加区田径运动会、足球、篮球、排球、三跳、游泳、体质测试比赛、市三跳比赛、市排球比赛、国家体质抽测均取得优异成绩,将"无体育,非凤凰"坚持到底。童健节、校园吉尼斯、三跳比赛有序开展,使校园充满运动氛围。"X"课程中开设羽毛球、足球、跆拳道、围棋、国际象棋等活动,鼓励每位学生有一个体艺专长。我校"把体育带回家"的教学主张,创设全员、全境、全塑的学校塔式结构体育课程群,让每一位学生的兴趣有所学,使全员体艺2 + 1有保障,助力学生健康成长。

第三节　亲子锻炼伴出风尚

如果说学校教育是根据受教育者的年龄、个性特点,制定有计划、有目的、有规律、有组织的授业活动,促使其朝着所期望的方向发展变化的活动,那么家庭教育即是孩子的第一个学习场所,家长即是孩子的第一位人生导师。家长在给予孩子良好的生活、学习环境的同时,也将潜移默化地给孩子树立正确的人生观、价值观。现代社会节奏快、压力大,成为很多家庭交流的绊脚石。幸福的家庭氛围,缺少不了良好的亲子陪伴,而亲子陪伴不仅仅局限于亲子阅读、亲子交流,更和谐的不外乎有计划、持久的亲子运动,尊重孩子的思想,尊重孩子的发展阶段,给孩子选择的机会。亲子活动为孩子们提供了一个轻松的环境,让他们与家长分享玩耍的乐趣,这样,孩子的情感、认知、语言、运动、创造力、社交和其他能力都可以得到充分的发展。

一、把体育带回家的新理念

追求课堂实效性是新一轮课程改革的重中之重,是对标落实《义务教育体育与健康课程标准》(2022版)的重要举措,是完成体育教学目标的重要策略。如何让学生从被动学习转变为主动挑战,甚至把学习体育技能变为一种乐趣,这是广大体育教师极度关注的问题。我校开设家庭体育坊,提出"把体育带回家"这一体育主张,即把理念带回家、把科学运动带回家、把技术动作带回家、把练习方法带回家、把运动习惯带回家,旨在为应试体育教学和素质教育搭建桥梁,创造校内校外、学校与家庭的体育运动氛围,通过体育项目化学习单、体育钉钉打卡等技术手段让运动成为学生家庭生活中的一部分,孩子主动的运动习惯带动家长、带动家庭、带动社区的健康生活,凤凰大健康,一路向未来。

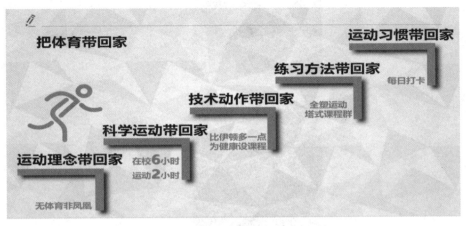

图4-2 "把体育带回家"内涵图解

以"把体育带回家"为新体育教学主张,建立起校内校外、学校与家庭的体育氛围,通过体育钉钉打卡、技术平台大数据等完善新体育教学主张的实施,通过家校协同彰显新体育教学主张的落地。为呈现我校全纳体育内涵和践行广度、为了对亲子运动的效果进行评估,我校还设置了"悦动家庭"这一奖项,并将这一荣誉授予符合亲子运动时间、亲子运动人数、亲子运动项目等要求的家庭,增强他们的荣誉感与满足感。如图4-3所示,在学校老师与家长的合作下,肥胖学生积极进行跑步、跳绳运动,而且有的学生还选择了参加游泳、平板支撑、拉伸等运动,有效贯彻了每天积极运动的宗旨。并且,家长们在每一次发图之后都会及时与班主任进行讨论,指出自己孩子运动中所存在的不足,共同探索能够解决问题的方法。值得一提的是,在实施过程中,我们不仅仅进行一对一的学校、家庭的跟踪,而且各年级体育组还自发组织控肥强化小组,对肥胖学生每天的运动量、减肥效果进行检查,针对认真执行的学生予以表扬,对偷懒或者是不想锻炼的学生则进行谈话与鼓励。

图4-3 学生在家训练图

通过开展"把体育带回家"的活动,老师与家长共同合作指导学生进行体育活动,还有助于让肥胖学生清楚地认识到肥胖给自身带来的诸多不适,并且能独立制定适合自己的运动量及方式;合理安排膳食饮食;制订规范的作息时间。除此之外,肥胖学生积极参与运动健身,用自己的实际行动带动身边的人,形成有效的常态练习,并且在一年之后,大量学生的BMI指数基本上都回归了正常状态,充分说明了这种活动的有效性与科学性。为了避免学生后续放松运动而导致体重反弹,老师、家长与协助小组还会进行持续跟踪,确保学生能够将这种良好的体育运动习惯一直坚持下去。

另外,正如表4-5所示,为了进一步鼓励父母与孩子共同积极参与体育运动,学校还专门设置了"悦动家庭"奖,用于奖励开展亲子运动较为积极、取得成果较为理想的家庭。为了确保整个评奖过程是符合公平、公正、公开原则的,奖项评分共四个部分:(1)亲子运动人数,占总得分的20%。根据科学研究,如果父母能够同时陪伴孩子参与运动,则体育运动效果会得到显著提升,因此如果父母经常和孩子共同运动,家庭运动氛围浓厚(周末爬山、走路等)则可以得到满分,而陪同孩子共同运动的频次较少则需要酌情扣分;(2)亲子运动时间,占总得分的40%。亲子运动除了要保证人数,更需要保证运动的频率与时间,因此如果每周亲子运动达到3次及以上,且每次运动时间在30分钟以上的家庭便能够获得满分,没有达到标准的酌情扣分;(3)亲子运动项目数,占总得分的20%。任何一项运动发展到一定阶段,都很容易让人感到疲惫,由此降低运动的效果,因此学校规定如果家庭开展的亲子运动项目达到5个及以上为100分,4个为80分,以此类推进行扣分,力图让家庭能够通过开展不同运动以保持热情,提高运动效果;(4)最后是亲子运动成效,占总得分的20%。开展亲子运动的根本目标还是帮助孩子及其父母参与体育运动、强身健体,因此学校也规定如果家庭参加运动比赛项目获奖,则可以根据奖项级别即国家级为100分、省级为80分、市级为60分、区级为50分的标准进行评分。此外,父母一方从事运动比赛项目且取得较好成效为50分。最后,学校综合每个家庭在时间、人数、运动成效与项目中的总得分,评出"悦动家庭"的最终名单,做到实至名归、令人信服。

案例4-4　全家齐运动,共建好习惯

一名三年级小学生曾在与老师的对话中提到:"在获得'悦动家庭'奖项之后,我与父母共同参与体育运动的愿望变得更为强烈,也更愿意响应学校的号召,坚持每周运动3次以上。"另外一名四年级学生也向老师表示:"自从我们家里得到'悦动家庭'的奖项之后,我和我的父母都感受到这是学校对于我们一直坚持开展亲子运动的肯定,而且这也激励我们要不断丰富亲子运动的类型、提高亲子共同运动的频率,坚持在下一次的评比中还能够蝉联奖项。"值得注意的是,在评奖之后,我们也发现获得"悦动家庭"奖项的父母与学生对于参与体育运动的热情要远远高于没有获奖的家庭,但是没有获得奖项的家庭在经历评奖之后也会认真反思自己的不足并加以改正,由此体现了"悦动家庭"奖项评比对激发、引导学生参与体育运动的重要作用。

表4-5 "悦动家庭"申报表评分细则

悦动家庭	亲子运动时间（40%）	每周亲子运动3次及以上，每次30分钟以上为100。
	亲子运动人数（20%）	父母经常和孩子共同运动，家庭运动氛围浓厚（周末爬山、走路等）为100分，孩子运动、父母运动频次较少为70分。
	亲子运动成效（20%）	1.家庭参加运动比赛项目获奖，根据奖项级别进行判分。国家级为100分，省级为80分，市级为60分，区级为50分。2.父母一方从事运动比赛项目且取得较好成效为50分。
	亲子运动项目数（20%）	亲子运动项目5个及以上为100分，4个为80分，以此类推。

二、"亲子运动"的现代新风尚

在西方国家，体育工作者主张加大对亲子教育的重视，紧紧抓住孩子大脑发育敏感期，帮助孩子养成良好的体育运动行为习惯，为孩子的身心和谐与发展奠定坚实基础。随后，"亲子教育"理念传入我国，受到了我国体育工作者的广泛关注，为我国体育工作者构建亲子体育教育理论、设计亲子运动模式提供了重要参考。在《中国儿童发展纲要》中，我国政府也指出家长在保证孩子充足睡眠的基础上，要积极推进阳光家庭体育运动，保障儿童每天1小时及以上强度的运动，并且通过与孩子之间的互动交流，培养儿童良好的运动习惯，为孩子未来的健康发展奠定基础。

因此，基于亲子教育理论和《中国儿童发展纲要》，学校认真设计了各类亲子运动，激励每一位学生的父母共同参与体育活动课，共同进行亲子运动。学校为了进一步提高亲子运动的效果，还专门设计了国际理解周（足球周、冰壶周）活动，即立足国际视野，开展国际理解周活动，通过项目式学习，引领学生体验国际赛事项目的研究学习，心怀远大理想，争当新时代好少年,并且让父母与学生共同参与活动,促进彼此之间的感情与运动效果。举例而言,学校为了全面推进学校"五育融合的凤凰吸引教育"办学实践,专门开设秋季冰壶嘉年华活动,让学生和家长能够一同体验旱地冰壶活动,感受运动魅力与凤凰体育精神,并且借助亲子运动的方式以提高运动成果。在此基础上,学校还充分突出足球"威体育"的特色,每年春天开设足球周课程即"各科融足球""乐玩学足球""家庭伴足球"等,通过项目化学习方式,培养学生运动思维和创造思维,并借助亲子运动的方式丰富学生的校园运动生活。

案例4-5　榜样的力量

以"家庭伴足球"为例,如表4-6所示,2021年4月26日—30日,我们要求学生在回家之后与父母一同观看一场足球赛,并在父母的指导下了解足球比赛的基本规则。此外,父母要主动与孩子交流与足球相关的赛事、明星,并且让孩子坚持每日锻炼足球技能,巩固在学校所学到的足球体育知识。除此之外,父母也可以通过搜集与足球明星相关的故事,引导孩子学习这些体育健将毅学苦练的品质。

有一名二年级的学生曾经说:"我的父母对我讲述了阿根廷球星梅西的故事,他让我了解到一个人即使面对困境也不应该轻言放弃,而是要努力拼搏、努力提升自我,最终才能够获得幸运女神的眷顾。"另一名学生表示他一开始并不喜欢足球运动,但是他的父母曾经对他讲述了克罗地亚足球明星卢卡·莫德里奇的故事,让他感受到原来足球运动不仅仅是一项体育运动,也是能够为国家争夺荣誉的重要途径,卢卡·莫德里奇正是通过自己的拼搏,为克罗地亚这个满是伤痕的国家带来了一丝安慰。这样的方式除了能够让学生在回家之后也继续开展体育运动,增进亲子之间的交流与感情,还能够引导学生充分感受到体育运动的真正魅力,为培养学生终身体育的意识奠定基础。

表4-6　家庭伴足球安排表

活动日期	年级	活动时间	活动内容	备注
4月26日—30日	1—6年级	放学后	1. 与父母回看一场足球赛，了解比赛规则。 2. 每天练一练足球技能，巩固所学。 3. 和父母聊足球与世界风情，促进国际理解。 4. 搜集足球明星故事，学习毅学苦练的品质。	
备注		班主任在班级圈设置"家庭伴足球"班级话题，分享学生精彩瞬间。		

在每一次亲子运动之后，学校也要求班主任及时引导学生进行运动回顾与反思，对运动中的精彩瞬间进行分享，并思考如何才能够更好地开展亲子运动。例如，在"家庭伴足球"活动之后，班主任可以以此为题，让学生分享自己的亮眼时刻并且分享到班级圈中，与不同的学生、家长共同交流心得，争取弥补不足，更好地提高运动效果。可以说，通过结合现代体育理念开展亲子运动，并确保项目的设置能够相对丰富，这遵循了一般运动的组织规律和趣味性理念，同时结合传统的体育类项目，真正做到了娱乐性和竞技性的结合，充分调动了学生与家长的参与积极性，为提高亲子运动的发展助力。例如在组织父母共同参与国际冰壶周后，有家长便明确表示："我们从来没有想过，冰壶运动会如此有趣，而且跟孩子一同运动，既锻炼了孩子，也锻炼了自己，真的是一举两得，以后我一定要继续遵循学校的理念，积极开展亲子运动，促进自身与孩子之间的共同成长。"

三、体育作业的"双减"新样式

"少年强，则国强"，青少年的身心健康不仅关乎个人健康与幸福，还关乎国家的未来与命运。近年来，我国学生体质健康水平持续下降，其中学生的近视率、肥胖率持续上升问题困扰着学校体育发展。为此，我校从家庭、社会、学校等多方寻找解决途径，促进学校体育和体教融合，将"健康第一"理念转化为具体实践。党和政府高度重视青少年体育，高度关注学生体质健康发展,颁布了《关于深化体教融合促进青少年健康发展的意见》等文件。"双减"政策还明确指出要提高课后服务质量,开展包括体育运动在内的丰富多彩的活动。因此中央对校外培训学科机构进行限制,严禁学科类补课行为,大力支持体育类培训的开展,在一定程度上有效减轻学生的学业压力,让他们拥有更多自由支配的课后时间,参与到体育课后延时服务之中,可见国家高度重视青少年体质健康问题,并以政策优势为课后体育服务保驾护航,强健学生体魄,促进其体质健康发展。

在此基础上,我校还考虑到现今的基础教育过早地挖掘智商,不遗余力地培养情商,唯独忽略了动商的培养。"小学生起大早、初中生拼辅导"成了普遍现象,青少年身体变得不协调、不灵敏,心肺功能降低,越来越不自信,这对儿童的未来发展造成了严重的阻碍。正因如此,我校在针对学生布置的体育作业中充分贯彻了"双减"理念,力图使得普通的体育作业能够发挥出更大的作用。具体而言,所布置的体育作业采用以游戏为载体的模式,让学生能够通过不同的方式完成体育作业,充分提高体育运动的趣味性。在完成体育作业的过程中,学生也能够充分发挥自己的想象能力,创新性地开展体育运动,这种创设让学生获得了强烈的动作体验。可以说,这种基于"双减"理念而设置的体育作业,不仅能够弥补传统体育作业所存在的运动强度和密度不足、枯燥无味的问题,还让学生能够在快乐中完成体育作业,养成刻苦锻炼的习惯,最大限度地落实体育作业的功效。需要注意的是,为了避免体育作业流于形式,我校出台的"梧桐云"已经投入使用,教师每周通过平台布置相关运动项目供学生进行选择性练习,同时借助家校合作机制,请家长配合进行监督工作,确保学生能够定期完成体育作业;与此同时,学校的体育老师也会依据不同学生的体育作业完成情况,对其进行评价指导,让每个学生了解自身的纵向情况,从而明确改进的方向,为更好地完成体育作业做好准备。

总体而言,自2018年起,我校就实施了"学校大健康"的课程,保证"在校六小时,运动两小时"的目标。上、下午各安排半个小时的大课间活动,形成固定的全校师生进行体育锻炼的时间。再加上每天的体育与健康课,还有根据各年级学生身心特点制定的特色体育活动课:一年级围棋、二年级国象、三年级桥牌、四年级游泳、五年级学军、六年级学农等固定活动的开展，不但确保学生在校运动时间2小时，而且让学生的知识得到了拓展，更有利于促进学生全面发展。我校还开设家庭体育坊，贯彻"把体育带回家"的体育主张，在家长、学校与学生之间共同构建体育运动沟通桥梁，让学生能够与家长一同在业余时间参与运动、享受运动带来的乐趣。此外，学校借助互联网技术，与家长时刻保持交流，了解学生的体育运动情况与效果，并针对其中的不足及时进行分析，提出针对性的解决建议，以提高学生的身体素质、促进运动家庭的发展助力。正是通过这些方式，我校成功引导了广大学生积极参加形式多样、生动活泼、健康向上的体育活动，有效提高了学生的身体综合素质并促进学生的全面发展和健康成长。在这个过程中，每位学生平均能够掌握1至2项运动技能，并养成了自觉锻炼身体的习惯，真正为以后自身的健康成长奠定了坚实基础。

第 五 章

创意：体育融通世界

　　体育是全社会共同的语言，孩子是全社会共同的作品。运动健体，乐享运动，创玩体育，强化体育锻炼意识。凝练办学特色，创课程，强体魄；玩足球，拼精神；融学习，促成长。"凤凰新体育"的目的是践行校园运动新生活，彰显"健康第一"的主张，实现"野蛮其体魄"育人为本的理念，让每一个凤凰学子形成一种健康运动生活的人生观，并实现在体育运动中享受乐趣、增强体质、健全人格、锤炼意志。

第一节　足球项目周:创玩炼精神

日日锻炼、月月有赛、年度联赛、项目周全员锻炼的氛围,让学校的每一个角落都有运动的欢呼声,倡导学生在自由、自主、自治中投入比赛、历练、成长。

一、让每一个学生迷恋足球

表面上看,如今的中国足球发展貌似陷入了窘境,不过中国足球毕竟还处在发展的转型期和摸索期,只有找到一条更加适合中国足球发展的道路,足球才能发展、进步。许多研究指出,当务之急便是要回溯它大众体育的根本——全民足球。众所周知,足球后备人才的培养是衡量一个国家足球发展水平的重要标准之一,它决定了一个国家足球运动的兴衰成败。中国足球之所以被日韩远远甩开,一个很重要的因素就是对青少年足球运动员的培养不力以及校园足球运动开展的落后。开展校园足球,不仅是培养年轻球员、丰富球员储备的一条重要路径,也是决定"全民足球"道路发展情况的关键因素,足球运动在校园内能否发展好,对我国足球整体水平能否提高有很大的影响。首先,足球运动在学校中的推广,有利于中国足球运动员整体素质的提高。足球运动作为大众体育,理应回到基层,在校园内积极展开足球运动,鼓励学生积极投入足球运动,不仅能够为中国足球从最基层发掘、培养未来的"希望之星",也能够使学生通过这项体育运动增强体魄、强健身体。

而目前小学体育课堂足球训练的现状仍然暴露出很多问题,有待我们去思考和解决。

（一）对体育课不重视

小学教学中，语文、数学、英语课程学时占所有课程学时比例的一大部分，音乐课、体育课、美术课还常常被借用。而体育老师在真正上课的时候，让学生进行一个课前的身体热身之后，大多让学生自己去选择想要活动的项目，然后学生便处于自由的状态，只要没有危险发生，小学生在体育课中可以随意玩耍、打闹。这是大多数学校会出现的状况，长此以往，学生对于体育课的概念仅仅只有玩儿这一件事儿，意识不到体育课还可以有其他形式的活动，更不用说足球训练这项运动了。

（二）教师教学方法不恰当

教师用什么样的方法、什么样的流程、什么样的表达方式去给学生传授知识，能够很大程度上影响学生对知识的吸收效果。用什么样的方式去教学？这需要教师长时间的实践积累，寻找总结最适合的教学方法。在小学生体育课"足球效率提升"的课堂上，大多数老师只是一味地让学生们训练单一的足球动作，学生对于足球运动没有整体的概念，足球运动变成了机械化的、应试性质的运动。这种形式的足球教学，会压制学生对于足球运动原本应该有的兴趣爱好，甚至会排斥这项运动。小学生的排斥心理会让整个课堂氛围变得死气沉沉，影响教学质量。

（三）家长不重视孩子运动素养

现在的家长大多不愿让自己的孩子输在起跑线上，给孩子报了各种各样的培训班，如钢琴班、舞蹈班、书法班、英语提高班等，但往往只重视孩子的艺术素养与文化素养的提高，却很少有家长把心思放在孩子身体素质的提高上。殊不知学生的身体素质提高了，反而会对艺术与文化素养的提高有更大更积极的促进作用。可目前由于家长的不重视，孩子意识不到足球训练的重要意义，影响学校足球训练的顺利开展。

足球作为世界第一运动，实际上它不仅仅是一项运动，因为没有其他任何一项运动可以像足球一样影响到人类社会的方方面面。那么我们到底应该如何让学生深刻地感受到足球的魅力？如何让学生切实地体验到足球的乐趣？如何让学生深入地了解到足球的影响力？如何让学生有效地协调各类复杂因素的牵掣？对这些问题的完整解答，应从足球的深厚文化内蕴、丰厚的包容性这两个方面入手。

什么是足球文化呢？足球文化是足球运动主体创造的不同形态特质所构成的复合体。足球文化是足球运动主体创造的，而不是天生的、地造的。但足球文化，又不仅仅是踢球人的文化。英国足球的保守和激进，巴西足球的激情和浪漫，德国足球的热血和坚韧……足球总能折射出一个国家或民族的文化底蕴。随着全球一体化的推进，民族之间的融合成为历史发展的趋势。不同的文化背景，不同的民族性格，产生了不同的足球技术、战术风格，它们一方面融于足球文化的共性之中，另一方面却更加顽强地展示其个性鲜明的风格特点。以骑士精神和绅士风度为文化基调的英格兰足球，崇尚刚性逻辑和理性思辨的德国战车，充满激情与浪漫气息、个人英雄主义至上的拉美足球等，不同风格的激烈碰撞，不同文化的直接对话，不同思维方式的正面交锋，让足球这项运动充满了魅力，而关于足球的故事也每天都在上演着。那中国有真正的足球文化吗？里皮曾说："中国缺少足球文化！"如何正确理性地看待这个问题？足球文化是足球运动主体创造的特质所构成的复合体，而特质是足球文化的最小的独立单位，但足球文化却很少以一种单一特质存在，往往是由许多特质构成的复合体。最简单的复合体也包含着两种以上的足球文化特质，而复杂的复合体则是由许多足球文化特质组成的系列。因此，足球文化是一个整体性的概念，它是包含着各种相互关联的全部特质的总和。

足球文化是动态生成的。足球文化是与足球有关的实践活动，那么，足球文化必然会随着实践活动的深入而发展变化。马克思主义认为，文化是人作为主体作用于客体，将自我化于客体，从而将客体作为我的东西来占有的连续活动。因此，要用发展的观念来看待足球文化，而不能把足球文化看成是一种静态的构成物。它提醒我们要以唯物辩证的观点，在与政治、经济、哲学等相互的关系中来展开足球运动。足球文化活动的两个方面，如马克思所说："环境改变和人的活动能力或自我改变的一致，只能被看作是合理地理解为革命的实践。"所谓自我的改变，就是把纯粹动物性的生命自然变成人的生命自然，即生命自然的人化，而环境改变就是把自然打上人的烙印，即自然的人化。因此，可以利用足球运动实践这一特性，来促进学生向着所需要的方向转变,如教育和引导它们树立集体主义精神、爱国主义情怀、民族荣誉等,这便是把握以及利用足球深厚的文化内蕴的方法了。

我们永远不会在足球世界之外看到如此多种多样的参与者,对比于身高臂长的篮球,对比于需要极致爆发力的短跑,在足球这项运动里,似乎每个人都能够找到自己梦想的空间。长得不高,没关系,球王马拉多纳也不高;长得太瘦,没关系,世界第三的内马尔也很瘦;跑得不快,没关系,世界顶级中场多的是跑不快的人。每个人似乎都能找到自己的位置,这就是足球对于参与者最大的包容。当然,足球对于场地也有极大的包容。网球至少得有块网球场吧,篮球不得摆个篮筐么,可是足球呢?有个球就行,甚至没有球也行,巴西贫民窟里出了多少买不起足球踢着易拉罐长大的巨星。至于规则,足球的规则也有很大的包容。网球比赛中,该谁发球了?为什么发球没过网还能发?要打多少才算赢?篮球比赛中,为什么犯规了?为什么又违例了?为什么这个是阻挡,那个却是撞人?其实它们的规则都不那么简单。那么足球呢?足球有个很简单的逻辑,只要进球就行了。唯一复杂的规则是越位,可是没关系,它的妨碍也不是那么大。因为几乎不用告诉观众规则,观众就知道,球踢进门就行了。足够简单,足够包容。

所以,它能轻易地吸引参与者,当然它也能轻易地吸引更多的东西,比如政治、经济、文化领域的各种各样的东西,于是它成了一种拥有丰富内涵的艺术,于是它成了和平年代国与国之间没有硝烟的战争。怎么赢得这样一场战争?一场足球比赛要赢,需要好的球员,需要好的战术,需要好的心理状态。什么是好的球员?任何人都可能成为一名好的球员。跑动积极的,可以学仿佛有三个肺的朴智星,也可以学世界杯预选赛上跑出16公里的小贝,或者是加时赛还能插上助攻的马塞洛;跑动不积极的,有贝尔巴托夫这个榜样;身体强壮擅长对抗的,可以学魔兽德罗巴;身体偏单薄的,可以以拉姆、内马尔、莫德里奇为榜样;长得高的、矮的、跑得快的、慢的、技术好的、差的,都会找到自己的位置。至于战术,长传冲吊、短传渗透、防守反击、高位逼抢,各色各样的打法在现代足球里已经被开发得百花齐放。

综上所述,我们需要把学生的独立意识摆在首位,削弱外在因素的制约与影响,给予学生积极、正确的引导,通过实践与理论相结合的形式,笃行因材施教、科学合理、循循善诱的职业操守与教学观念,充分地利用足球深厚的文化内蕴、丰厚的包容性,让学生能够真真正正地踏入足球的世界,并创造一片属于自己的小天地。

二、让每一门学科融汇足球

凤凰小学足球周活动中,各学科融入足球开展专题化学习。各年级语文老师结合各年段学生特点,通过视频和照片,对足球开展溯源学习,并对学生进行足球礼仪教育,高年级还对比分析了国足内部存在的问题及改进措施;数学老师围绕小小绿茵场做了探究;英语老师用口语和孩子交流世界各国俱乐部的著名运动员;科学老师引领学生了解足球弹起的弹力和地上滚动的摩擦力;艺术组老师们带着孩子在声情并茂中提升对足球的兴趣,在动手创作中感受足球的魅力。体育老师是重头戏,孩子们在足球场上顶球、铲球、护球、控球,在运动场上挥洒汗水,拼搏竞争,理解体育精神。在学科融足球的理念下,学生对"足球"有了更深刻的认知,玩得开心,学出名堂。

义务教育阶段是学生"德、智、体、美、劳"全面发展与形成的关键时期,现阶段一体化体育课程衔接主要受制于师生、家庭、学校。学校体育层面仍以各阶段教学目标为核心,缺乏义务教育阶段体育课程的整体目标设定,多数体育教师长期只从事某一阶段体育教学的现状,学校在推进一体化体育课程的过程中丢失了可以统筹各阶段教学的专业人才。学生的学业压力在逐年增加,学校教学重心的偏移及家长"唯有读书高"的教育观念让多数学生对体育课程"爱之却疏远之"。体育课程在每个阶段的教学效果大打折扣,各环节对体育课程的规划不一、理解不一,体育课程整体性思维的缺失,让一体化体育课程在义务教育阶段的教学目标泛化、内容固化、评价体系形式化,难以形成有效衔接和科学过渡,也直接影响了基于学科核心素养下学生身心健康的全面发展。如何让每一门学科融汇足球,也是许多教育者殚精竭虑又迫在眉睫的问题。

首先需要认识到校园足球课程有助于发展学生高速度的奔跑能力、控制身体重心的能力、灵活肢体活动能力、对抗中的力量素质,以及良好的耐力和柔韧素质。作为一项团体性运动,长期系统的足球运动也影响着义务教育阶段中小学生心理素质、思想品质、团队合作意识、智力等体育学科核心素养的发展。这是校园足球的本质特征与属性，在这个基础上，我们继续加以延伸，把足球与各个学科之间的内在联系言简意赅地表现出来。

正如前文所论述的那样，足球的文化内蕴、凝聚力、包容性使得它横跨各学科领域。那么究竟该如何把它同各学科融汇起来呢？我们以语文这门学科为例。加缪在《鼠疫》中借冈萨雷斯之口说："可惜了，这么好的天气，不太热也没下雨，要是能踢球该多好！"他曾是阿尔及利亚竞技大学的守门员，可惜因肺结核不得不放弃足球生涯。失意的守门员加缪后来反复用文字抒发着自己对足球的热情："只有通过足球，我才能了解人及人的灵魂。所有我对道德和义务的笃信，都归功于足球。"而当同样是诺贝尔文学奖得主，同样是狂热球迷的帕慕克接受德国《明镜》采访，被问到对加缪这句话的看法时，却说："噢，得了吧。这些话在1930年代的阿尔及利亚说说还行，放到今天就太天真了。道德也许是我们能从当今足球身上学到的最后一种东西。"从加缪到帕慕克，自现代足球诞生以来，从中汲取灵感和力量的近当代作家数目并不算少。除了加缪强调的价值观，足球和文学还有共通的地缘性。帕慕克可以熟背 1959 年费内巴切夺冠时的首发阵容；贾尔迪内利则坚持"对其他国家的人而言，足球是一种表现力。对阿根廷，足球是一种爆发力……我在停留过的国家观察到，阿根廷人对足球是激情而痛苦的，巴西人则是激情又快乐的。墨西哥人更痛苦，因为他们的国家队很少赢得什么荣誉"；"先是个球迷，其次才算个作家"的陈忠实更是国足和陕西足球的球迷，为之心急如焚："我依旧关注中国男女三个级别的国家队的发展，尽管几十年长进不大，仍然寄望奇迹发生。"足球与文学、作家的关系可见一斑，而这些轶事趣闻不但能够让学生加深对足球的认识和理解，还能够让学生在潜移默化中拥有一种特殊的审美体验，塑造自身的文学观，于此便构成了足球与学科之间的融汇。

足球的文化博大精深。中国有句古话："君子以文会友，以友辅仁。"在欧洲给人的印象则是"君子以球会友"。在西班牙、意大利、德国、英格兰、巴西、阿根廷……足球早已经不是一项简单的体育运动，它已经悄然地融入了当地人的血液，人们对足球的热爱与忠诚就跟信仰一样无法改变。即便是一个不知名俱乐部的球迷,他也会骄傲地告诉你"因为我是这个城市的人",其实这就是一种文化,一种深入骨子里的足球文化。对于真正热爱足球并深谙其妙的人来说,它绝不仅仅是一项运动,还包含着排兵布阵、攻防转换,以及人生旅途的风云变幻等。在胜负所负载的内容之外,足球其实更像一门艺术、一种文化。哨声一响,一场雄浑激越的史诗开始上演。所以归根到底,足球是社会的一种上层建筑、一种意识形态,让每一门学科融汇足球,就是要普及宣传并且发扬壮大足球文化,形成具有我们中华民族特色的足球文化。但目前因为面临着来自内、外部环境的压力和挑战,其振兴也绝非短期内能立见成效的事。而在建设中国特色社会主义的同时,党中央把"体育强国"和"文化强国"都上升为国家发展的重要战略,在深层次上符合体育和文化发展的本质。我们需要以文化作为体育发展的载体,为足球文化发展不断增添生命力,使两者相辅相成,相互促进。

三、让每一个班级畅玩足球

上文我们已经详细论述了如何从三个维度把控好对每一个作为独立个体的"学生"的教学准则与方法。但践行时的实际情况肯定会更加复杂与艰难。所以我们还需要运用宏观视角去审视和分析以班级、年级等为单位的群体会遭遇的诸多问题。那么以最根本的教育理念和指导思想作为基础,我们才能够游刃有余地将理论与实践真正结合在一起,扎扎实实地在党中央的领导下将教育工作落到实处,坚决摒弃各类形式主义,不断在原有条件的基础上结合实际情况做到实事求是,筑牢理论思想,优化教学方式,做到进一步的深化。

而首要的便是要以"健康第一"的指导思想为此次实践规范奠定发展基础。首先,健身性。健身性是学校体育的主要功能和本质特征,也是学校体育教学主要目标之一。因此,必须以学生全面发展和健康成长为学校教育的根本目的。运动是健身的一种手段,而且并非所有运动都能作为健身手段,那些竞技运动多数不能作为健身手段,用作健身手段的是那些简易的身体运动。其次,基础性。新课标下体育教学的主要目标是树立"健康第一、终身体育"的观念。我们教学的根本目标不是把所有学生都培养成运动员,而是把学生培养成社会主义现代化建设的健康人才。所以,淡化竞技教学,树立健康第一的思想,让学生掌握一些与生活息息相关的运动基本技能技术,是学生今后健康生活的前提条件。第三,兴趣性。激发运动兴趣,培养学生终身体育的意识,这一理念说明了无论教学内容的选择还是教学方法的更新都要十分关注学生的运动兴趣,因为只有激发和保持学生的运动兴趣,才能使学生自觉、积极地进行体育锻炼。从某种意义上讲,关注学生的运动兴趣,比关注学生的技能掌握更重要。第四,教育性。教育性是足球教学最有效的手段之一,是有目的、有计划地通过各种手段,使自然的人变为社会的人,使个体社会化。人要自下而上发展,一是要学习掌握生活技能,二要遵守社会群体的行为道德规范。这就需要各种方式来培养,而教育则是所有方式中最有效的。在教育过程中,体育教学是最有效的手段之一,它在培养身心全面发展的人方面的作用是其他任何手段所无法替代的。人既是个体的人,又是社会的人,个体总是生活在一定的社会群体之中,体育教学对促进身心的发展、个性的形成,培养群体意识,教导社会规范,养成文明礼貌的行为具有重要意义。

新课程改革后,足球教学的任务在注重体能的增强以及体育知识和技能的掌握同时,更加重视学生心理健康和社会适应能力的提高,强调正确的体育态度和人生态度。首先,激发运动兴趣,培养学生的健康素质,促进健康成长。体育与健康课程的性质,决定了足球教学是在学校教育中落实"健康第一"指导思想的主要途径。增强体质、发展学生的足球运动能力,体现了学校体育与终身体育应联结起来的要求,教师在体育教学过程中要对学生进行终身体育观教育,培养学生体育锻炼的意识、技能与习惯。其次,以生为本,重视学生的主体性,培养学生的自主学习与创新能力。我们的教育,包括足球教学,以往树立的是以教师为中心的思想,很少考虑学生的情感和体验,过多的是教师的表演,在"健康第一"的指导思想下,要求我们教师尊重学生的需要,重视学生的情感体验,以人为本,以学生为发展中心,重视学生的主体地位,培养学生的独立自主学习和创新能力。创造是社会的动力,没有创造,人类只能停止在一个水平。在体育教学过程中,教师应不断地更新观念,引入新的教学思路和方法,设计教案时要从培养学生创造力的角度考虑,挖掘教材中的创造因素,激发学生的创造思维。在教学中提问和求新,激发学生向上进取的精神和创造力。最后,培养学生的竞争意识和社会适应能力。当今社会是一个知识经济时代,社会竞争日趋激烈,培养学生的竞争意识和社会适应能力是体育教学的一个重要目标,激烈的竞争性是现代体育最显著的特点。在体育教学过程中,为学生营造紧张的竞争氛围,激发学生的竞争意识,充分调动和发挥学生的潜力。这将对学生产生非常积极的影响,让学生形成积极进取的思维形式,获得不畏强手、敢于进取、敢于竞争、百折不挠、坚忍不拔的意志品质。在现代社会中,人的适应能力越来越受到教育者的关注,因为适应能力高低对个人生活和工作的影响程度丝毫不亚于身体健康状况和知识掌握状况的影响。在传统的体育课程模式下,对学生的关注基本上都集中在学生运动能力上,很少有人注意到学生通过体育学习之后有没有发生变化,也就是说体育课程对学生社会适应能力的影响,在通常情况下是被漠视的。"健康第一"思想体系指导下的体育教学,更能体现社会适应学习领域对学生全面发展的重要意义。

以宏观角度把握集体教学、以严谨的态度对待每一位学生,既要"抓大放小",也要在"细微处见真情",这才能真正让每一个班级畅享足球。而我们作为引领学生形成健康素质的关键因素之一,我们自身的素质、业务水平等都会给学生产生方方面面的影响。因此,我们教师在教学工作中仍然要不断地提高和丰富自身的理论和实践水平,并处处要以身作则,为人师表,使所教的每一位学生都能得到和谐全面的发展。

四、让每一个足球融通世界

一个多世纪以来,以现代奥林匹克运动为代表的西方竞技运动,通过世界性和全球化发展过程,成了当今世界体育文化的主体。无可讳言,其"全球化"去向必然会对包括其他非西方的民族体育的内核加以引导和规范。面对西方体育的强劲渗透和原有生存环境的逐渐消失,中华民族的体育发展必须做出相应的变化,寻求与新环境的适应,在变化中得到发展。足球作为世界第一运动,更加需要以全球的视角,把握、理解"体育运动的全球化"这一时代基本特征,并在这一基础上,通过对理论思想、教学方法、躬行实践、具体现象的探讨、分析，来阐述如何在继承以及发扬中华传统体育所强调的文化特色同时，大力吸收西方和其他民族的优秀文化，把适应现代人类生活需求和促进社会发展作为努力方向，顺应世界体育文化的发展趋势。而在进入具体的项目实践之前，需要突出强调的是——我们应该拥有清醒的认知，对具体方法、组织形式等较表浅的方面应该逐步转向指导思想、观念转变等深层次方向发展；从局部零星的创新方向向整体划一的创新方向发展。但能否付诸实践，尚不能脱离现实所能提供的条件，而在继承和发展中构建具有中国特色的体育教学体系，则是我们应牢记的。虽然各中小学校乃至高校，在突破传统模式方面所作的努力，已通过许多具有丰富内涵结构的研究模式表现出来，但是这些实践滞后的现象却仍然比较普遍，其实际效果也有待通过制定多目标、多功能的评价标准去验证，否则就容易产生理论脱离实际的弊端。

　　体育作为社会生活的一部分，其本身还有着适应社会整体文化发展的要求。随着现代奥林匹克运动在全球范围内的成功开展，奥林匹克主义成为世界体育文化的主宰，奥林匹克精神渗透到社会的各个领域，都在于其本身所体现的文化内涵是与世界文化发展相适应的。文化上的民族认同，使得任何民族对外来文化的接受都有选择性。西方体育对中国体育的影响，对中华民族传统体育的渗透与改造，只可能是局部的。近代以来，经历了与西方体育冲突与融合的中华民族传统体育，努力追求着自身的发展和转型。从整体看，中华民族传统体育强调人的社会义务与责任，注重伦理道德，强调个人的修身养性以求健康长寿等的文化特色，代表着古老的东方保健体系，是东西方文明互动交流的特殊渠道。然而，中华民族传统体育并没有真正实质性地渗透到欧美竞技文化之中，在中国现代化进程中面临生存危机。中华民族传统体育必须以中华传统文化为根本，积极参与世界体育文化的对话与交流，通过提高健身的科学性，发掘其娱乐性、休闲性，进行文化创新和价值重构。我们重新审视中华民族传统体育文化的价值所在，弘扬这古老而又崭新的理念，做到古为今用，是讨论我国现代体育与世界接轨的重要前提。如何寻求中西方体育价值观念、思维方式、审美情趣、民族心理等方面的最佳结合点，寻求中华民族传统体育在世界文化中的立足点，发展中华民族传统体育理论,应成为我们研究的一个重点。这样才能让学生们拥有立足世界的民族自豪感和新时代下的责任感。

2020年国际足联主席因凡蒂诺出席了迪拜环球足球奖颁奖典礼,在会上他感叹了艰难的一年:"这是非常特别的一年,我想应该铭记马拉多纳和保罗·罗西。当然我们也记得足球如何被疫情所摧残,以及足球对人们是多么的重要,足球是不那么重要的事情中最重要的事情。由于新冠肺炎疫情,国际足联制定了纾困方案,帮助全世界的足球人,让足球的火焰保持活力,为恢复往常的足球生活做好准备。世界在快速地变化和发展,并且需要更多的情感,我们必须认真考虑所有这些建议,这是未来的挑战之一。国际足联的愿景是让足球更加全球化,现在的足球仍然集中在少数几个国家,为了更加全球化的足球,我们已经有了新想法和新的解决方案。国际足联的任务是在所有合作伙伴的帮助下,在全世界范围内组织活动并创造收入。"足球全球化的进程在不断推进,我们更需要紧跟时代的步伐,让每一个足球融通世界,形成健康的文化氛围,建立可持续的发展教学策略,营建内在的发展动力,摒弃小农经济下所形成的只局限于本民族、本国家的狭窄视野。时刻铭记中华民族传统体育是中华民族传统文化的重要组成部分,中华民族传统体育蕴藉着深厚的民族文化积淀和鲜明的个性特征,剖析各民族传统体育文化、寻求结构和功能的全球性差异,对弘扬东方体育文化、进而促进人类体育视野的可持续发展有着极其重要的价值。

第二节 冰壶项目周:创玩凝团队

立足国际视野,开展国际理解周,通过项目式学习引领学生体验、研究国际赛事项目,开设冰壶嘉年华活动,感受运动魅力,树立凤凰体育精神。

一、小组合作识冰壶

2022年北京冬奥会后,国家加快了冰雪运动的普及和发展,积极推进冰雪运动。冰壶这项运动优雅迷人,一记漂亮的投掷极其赏心悦目。这项运动,不仅是一项团队活动,更是升华体育精神的一种途径。"旱地冰壶运动"是专业冰壶运动在我国的本土化发展,也是中国人的创新应用,更是冰壶运动走出贵族范畴,成为平民体育锻炼方式的有效途径。旱地冰壶运动实现了生产成本与市场价格的双降低,而且旱地冰壶运动对场地的要求非常低,完全具备大面积普及的可能性。因此,旱地冰壶运动已经成功走向平民化和普及化,能够成为社区体育活动、城市体育运动会以及区域性体育文化盛会的比赛项目。可以说,旱地冰壶运动是中国特色的冰壶运动,也是群众版的冰壶运动,更是冰壶运动夯实基础、提升人气的必经之路。"旱地冰壶运动"是中国智慧版的冰壶运动,具有强大的推广价值,不仅成为社区活动的趣味性体育锻炼活动形式,也逐渐向校园内传播。冰壶运动是一种动静结合、体脑并用、攻防兼备、雅俗共赏的新型体育项目。因此,冰壶运动对学生来说,具有突出的趣味性、新奇性与体验性,能够为学生提供一种从未有过的运动体验,因而学生会对这种来自国外的新型体育活动项目存有浓厚的参与兴趣、探究热情与体验动机。

2月2日晚,北京冬奥会首场比赛在国家游泳中心"冰立方"举行,中国冰壶混双组合凌智、范苏圆经过加赛局以 7 比 6 击败瑞士组合，取得开门红。在本届冬奥会冰壶比赛中，中国队成绩最好的是男队，排名第五；女队一度有希望晋级四强，但最终排名第七；而混双组合排名第九。总的来看，中国队的主要问题是队员年轻、大赛经验少。凌智和范苏圆是首次站在冬奥赛场上，中国男队也是首次开启冬奥之旅，而女队更是年轻配置，前几场的队长韩雨是一名"00后"。正如中国队外教林霍尔姆所总结的那样："中国队员实力很强，只是国际比赛经验较少。他们对自己的水平不够了解。"这样的现状导致中国队队员的心态不够稳定，能赢强队，但同时也会输给弱队。冰壶项目要想取得好成绩，除了技术、战术选择和临场发挥外，还依赖于队员的资历、大赛经验和冰壶运动的人口基础等多个因素。相比于欧美一些国家，冰壶项目在我国的冰雪运动中，可以说并没有太大优势。不过，中国冰壶在本届冬奥会期间迎来了一则重大利好消息：世界冰壶联合会与中国冰壶协会、北京市国有资产经营有限公司在"冰立方"签署了战略合作协议，将通过在"冰立方"设立我国首个"世界冰壶学院培训中心"、举办国际冰壶赛事及系列冰壶培训等，促进冰壶运动在中国的发展。此举将有助于中国在冰壶领域挖掘出更多的运动员、教练员和技术官员，使更多人有机会体验、学习和享受冰壶运动，帮助中国冰壶提升整体水平。

2022 北京冬奥会背景下，国家大力提倡促进"冰雪运动进校园"。而此前，国家体育总局发布的《2019 年群众体育工作要点》中指出：将推广普及旱地冰球、旱地冰壶等项目，推动冬季项目"南展、西扩、东进"，不断拓展冰雪运动的时空范围，夯实冬季运动群众基础，传播积极健康的生活方式，引领全民健身新时尚，从而实现"带动三亿人参与冰雪运动"的目标。这为南方城市开展冰雪运动带来新渠道、新形式。旱地冰球等"旱地化"冰雪运动项目形式的引入，契合各市"冰雪运动进校园"需求，将推进"三亿人上冰雪"目标的实现。多年来，旱地冰壶、地板冰壶和旱地滑冰等多种冰雪运动项目已经逐渐稳步走进各大省市的校园。像冰壶等大多数冰雪运动项目对场地器材设备要求较高，高成本、高投入使得许多学校对引进冰雪运动项目"望而止步"。而旱地冰壶作为一项不是冰壶，却神似冰球的体育项目，为冰雪运动在校园内的普及提供了良好契机。2008 年，旱地冰壶就被引入上海等地区,且形成一定的校园发展基础。因此我们要着眼于依靠陆地就可以开展的旱地冰球运动项目,探讨冰雪运动"旱地化"可能性,探索缺冰少雪的城市如何呼应冬奥会,进行青少年冰雪运动的普及。对旱地冰壶在校园开展的基本情况进行调查和分析,总结校园旱地冰球开展的模式,找出目前旱地冰球进校园存在的问题,为校园旱地冰壶运动的开展提供了一定可借鉴的模式,并提出了校园旱冰壶球可持续发展的对策,进一步给予有效推进路径,有助于推动冰雪运动发展、冰雪运动文化普及进程,促进旱地冰球在上海市校园取得长足性发展,助力"三亿人参与冰雪运动",为2022年北京冬奥会营造了浓厚的教育和文化氛围。

我校设立国际理解周之冰壶嘉年华活动,使旱地冰壶融入校园,通过对冰壶的项目化学习,探寻冰壶历史,组建班级super冰壶队,进行旱地冰壶联赛,感受冰壶魅力。通过各个学科老师引领了解冰壶运动的起源,共同探寻冰壶运动的发展史,学习比赛规则。在过程中,学生创意绘画冰壶logo,制作冰壶队旗帜,与家长一同观看冰壶比赛,一起了解规则,使学生立足国际视野,通过项目式学习,体验学习国际赛事,树立争当新时代好少年的目标。

案例5-1 小冰壶 大趣味

开学伊始,各学科开启"学科开学第一课",以国际理解周的"冰壶"为主题情境,老师们关联学科本身,做了充分的准备,课堂上处处是精美的课件,还有生动的音视频,孩子们融入课堂,兴趣盎然,纷纷表示"我弄懂了冰壶的比赛规则""我知道了冰壶是充满摩擦和尖叫的一项比赛""我了解了冰壶的材料""我找到了冰壶和赛场上的圆,并知道为什么设计成圆形""我看了冰壶的比赛片段,真是充满悬念又饱含智慧的运动"……

随着第三届冰壶联赛拉开序幕,校园也随之沸腾。在冰壶碰撞的瞬间,同学们欢呼着,雀跃着,身体力行地感受了一把运动带来的"速度与激情"。

分析:探寻冰壶历史,学习冰壶技巧,组建班级连队,感受旱地冰壶魅力的同时,引导孩子们学会一项技能,继而将技能生活化、专业化,循序渐进地培养孩子们的运动兴趣,赢得无限广阔新天地。

　　经济的迅猛发展为我国学生群体的体育锻炼活动提供了强大的物质基础,各种体育场馆、公共服务设施、大众健身器材、体育健身广场等群众性体育设施纷纷建成。良好的体育设施平台的建设工作为冰壶运动在我国的推广应用与本土发展提供了坚实的物质支持,因而在一定程度上有效促进了冰壶运动在我国的务实发展。因此,我们既要看到冰壶运动应用于我国的发展困境,也要看到冰壶运动应用于我国的顺境,更要看到冰壶运动对于小学生的重要健身价值,采取一系列切实可行的有效策略促进冰壶运动在我国的科学发展与高效普及,为学生的体育锻炼活动提是供一种新型的健身方式,丰富学生们的物质文化生活。

二、体育专课玩冰壶

　　虽然冰壶运动在我国本土发展过程中可谓是举步维艰,但我们也要看到冰壶运动应用于我国体育锻炼领域的美好未来,并将冰壶运动有效应用于小学校园之中。

　　我校不仅有专门的个性化课程,每年还创设与时俱进的国际理解周课程。旨在于立足国际视野和体教融合,通过项目式学习,引领学生体验研究学习国际赛事项目,心怀远大理想,树立争当新时代好少年的目标。为全面推进学校五育融合的凤凰吸引教育办学实践,在凤凰小学一二年级冰壶嘉年华活动中,学生感受了运动魅力,体会了凤凰体育精神。

　　中国推广的陆地冰壶运动,就是由冰壶项目发展而来。冰壶运动尽管在中国开始发展较晚,但在此期间却取得了不少的成就。冰壶运动发展中面临的困难主要体现在以下两个方面:一是国内的冰壶场地场馆较少,一个专业的冰壶场馆建造,不仅要耗费大量的钱财,还要对于冰场的温度和弧线做出精准的把控,如果场地不够标准会影响运动员发挥自身的最高竞技水平。二是冰壶项目的规则复杂,上手难度高,使得我国体育人对冰壶的了解认识极少,后备人才缺乏。国家体育总局冬季运动管理中心冰壶部部长李东岩曾说过:"专业的冰壶场地耗费成本高,器材昂贵,学习难度较大,难以在国内建设更多的场馆,冰壶运动的广泛开展受到了一定的限制,通过研究可以用仿真冰板来代替冰壶赛道,有效解决了国内冰壶场馆不足的问题。

陆地冰壶的发明,不仅大大减少了场地以及器材的费用,而且在室内平地可以进行训练比赛,可以大范围推广。"陆地冰壶运动的简易方便性和项目安全性够高,可以将陆地冰壶运动引向校园,丰富学生们的体育生活,陆地冰壶的新颖性可以激发学生学习兴趣。我校购置大量旱地冰壶器材,并设置玩转体艺专课在室内场地进行冰壶教学练习。

为了进一步加强学生身体素质,国家也开展了一系列冰雪运动进校园的政策,一是加强学生对于冰雪运动的认识,二是促进学生身体健康数值达到标准化。陆地冰壶只需要在空地平铺赛道,投掷者只需要压低重心按照指挥者的点位投出即可,不会出现冰上滑行以及擦冰导致意外摔倒的情况,与冰壶相比安全性更高。校园陆地冰壶可以帮助学生们切实体验到冰壶运动,体会投壶的感觉,了解冰壶的规则。河北省内48所中小学推广校园陆地冰壶,让学生们了解到有关冰壶的知识,真正体会到冰雪运动的乐趣,从而使陆地冰壶更好地在校园内广泛开展。学校之间也可举办陆地冰壶赛事,让学生们在比赛中获得证书及奖状等,增强学生们的体验获得感。因此在校园内推广陆地冰壶,使我国冰雪运动能够更好更快地发展。推广冰壶项目,既可以满足群众体育和青少年人群冰雪运动的需求,又能够发扬冰壶精神,培养冰壶后备人才,为冰壶运动的发展和冰雪运动的普及推广奠定了基础。

三、班级比拼赛冰壶

为全面推进学校五育融合的凤凰吸引教育办学实践,开设秋季冰壶嘉年华活动,体验旱地冰壶活动,感受运动魅力,树立凤凰体育精神。通过项目化学习方式,开拓学生运动思维和创造思维,丰富校园运动生活。

有序地组织班级之间PK赛,冰壶才能让学生从冰壶运动的价值体系里有所收获,蔓蔓日茂。

而此次冰壶周的体验内容为旱地冰壶,具体规则、运动场地、运动装备等都以旱地冰壶为例。旱地冰壶顾名思义,即冰壶运动的陆地版本,与冰壶的比赛规则基本相同,它保留了冰壶运动的重要特质,又打破了冰壶运动的场地限制,是冰雪运动发展的创新项目,参赛人数为16人以上团队,8～16人一组，每个赛道2组。旱地冰壶具有占地面积小、易于学习和掌握、不受季节影响等特点，只要场地平整光滑，室内外均可。旱地冰壶动静结合，注重技巧，无须碰撞，对体能没有过多要求，讲究队友间的合作性与策略，能锻炼参与者身体的柔韧性和对力量的控制能力，同时可以锻炼大脑的应变能力、判断能力、对时机的把握能力。旱地冰壶是一个非常有趣的团建游戏，特别适合比赛，有着非常强的运动魅力，游戏规则简单，但是玩法多样，并且就有很强的团队意义。

从旱地冰壶比赛目的来讲，投掷这一环节，既是技术，也是战术，而投球是否准确又取决于投球的技术能力，一个高技术含量的投球配合主将的指挥以及投球力度能够决定一局比赛的胜负。

而这些规则便蕴含着冰球的价值体系，首先冰壶运动具有体育锻炼的健身价值。学生阶段是一个人一生中非常关键的转变阶段，因而学生在心理上、精神上与思想上都需要承担非常大的压力，学生们自然就需要一种快速宣泄压力、舒缓主体情绪、祛除精神包袱的健身方法。这样，学生就会将学习时产生的负面情绪、心理压力与精神负担快速清除干净，从而获得一个清爽、自然、积极的良好心态和精神状态。因此，教师可以将冰壶运动引入小学生的体育活动之中，让学生在游戏化、合作化、娱乐化的体育锻炼过程中，感受冰壶运动的快乐，而且学生们能够获得机体运动的锻炼与精神心理的放松，可谓一举两得！而且冰壶具有一定的重量，学生在投掷过程中能够有效训练手臂肌肉群的爆发力、执行力与协调力，达到精准控制冰壶运动的目的。另外，学生们的投掷过程还会训练到全身肌肉的协调能力，因为力度不大，所以也能够起到活动与放松全身肌肉的良好运动效果。其次冰壶运动具有思维锻炼的教育价值。在冰壶运动过程中，学生需要设计冰壶的前进路线，以及在无障碍的情况下最后的冰壶落点，使冰壶靠近圆心而得分。学生还要考量前进路线中撞击目标，自然要设计冰壶的撞击力度、撞击角度与撞击效果，以此达成自己的撞击目的，使自己的冰壶尽量靠近圆心而得分，还要实现将对手冰壶撞出得分区的目的，以此打击对手、提升自我。因此，学生们在冰壶运动过程中需要发挥自己的想象能力、设计能力与实现能力，能够以冰壶的一次滑行过程去改变圆心周围的排列态势，最大限度地影响和改变对手的冰壶位置,甚至奢求一次冰壶撞击能够改变两个、三个或更多的对方冰壶位置,以此起到减少对手得分的可能。可以说,冰壶运动是一个智力型的体育游戏,能够有效训练学生的想象能力、思维能力、规划能力、变化能力等主体能力,也能够有效培养学生敢于应对、勇于挑战、善于动脑、积极创新、主动求变的良好心态与认知习惯。三是冰壶运动具有创新多变的教育价值:冰壶运动从表面上看仅仅是冰壶器械的滑行与撞击,却隐含着极深的主观思维、设计考量与全面布局。这样,学生就要考虑到本队冰壶的位置与对手冰壶的位置,还要考虑到由冰壶位置不同而导致的得分高低情况与本队的得分优势或劣势,更要考虑、设计与实施下一次冰壶运动的前进路线、撞击目标、撞击效果、冰壶落点、局面改变以及得分变化等诸多因素,真可谓"牵一发而动全身"。因此,学生们就会在一次次的撞击设计中规划撞击力量、撞击角度与撞击效果,而且每一次冰壶滑行过后,得分区的冰壶位置、得分情况、优劣态势、攻防转变等都会发生很大的变化,因而需要学生一次次地接受挑战,一次次地进行创新思维从容应对。由此可见,学生就会在紧张刺激的对抗过程中逐渐养成认真思考、谨慎缜密、运筹帷幄、创新求变的全局掌控习惯,因此对培养学生的设计能力、应变能力、想象能力与创新能力特别有帮助。冰壶运动具有团队合作的教育价值:冰壶运动是一项团队项目,需要同学之间进行友好合作,相互提醒、交流想法、集思广益,以此整合出本队的最强集体智慧与团队合力,借助强大的整体力量与对手进行对抗。在冰壶运动中,每一次的冰壶滑行都会改变得分区内冰壶的位置与得分,因而为下一次的冰壶滑行路线、进攻方向、撞击程度、预期效果等相关元素统统考虑一遍,一个人无法招架如此高频率、高强度的位置变化、态势变化、攻防转变等信息的统筹考虑。因此,学生需要在积极观察、精准计算、科学布局、创新思维中设计好每一次的冰壶运动路线与实际效能,借助各抒己见、畅所欲言来积累集体智慧与创新可能,在合作探究中找到最佳的设计方案、路线规划与撞击转变,达成每一次规划的预期目的。

第三节　童棋项目周:创玩知乾坤

棋技所长棋艺所长,开设课程立足实践学习,创设赛事使棋其乐无穷。

一、童棋周里的特别课程

凤凰小学"童棋节"活动历经四届,营造了国际象棋等竞技类运动项目学习的良好氛围,带动了更多学生在竞技类比赛中提高技艺,发展思维,有滋有味成长。学校发挥了杭州市棋类第二课堂共建学校的榜样引领作用,组织开展凤凰小学围棋、国象、桥牌等竞技类运动挑战赛活动,锻炼选拔优秀小选手。

棋类运动,是一项既文明高雅又有益健康的智力型文化体育运动,是素质教育的的一种有效方式。一方面是由于它的科学性,集数学计算、逻辑推理、运筹设计、心理战术等于一身;另一方面,则是由于它的趣味性与艺术性,它既要求打牌人纵观全局、高瞻远瞩,又需要构思巧妙、想象丰富,同时还要与同伴配合默契、团结协作,并具有良好的临场应变能力,棋类运动有助于人的综合素质培养。立于塔尖,缘何小众? 桥牌、国象、围棋恰似一扇无形的门,门外者"望而生畏",门内者自得其乐。我校开展体育专项课,设立围棋、国象、桥牌,立足课堂教学,侧重兴趣培养,使学生从了解到培养学生兴趣,促进学生特长发展。以棋会友,学校组织童棋节让学生们在竞技类比赛中提高棋艺,发散思维,有滋有味地成长。

在牌类中,桥牌运动是最高的金字塔尖。国家体育总局棋牌运动管理中心副主任陈泽兰认为:"对于大部分牌类项目,你都可以在短时间内把规则讲解清楚,但桥牌与众不同。"如她所说,桥牌是一项竞技性很强的智力运动,考验牌手逻辑推理、分析以及与队友的默契程度等多重能力。然而与之对应的,是桥牌自身繁复的规则体系,这也客观造成了入门的高难度。除入门难外,国家体育总局棋牌中心桥牌部主任郭玉军认为,造成桥牌小众的另一大原因是,尚有很多人并不了解这项运动。

开设体育专项课,从体育健身的角度讲,桥牌有"大脑健美操"之称。由于桥牌不像其他扑克牌胜负主要取决于牌的好坏,因而你不得不尽力用脑子去想,这是人们本能的反应。一场比赛两三个小时下来,对大脑的保健无疑是十分有益的。从科学的角度讲,桥牌中包含许多方面的知识。打牌过程中要经常不断地计算每门花色的牌张,这是最简单的,数字不超过13的加减法。你要分辨怎样打牌成功机会大,这要用到数学中的概率。你还要假设那些看不见的牌有各种各样的分配可能,并制定出相应的对策,这是逻辑学的内容。有时你还要给敌方制造假象,或识破敌方的计策,这又用到心理学。组织专业化的教学课堂可以培养学生多方面的良好素质,搭档间需要合作,出现问题时需要理解,组队比赛时需要团结等。棋类课堂训练智力、洞察力和应变能力,也可以增强记忆力。我校在X课程中同样开设课堂,能够充实同学们的课余生活,提高他们的综合素质。综上所述,棋的学习确实有助于学生智力能力和综合素质培养,提高学生的综合能力和社会竞争力,为素质教育开辟了一条新思路。

二、童棋周里的别样体验

棋,历来被认为是修身养性、陶冶情操的良方。因此,要把创设良好的三棋特色作为师生共同构建的美好愿景,必须精心打造棋文化。棋类项目是一项集竞技、教育、科学、艺术、娱乐于一体的健康有益的智力运动,具有很高的教育潜力和教育价值。2001年2月23日,教育部体育卫生与艺术教育司和国家体育总局群体司联合下发了《关于在学校开展"围棋、国际象棋、象棋"三项棋类活动的通知》,要求各级教育、体育行政部门在促进学生全面发展的素质教育过程中,要结合本地区和各学校的实际,作为"体育与健康"课程中课外文体活动的一项内容,有计划、有组织地开展"围棋、国际象棋、象棋"三项棋类活动。随着"三棋"通知的下发,全国各地小学出现了对棋类项目教学需求旺盛的局面。

此次童棋周的三棋选择为"围棋"与"国际象棋",是因为国际象棋既作为一项智力竞技项目,是科学、艺术、体育运动三合一的结晶,又能在教育教学和学校管理工作中,通过寻找素质教育和国际象棋教育的契合点,将国际象棋教育与素质教育有机融合,从而取得显著成效。同时借助学生早已熟谙的中国象棋,与国际象棋形成鲜明对比——以此利用两者所蕴含的中西方文化差异来拓宽学生视野、不断带给学生别样的体验。

案例5-2 我热爱的国际象棋

国际象棋是一项非常有益的运动,它千变万化又趣味无穷。记得七岁时,一次偶然机会,我在公园里玩,看到同学和他爸爸在下国际象棋,觉得非常有意思。国际象棋千变万化的棋局深深地吸引了我,它不仅好玩,还可以开动大脑,增长知识。在开学的第一周,我学习了第一堂国际象棋课,从此我深入其中,无法自拔。老师讲完当天的课程后,让我们小组分组下国际象棋,相互比赛。老师一声令下:"同学们,比赛开始!"我和对手认真地下了起来。一分钟、两分钟,时间慢慢地过去,我下得小心翼翼、步步为营。结果我胜出了,我兴高采烈地把这个消息告诉了妈妈。妈妈告诉我胜利不能骄傲,骄傲使人退步,谦虚使人进步。到了学期中旬,学校组织了童棋周,我兴奋地立马报名。比赛开始时我非常紧张,虽然我是我们班的常胜将军,但是我还是很紧张,因为这是一场校内高手对决。我运用课堂上老师教我的知识,结合平时练习,静下心来,全神贯注、锲而不舍,最后竟然是我小胜,那一刻我超级开心!平时练习国际象棋的时候,不管胜败,和伙伴们对弈都让人感觉到快乐、好玩、具有挑战性。国际象棋的棋魂是"落子无悔",它使我知道,做任何事都必须实事求是,不能弄虚作假。从那时到现在我都没有放弃过,它让我变得更专注,更喜欢挑战了。

分析:"落子无悔"是棋教授孩子的品质,课程的融汇,赛事的开展,更利于加深学生对棋的认知,了解体育的智慧发展。童棋周的开展,丰富了凤凰"大健康"的课程,也丰富了孩子们的生活,从生活走向专业化。如果把棋课程的意义凝练成字便是八字棋魂和十二字育人功效,八字棋魂是"全局、细节、智勇、果断";十二字育人功效是"以棋启智、以棋砺志、以棋养德"。此次童棋周"棋魂"与"育人"并行无阻、意蕴深远,必然能给学生带来别样的体验。

三、童棋周里的微妙世界

在人类历史上,不可避免地出现了诸多的战争。而人们用棋盘来模拟各种战争,不但可以汲取经验,更形成了智慧的结晶。棋类游戏小见游戏乐趣,大益成长智力,当的上是文化历史中的瑰宝。文化历史集大成者当属围棋、中国象棋、国际象棋此三者。

这三棋中又当首推围棋。在中国的历史长河中,琴棋书画,源远流长,它们寓生命的意义于智慧之中,寓智慧的意义于磨炼之中,寓磨炼的意义于创新之中,寓创新的意义于和谐之中。它们是中华民族传统文化中陶冶情操的四种艺术形式,也是传统哲学的现实化和民俗化。这其中的棋,指的就是诞生在中国的围棋。在中国历史上,围棋受到人们普遍的喜爱。尤其在官僚阶层和文化阶层,围棋作为一种艺术形式被提倡,围棋文化成为一种独特的社会现象,被赋予了深刻的哲学内涵,为中国历史文化增添了绚丽多彩的篇章。远在东汉时期,"围棋"二字已在书面语言中普遍使用,比如马融著的《围棋赋》,李尤写的《围棋铭》等。围棋在长期的发展过程中,还有许多有趣的别名。春秋战国时期,人称之为"弈"。围棋盘是方的,棋子和棋盒是圆形的,有人称它为"方圆"。围棋盘上纵横交叉的线条,犹如河网、地图一般,有人称之为"河洛"或"吴图"。围棋的棋子的色彩分黑白二色,黑子似乌鸦,白子如白鹭,有人称它为"乌鹭",也有人称为"黑白"。下棋时棋手默不作声,仅靠手的中指、食指来运筹棋子,展示棋艺,围棋又称为"手谈"。古代王质观仙人对弈,一局未终而斧柄已经朽烂,围棋又称为"烂柯"。棋手下棋时专心致志,万事不闻,犹如隐居一般,人称之为"坐稳"和"坐隐"。对弈时思想集中,忘记一切的烦恼和忧虑,故称"忘忧"。古代围棋子多用玉石所做,棋盘用楸木做成,故称"玉楸枰","枰"即棋盘。凡是学会围棋而下了一两年之后,几乎没有一个不是废寝忘食地喜爱,就像被狐狸精缠身,加之棋盘是

第五章 创意：体育融通世界

木制的，人又称之为"木野狐"。此外，"略阵""围猎""坐藩"等，都是围棋的别名。明代才子解缙，用围棋别名写了一首七律诗《观弈棋》："鸡鸭乌鹭玉楸枰，群臣黑白竞输赢。烂柯岁月刀兵见，方圆世界泪皆凝。河洛千条待整治，吴图万里需修容。何必手谈国家事，忘忧坐隐到天明。"各种名称演变到了今天，最后还是概括了围棋本质特征的"围"字被保留了下来。

相比之下，国际象棋的名称就简单多了。国际象棋的起源至今说法不一，有关起源的传说有各种版本，比较可靠的说法认为它是由古代印度发明的，它的原型是一种叫作"恰图兰卡"的棋，其中有4种棋子：步兵、骑步、战车和大象，正好反映了古代印度军队的组成兵种。

以上可以看出，仅从名称的发展看，无论是中国象棋还是国际象棋，文化底蕴都无法和围棋相提并论。知道了三棋的身世后，就可以具体对比他们之间本质的不同了。可以先下一个总结性的定论：围棋是文棋，象棋是武棋。因为围棋的输赢不过是大小多少，而象棋的输赢必见生杀存亡。本质上讲围棋是一项和平的运动。虽然围棋中经常出现激烈的战斗，但也有基本不发生大规模战斗、不通过吃子就大致决定胜负的围棋对局。在对弈中不经过激烈的战斗而取得最终的胜利是围棋技艺中相当高的境界。这体现出围棋的最高目标是获得比对方多的实地，格斗只是为了占领公共的未确定之地、保护已有之地或通过消灭对方棋子来增加自己的地盘。而中国象棋和国际象棋是对战争的直接模拟，其最高目标是将死对方的主帅，而不通过对子和吃子是很难将死对方的，这决定了其咄咄逼人的搏杀性。有人认为，21世纪的围棋将是六合之棋，即天地东南西北之调和。围棋的最高境界不是冲突，而是和谐。这种说法谈的既是棋，也是一种文化，中国文化的追求境界恰恰就是和谐。在以建设和谐社会为主题的大时代背景下，似乎围棋更适合时代发展，以文道公平竞争，排斥武力霸权。

所以说围棋作为童棋周里的"微妙世界"可谓是实至名归，名副其实的。

2002年，中国科技大学生命科学学院与美国明尼苏达大学分别完成了下围棋和下象棋时的脑功能核磁成像实验，对两者的脑活动情况进行了分析与比较后发现，下象棋时多用左脑，下围棋时则右脑活动占优势。下围棋时，位于大脑额叶、顶叶、枕叶、后颞叶的多个脑区被激活，而且右侧顶叶的激活强度高于左侧,显示出右脑优势。下象棋时则相反,更多使用的是左侧顶叶。韩国进行过一项社会调查,有83%的学生家长认为围棋对子女的教育有很大的帮助,也有约一半的家长认为围棋对大脑开发有明显的效果。由于围棋是一项非常需要动脑筋的运动项目,所以精神医学专家一致认为,下围棋可以把人们从日常繁杂的工作和学习中解脱出来,并且效果十分明显。围棋对解除紧张情绪和保持精神健康也非常有益。好的棋手在从事别的工作时,常常条理清晰、讲究效率、随机应变,表现出良好的心理素质。所以,围棋有利于提高修养和优化人格。此外,围棋还有许多特点。围棋是追求最高效率的经济运动,每一手棋都讲究达到最高效率,尽量以最少的步数获得最多实空。361点的交错可以有天文数字多的变数,空间之大还延伸出了另一种游戏叫五子棋。其起源于古代中国,发展于日本,风靡于欧洲。围棋也是一种美学运动。在围棋对弈中,棋形的好坏是衡量一个棋手水平高低的重要标准。日本的大竹英雄九段因其对棋形有独特的理解而被称为"棋盘上的美学家"。

　　体验球类运动之美,冰壶技术之长,棋术之微妙。凤凰学子体验不同人生滋味,学之所长,享受阳光童年。

第六章

特色:"棋"乐无穷长智慧

　　乐在"棋"中,"棋"乐无穷。在凤凰小学六年的时间里,人人都要学习三类棋牌项目:国际象棋、围棋、桥牌。每盘棋,每个落子犹如人生的每一步,瞬息万变的棋局,需要运筹帷幄。人生的每个抉择亦如此,或调兵遣将,或跃马扬鞭。以棋育德,以棋益志,以棋强志,在对弈中,凤凰学子增趣益智,快乐成长。

第一节　棋谱:凤凰三式,棋韵悠长

学校一年级学生的课表中,有一门"特别"的课程——国际象棋,每周一节,一学就是一年。国际象棋课程是学校的特色校本课程,起源于许昱华女士,她是国际象棋女子世锦赛冠军,中国国际象棋协会副主席,曾经就读于杭州师范大学第一附属小学。脱胎于附小沃土的凤凰小学,传承附小的特色,以许昱华校友为傲,传承与发扬传统文化,人人掌握一项棋艺,继开设国际象棋课程后,又在三年级增设围棋课程,四年级增设桥牌课程。"三棋"课程,三技育人,凤凰的校园,棋韵悠长。

一、雏凤炼翅,苦练基本功

遵循大健康的理念,凤凰小学在建校初期就坚持校本化实施国家课程。国家体育课程,一、二年级4课时,三至六年级3课时,在实施的过程中,不改变教材,以"N+1"的方式实施。"N"指国家基础课程,融入创玩理念;"1"是校本课程,根据学生年龄特点,实施和国际接轨的体育特色课程。

(一)缘起

这样的课程设置与思考,基于对学校学生现状的分析。

心理的"怪圈"。我们发现,学生喜欢运动,但是不喜欢上体育课,不喜欢参加课间活动,厌倦出操、跑步,尤其有些学生还有一些不良的心理倾向,如意志力不够、比较娇气、整体活力不够。最近天气比较热,就有学生跑过来问:"什么时候我们不出操呀?""什么时候我们不跑步,就在走廊上出操呀?"当教师对体育活动提出了一定的规则、一定的框架,融入了技能性的要求,学生学习兴趣就下降了,久而久之就会厌倦,这实质就是不良的心理怪圈。

体质的"下降"。以学生的视力数据为例,视力不良的人数占50%左右,几乎为一半人数,新发病的人数达到21%。四、五年级是视力新发病的高发期。再以学生营养状况的数据为例,超重以及肥胖的学生特别多,学生肥胖、过重等体质健康问题不容忽视。

兴趣的"归因"。2018年1月,我们对一到四年级的648名学生进行调查。下表是对于"你平时对体育运动是否感兴趣?"这个问题的数据统计。

表6-1 对体育运动是否感兴趣统计表

项目	很感兴趣	感兴趣	不感兴趣
男	220	90	14
女	188	108	28
合计	408	198	42
百分率	63.0%	30.5%	6.5%

我们欣喜地看到,93.5%的学生对体育运动感兴趣,这样高比例的数据让我们发现,学生非常喜欢体育运动,和性别无关。

那学生又对哪些体育运动项目感兴趣呢? 我们也做了调查,数据如下。

表6-2 你最喜欢的体育运动项目统计表

项目	男	女	合计
a. 围棋	53	47	100
b. 篮球	68	26	94
c. 足球	72	36	108
d. 排球	9	45	54
e. 游泳	54	73	127
f. 国际象棋	63	74	137
g. 网球	19	15	34
h. 羽毛球	65	113	178

续表

项目	男	女	合计
i. 乒乓球	50	45	95
j. 自行车	53	58	111

可以发现,几乎所有的运动项目,学生都很喜欢,最受欢迎的项目分别是羽毛球、国际象棋、游泳。兴趣是最好的老师,"玩"就是学生的天性,但是"玩"的背后需要我们有一定的课程支撑。

(二)定位

基于对调查数据的分析,在大健康发展理念的指引下,我们着力落实四个"坚持"。

坚持"健康第一"。健康不仅是身体上的健康,还包括心理上的健康。体育一定要遵循"健康第一"的原则,在强身健体的同时,积极开发学生的智力,调节学生的情绪,促进学生身心健康。

坚持"全纳育人"。强调接纳所有学生,要让所有的学生都积极参与到体育运动中来,满足不同程度学生的需求。快乐是属于每一个人的,健康也是属于每一个人的,因此我们要力争让每一位学生都参与其中。

坚持以"兴趣爱好"为内驱力。兴趣是最好的老师,也是动机的内驱力。因此在进行体育课程设计、项目创编时,要改变传统的简单机械、枯燥乏味的身体练习,增加学生喜爱的游戏,适度融入技能性训练要求,让学生达到从被动练习到主动学习的状态,争取让学生玩得不亦乐乎、乐此不疲。

坚持以"多元能力"为发展方向。人的发展不应只停留在身体素质上,而应该促进全方位的发展。人的能力除了身体能力,还有个人能力、社交能力、认知能力和创新能力,这样的发展才是全面的。

(三)架构

在学科核心素养下,我们凤凰小学的体育课程要聚焦三个核心素养——运动能力、健康行为、体育品格,分别指向发展技能、锻炼习惯、体育精神三个维度。培养学生的运动能力、健康行为和体育品格是为了体现体育学科健身育人的本质特征,通过运动,培养学生的核心素养,促进学生全面发展。

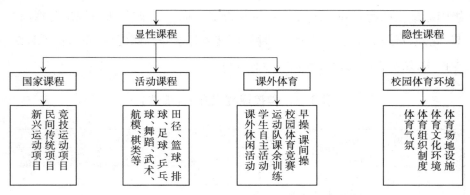

图 6-1　杭州市凤凰小学体育课程架构图

同时,学校将国际象棋、围棋、桥牌作为学生终身相伴的兴趣,纳入活动课程之中,伴随小学六年的学习生活。

二、择木而栖,习得新规则

(一)特色化的三棋课程表

2019学年伊始,学生发现自己的课表变了:每节课从原来的40分钟改成了35分钟,每节课减少5分钟的教学时间,每周增加4个课时。这些匀出的课时全部用于学生的运动和阅读,包括儿童新读写课2节和体育活动课2节。这样在原有体育课不变的基础上,实现每天都有一节体育课,每天上、下午各有半小时的大课间运动,并让学生喜欢的足球、篮球、围棋、国际象棋、桥牌、形体等课程每天都出现在不同年级的课程表中。统整学习时间让课程内容融通整合,实现"在校六小时,运动两小时"的凤凰大健康理念。

学校统筹整合基础性和拓展性两类课程,以独有的"五种课表"开齐、开足、开好每一门课程。根据课程的实施周期,将学校的课表分为学年课表、月课表、周课表、日课表和时课表。基础性课程按照国家规定,统一设置学时,规定学习内容,保持年课表不变。同时,我校依据课程内容,在学年课表的基础上,细化为月课表、周课表、日课表、时课表,并考虑四假时长(春秋、寒暑假)进行细化整合。

凤凰小学的三棋课表分别设置在一、二、四这三个年级之中,其中,一年级国际象棋课程每周1节,二年级围棋课程每周1节,四年级桥牌课程每周1节,此外,每周五下午还开设1小时的玩转体艺选修社团课程,将三棋课程纳入社团,让学生有充分的时间学习和训练。

表6-3 学校课程设置表(节选)

类别	课周时	课程	年级					
			一	二	三	四	五	六
基础性课程	学年课表	道德与法治	2	2	2	2	2	2
		语文(含书法、儿童新读写)	9	9	8	8	7	7
		数学	4	4	4	4	4	4
		外语	/	/	3	3	3	3
		科学	1	1	2	2	3	3
		音乐	2	2	2	2	2	2
		体育与健康	4 国际象棋	4 围棋	3	3	3	3
		美术	2	2	2	2	2	2
		综合实践(思维学习)	/	/	1	1	1	1
		班队活动(心理辅导)	1	1	1	1	1	1
		劳动	1	1	1	1	1	1
		信息科技	/	/	1	1	1	1
合计周课时			26	26	30	30	30	30
兴趣拓展		"黄金一小时"托管服务	每日玩转体艺和博识学堂(16:30—17:30)					
研究拓展	周课表	国际理解周、STEAM等5个PBL课程群	2周	2周	2周	2周	2周	2周
实践拓展	月课表	启蒙月(一年级)	1月	/	/	/	/	/
		启志月(四年级)	/	/	/	1月	/	/
		启航月(六年级)	/	/	/	/	/	1月
	周课表	博学周(三年级)	/	/	1周	/	/	/
		毅学周(四年级)	/	/	/	1周	/	/
		武学周(五年级)	/	/	/	/	1周	/
		跨学科主题学习、劳动实践周(各年级)	2周	2周	2周	2周	2周	2周
	日课表	校园节日	童六节与专属体验日(劳模日、新年花事日等)					
		仪式课程	升旗礼、入队礼、开学礼、入学礼、散学礼、祭扫礼等					
		假日研学	清廉钱塘江、泡泡杭州、宋韵寻芳、孝悌感恩等					
		生涯体验	值日值周、校内外公益活动、生涯体验日					

表6-4 班级课程表样例

2021学年401课表

	星期一	星期二	星期三	星期四	星期五
一	语文 林霞	英语 马爱丽	语文 林霞	思维与游戏 王俊英	语文 林霞
二	英语 马爱丽	语文 林霞	语文 林霞	美术 李瑛英	科学 周晓明
三	数学 王俊英	全纳体育（活动） 周晓明	英语 马爱丽	体育与健康2 李敏奇	数学 王俊英
四	美术 李瑛英	数学 王俊英	数学 王俊英	语文 林霞	语文 林霞
五	活动（心理辅导） 林霞	道德与法治1 林霞	体育与健康1 李敏奇	道德与法治1 林霞	全纳体育（桥牌）
六	体育与健康1 李敏奇	全科主题 林霞、周潇明	科学 周晓明	儿童新读写 林霞	玩转体艺 马爱丽
七	综合实践（信息） 叶晓雯	音乐 陆褒	综合实践（书法） 王萍	音乐 陆褒	

（二）个性化的三棋专项课

在课程的实施上，学校采用塔式结构，三级进阶实施。专项体育课，每周1节，一、二年级普及型实施，侧重兴趣培养；社团特长课，打破班级，采用年级组班，每周一长课（60分钟），20—30人小班化授课，侧重在普及的基础上进行特长型培养；校外专修课，鼓励学生走出校门，前往棋院进行精英型修习，每周半天甚至是一天，一对一培养，如2019级学生周新叶，每周五下午到杭州棋院进行专修深造。从普及到特长，再至精英，这样的三级进阶，助力学生从产生兴趣到形成一种特长，直至使之成为一个终身相伴的爱好特长甚至发展为一个职业，伴随一生。

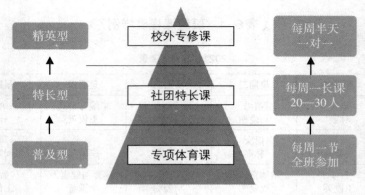

图6-2　三级进阶课程实施

（三）专业化的三棋教师团

三棋教师团由外聘专业教师和校内特长教师联合组成，产生1＋1＞2的效果。外聘的专业教师来自杭州棋院，具有专业教练员资格，长期从事青少年棋类专业教学，具备赛事裁判的资格，经验丰富；校内特长教师是对棋类教学有浓厚的兴趣爱好，愿意在专业学科教学之外，承担棋类教学任务的教师。

如，国际象棋专业教师张谨龙，中国国际象棋协会教练员、国家级裁判，多次获得浙江省、杭州市国际象棋冠军及其他优异成绩，曾担任全国国际象棋甲级联赛裁判、全国智力运动会裁判及全国少年锦标赛（暨李成智杯）裁判等，多次担任浙江省少年锦标赛及国际象棋少年等级赛裁判长。

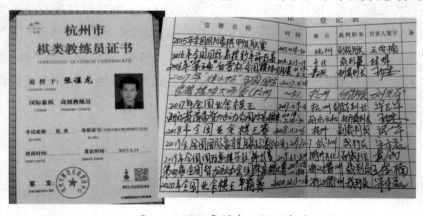

图6-3　国际象棋专业教师资质

国际象棋特长教师许达,2001年于杭州师范学院初等教育专业毕业,任教语文与信息技术学科,自2005年起任教国际象棋课程,取得杭州市国际象棋教练资格及国家二级国际象棋项目裁判员资格,所辅导的学生多次在省市区各级国际象棋比赛中获得优异成绩。

图6-4　教师上课组图

桥牌专业教师陶剑,中国桥协高级桥牌讲师,中国三星终身桥牌大师,现任杭州市桥牌协会副秘书长,有丰富的教学经验。

桥牌特长教师徐春静,2018年8月参加了浙江省桥牌师资培训班,10月取得了初级桥牌讲师证书;2021年3月参加了浙江省义务教育阶段拓展性课程专项培训,获得桥牌项目初级教练员称号;多次带队参加浙江省青少年桥牌锦标赛、杭州桥牌校际联赛、杭州市阳光体育竞赛桥牌项目的比赛,获得优异成绩。

围棋专业教师李一鑫老师,弈诚棋院优秀的围棋教师,业余5段,师从全国冠军史泓奕7段,棋力功底扎实,执教6年,教学经验丰富,课程质量较高,上课风格幽默,对学生要求较为严格,以学生成绩为首要目标,曾获东北三省青少年围棋邀请赛季军、营口市棋王争霸赛青少年组冠军。

(四)浴火涅槃,赢得硬本领

科学设置学习内容,让学生在学习过程中既掌握基本规则与技术要领,又能将理论与实践相结合,培养兴趣,发展特长,赢得本领。

梳理每一类棋类的历史起源、规则文化、专业手法,细化整理,形成凤凰学子在一年中必须掌握的基本知识,为后续特长培养打好基础。

表6-5 围棋、国际象棋、桥牌内容框架

节次	围棋	国际象棋	桥牌
1	起源与近年发展/基本礼仪(入座、猜先、对弈、投子等)	起源与近年发展/基本礼仪/开设目的	起源与近年发展/基本礼仪/开设目的
2	棋盘、胜负、术语(气、连、断、打吃、长、提)	棋盘和棋子、行棋规则、特殊走法	桥牌基础知识和赢墩桥牌
3	吃子、双吃、门吃、抱吃	胜、负、和	练习赢墩桥牌
4	征子、枷、扑	应将和将杀	桥牌基础知识和迷你桥牌
5	接不归、比气(紧气和长气)、边角吃子	王车易位	练习迷你桥牌
6	逃子、吃子总复习	吃过路兵和兵的升变	学习定约桥牌
7	回提(打二还一等)	胜负与和棋	练习定约桥牌
8	打劫	对局记录	学习开叫、应叫
9	眼、死棋与活棋	杀王练习:重子杀王	练习开叫、应叫
10	死活基本形:直二、方四	杀王练习	学习再叫、争叫
11	死活基本形:直三、曲三、丁四	杀王练习	练习再叫、争叫
12	死活基本形:花五、花六	怎样开局(一)	学习坐庄打法
13	直四、曲四、板六	怎样开局(二)	学习防守打法

节次	围棋	国际象棋	桥牌
14	盘角曲四	开局之后	
15	双活	利用子力优势	
16	对杀	正方形法则	
17	地与围地常识	对王	
18	围地方法、官子含义	基本战术——抽	
19	胜负计算	……	

同时,对某一门棋类学科,制订教学计划,细化到周次,将内容进行合理安排。精心设计教学内容,每周一节基础课,包含基础知识教学、巩固练习、小结、课堂实战(对战)、作业和棋理棋诀等内容。如,国际象棋教学计划设置安排。

表6-6　国际象棋教学计划设置(一年级上)

周次	日期	内容
第一周	(9.1—9.2)	/
第二周	(9.5—9.9)	漫话国际象棋
第三周	(9.12—9.16)	认识棋盘和棋子
第四周	(9.19—9.23)	车的走法
第五周	(9.26—9.30)	车的走法(练习)
第六周	(10.3—10.7)	国庆放假
第七周	(10.11—10.14)	象的走法
第八周	(10.17—10.21)	象的走法(练习)
第九周	(10.24—10.28)	后的走法

周次	日期	内容
第十周	（10.31—11.4）	后的走法（练习）
第十一周	（11.7—11.11）	马的走法
第十二周	（11.14—11.18）	马的走法（练习）
第十三周	（11.21—11.25）	王的走法和练习
第十四周	（11.28—12.2）	王车易位
第十五周	（12.5—12.9）	兵的走法
第十六周	（12.12—12.16）	兵的走法（练习）
第十七周	（12.19—12.23）	将军
第十八周	（12.26—12.30）	应将
第十九周	（1.2—1.6）	复习
第二十周	（1.9—1.13）	对弈

表6-7　国际象棋教学计划设置（一年级下）

时间	日期	内容
第一周	（2.14—2.18）	始业教育
第二周	（2.21—2.25）	单后杀王
第三周	（2.28—3.4）	单后杀王（练习）
第四周	（3.7—3.11）	单车杀王
第五周	（3.14—3.18）	单车杀王（练习）
第六周	（3.21—3.25）	双象杀王（一）
第七周	（3.28—4.1）	双象杀王（二）
第八周	（4.4—4.8）	双象杀王（练习）
第九周	（4.11—4.15）	开局原理（快出子）

时间	日期	内容
第十周	(4.18—4.22)	开局原理(少重复)
第十一周	(4.25—4.29)	开局原理(早易位)
第十二周	(5.2—5.6)	开局原理(占中心)
第十三周	(5.9—5.13)	开局种类及其名称
第十四周	(5.16—5.20)	开放性布局(一):意大利开局
第十五周	(5.23—5.27)	意大利开局练习
第十六周	(5.30—6.3)	开放性布局(二):双马防御
第十七周	(6.6—6.10)	双马防御练习
第十八周	(6.13—6.17)	对弈
第十九周	(6.20—6.24)	对弈
第二十周	(6.27—6.30)	考核

第六章 特色："棋"乐无穷长智慧

第二节　棋技:黑白对弈,四方博弈

棋者,弈也;下棋者,艺也。学校将国际象棋、围棋、桥牌纳入体育"N + 1"课程,除了培养兴趣外,更重要的是"益智"。

一、黑白舞风华,让思维起飞

下棋者,不论攻守,都需要以最佳的精神状态,运用周密的逻辑推理及判断分析,制定完整的战略战术,进行准确的数学概率推算,甚至还要进行心理分析。下棋对学生的兴趣、性格、信念、情操、感情、毅力等非智力因素等起着重要作用,是一项特别的寓教于乐的教育途径与载体。

传承文化。中国古代四艺"琴棋书画"中的棋,指的就是围棋。围棋起源于中国,传说为帝尧所创,春秋战国时期就有了记载。围棋蕴含了优秀的民族文化,影响着人们的道德观念、行为准则、审美情趣和思维方式,不仅运用黑、白两子代表着对垒双方智力的角逐,更是科学与艺术相结合的运动。黑白之间,楚河汉界内外,棋艺的启悟,棋盘天地,融合为一,千变万化,经久不衰。围棋是中华民族智慧和意志的结晶。

启迪智慧。棋类项目可以最大限度地开发智力,启迪思维,锻炼头脑,陶冶情操。对弈中包含着形象思维、逻辑思维。它能增强机械记忆和理解记忆,提高人们的计算本领。学习棋类,不仅不耽误学习,而且能促使学生更积极地学习。如,国际象棋前世界冠军、德国的拉斯克教授,苏联的鲍特维尼克博士,国际象棋世界通讯赛冠军、美国的贝林耐尔教授,都是国际象棋大师兼科学家,下棋与学习是可以互相促进的。

连接世界。无论是国际象棋还是围棋、桥牌,都是风靡全球,融汇各门学科知识的高智力竞技游戏。国际象棋，源于东方，兴于欧洲，广泛流行于许多国家，参与人数众多，国际比赛频繁，曾经是欧洲的“骑士七技”之一；桥牌，在西欧、北美等国家，已被列为高中必修课程；围棋更是在隋唐时期经朝鲜半岛传入日本，流传到欧美各地。棋文化见证了人类的历史演变，尽管东西方地域相距较远，民族文化差异很大，但棋文化从棋盘走向了生活，方寸之间，连接世界。

随着国际智力联盟和国家体育总局对智力运动的认可和推广，越来越多的智力运动项目被纳入世界比赛项目中。在智力运动进校园中，我校是经杭州棋院、杭州市教育局发文认定的智力运动共建学校，旨在促使每一位学生在智力运动中找到属于自己的一片天空，勇敢追逐梦想。

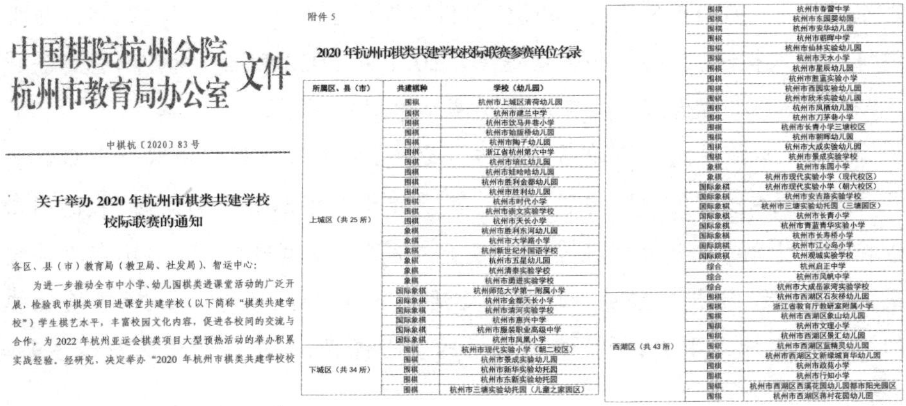

中国棋院杭州分院
杭州市教育局办公室 文件

中棋杭〔2020〕83号

关于举办2020年杭州市棋类共建学校校际联赛的通知

各区、县（市）教育局（教卫局、社发局）、智运中心：

为进一步推动全市中小学、幼儿园棋类进课堂活动的广泛开展，检验我市棋类项目进课堂共建学校（以下简称“棋类共建学校”）学生棋艺水平，丰富校园文化内容，促进各校间的交流与合作，为2022年杭州亚运会棋类项目大型预热活动的举办积累实战经验，经研究，决定举办“2020年杭州市棋类共建学校校

附件5

2020年杭州市棋类共建学校校际联赛参赛单位名录

所属区、县（市）	共建棋种	学校（幼儿园）
上城区（共25所）	围棋	杭州市上城区清荷幼儿园
	围棋	杭州市建兰中学
	围棋	杭州市饮马井巷小学
	围棋	杭州市始版桥幼儿园
	围棋	杭州市陶子幼儿园
	围棋	浙江省杭州第六中学
	围棋	杭州市培红幼儿园
	围棋	杭州市娃哈哈幼儿园
	围棋	杭州市胜利金都幼儿园
	围棋	杭州市胜利幼儿园
	围棋	杭州市时代小学
	围棋	杭州市崇文实验学校
	围棋	杭州市天长小学
	象棋	杭州市胜利东河幼儿园
	象棋	杭州市大学路小学
	象棋	杭州新世纪外国语学校
	象棋	杭州市五星幼儿园
	象棋	杭州清泰实验学校
	象棋	杭州市勇进实验学校
	国际象棋	杭州师范大学第一附属小学
	国际象棋	杭州市金都天长小学
	国际象棋	杭州市清河实验学校
	国际象棋	杭州市惠兴中学
	国际象棋	杭州市服装职业高级中学
	国际象棋	杭州市凤凰小学
下城区（共34所）	围棋	杭州市现代实验小学（朝二校区）
	围棋	杭州市景成实验幼儿园
	围棋	杭州市新华实验幼托园
	围棋	杭州市东新实验幼托园
	围棋	杭州市三塘实验幼托园（儿童之家园区）
	围棋	杭州市春蕾中学
	围棋	杭州市东园婴幼园
	围棋	杭州市安华幼儿园
	围棋	杭州市朝晖中学
	围棋	杭州市仙林实验幼儿园
	围棋	杭州市天水小学
	围棋	杭州市星辰幼儿园
	围棋	杭州市胜蓝实验小学
	围棋	杭州市西园实验幼儿园
	围棋	杭州市欣禾实验幼儿园
	围棋	杭州市凤栖幼儿园
	围棋	杭州市刀茅巷小学
	围棋	杭州市长青小学三塘校区
	围棋	杭州市朝晖幼儿园
	围棋	杭州市大成实验幼儿园
	围棋	杭州市景成实验学校
	象棋	杭州市东园小学
	象棋	杭州市现代实验小学（现代校区）
	国际象棋	杭州市现代实验小学（朝六校区）
	国际象棋	杭州市安吉路实验学校
	国际象棋	杭州市三塘实验幼托园（三塘园区）
	国际象棋	杭州市长青小学
	国际象棋	杭州市青蓝青华实验小学
	国际象棋	杭州市长寿桥小学
	国际跳棋	杭州市江心岛小学
	国际跳棋	杭州观城实验学校
	综合	杭州启正中学
	综合	杭州市风帆中学
	综合	杭州市大成岳家湾实验学校
西湖区（共43所）	围棋	杭州市西湖区石灰桥幼儿园
	围棋	浙江省教育厅教研室附属小学
	围棋	杭州市西湖区象山幼儿园
	围棋	杭州市文理小学
	围棋	杭州市西湖区景汇幼儿园
	围棋	杭州市西湖区蓝精灵幼儿园
	围棋	杭州市西湖区文新绿城育华幼儿园
	围棋	杭州市政苑小学
	围棋	杭州市行知小学
	围棋	杭州市西湖区西溪花园幼儿园都市阳光园区
	围棋	杭州市西湖区蒋村花园幼儿园

图6–5　杭州市凤凰小学益智体育项目（国际象棋、桥牌）

在棋类的学习过程中，越来越多的学生思维得到发展，学习与技艺并进，收获了不一样的学习历程。如，2022级学生周诗华，连续两年获得“杭州市中小学生阳光体育围棋比赛小学甲组冠军”。

案例6–1　我与围棋

中班，我跟同学一起开始学棋，在棋院上启蒙班的日子很开心。老师讲的内容我能轻松记住，我还能按图索骥，模仿别人下棋。刚开始我觉得下棋很简单，轻松打败了班上同学。2017年1月，我晋级为一级，同月定段成功，

拿到了围棋业余1段证书。

做好一件事情不可能一帆风顺、一蹴而就，学棋也是如此，总是一步一个脚印地走下去。因为定段的成功，我转到了高段班学习，接下来的那段经历却让我记忆犹新。我从启蒙班的第一名，一下子跌落到高段班的最后一名，这让我备受打击。我虽有放弃学棋的念头，但是围棋也给我带来很多的快乐和成就，真的放弃也舍不得。爸爸看出了我的心思，鼓励我坚持下去，帮我搜集围棋资料，还给我开通弈城账号，让我在网上练棋。

通过这样的努力，我从全输变成了赢一盘、赢两盘……经过一段时间的训练，我的努力有所回报。通过两年的努力，2019年我晋级为5段，还获得了"上城区七彩阳光围棋乙组冠军""杭州市中小学生阳光体育围棋比赛小学乙组季军"。2020年8月，我通过杭州棋院读训生选拔，加入了杭州棋院专业训练。进入棋院，我的棋艺得到锤炼。2021年、2022年，连续两年，我都获得了"杭州市中小学生阳光体育围棋比赛小学甲组冠军"。

围棋，亦师亦友。不单是黑白方寸之地，更不只是竞技游戏。它帮我打开一扇窗，潜移默化地影响了我的三观。在棋艺不断进步的同时，我的内心也得到了锻炼，从一开始输了就心灰意冷，赢了就欢呼雀跃，到现在看淡输赢，神情玄定，围棋已经融入了我的生活。不忘初心，慎终如始，我要在围棋的路上坚定地走下去，不执念于结果的赏心悦目，唯在意途中的绚烂多彩。
（周诗华）

图6-6　周诗华获奖证书（组图）

有的学生虽然没有像周诗华同学那样,不断坚持,有所建树,但是通过一年的基础学习,让棋牌陪伴成长,那段共学共长的经历弥足珍贵,对学生产生了深远的影响。

案例6-2 桥牌陪伴我成长

我从小就很喜欢玩扑克类的游戏,24点、关牌、斗地主……所以我的记忆和算术能力比一般同龄的小朋友更强一些。我第一次接触桥牌,是在学校的公众号上看到校桥牌社得奖的信息,我就想我一定要去桥牌社学习桥牌。

由于其他原因,我一直到四年级才接触到桥牌。每次上桥牌课的时候,我都认真听讲,记录笔记,不懂的地方及时问桥牌陶老师。在四上桥牌期末测试中,我考进了年级前10名,被陶老师邀请进入了校桥牌社。在社团里我遇见了许多牌技很好的同学,他们也都非常热爱桥牌,非常好学。当我得知有市桥协红队和市桥协蓝队这两支优秀桥牌队时,我就暗暗下决心要好好学桥牌,希望有一天也能进入蓝队或红队。有了目标,除去和陶老师学习牌技,我还恳求父亲买了许多关于桥牌的书籍。有些书籍的年纪比我父亲还大,是从二手书市场淘回来的,都是绝版书。于是每天完成作业后,我都会沉浸在桥牌的知识海洋里,遇到不明白的地方就记录下来,最后请教陶老师,直到彻底弄懂为止。

长此以往,我的桥牌技艺突飞猛进。记得参加杭州市第十七届桥牌联赛,当看到对手全是成年人,我就暗暗地鼓励自己:"尊重并相信搭档,有自信,及时做好总结,做到胜不骄、败不馁,专注打好自己的牌,这样遇到什么样的对手都不怕。"最终我和队友们取得了第四名的好成绩,并且得到了在场所有成人选手的肯定,冠军组成员还特意跑过来表扬我们,我开心极了!

学习桥牌的一年多时间里,我从迷你桥牌到定约桥牌蓝队,从定约桥牌蓝队到定约桥牌红队,取得了一些优异成绩,但我还是需要不断地学习桥牌知识,提高牌技,朝着自己更高更远的目标前进。

兴趣是最好的动力,刻苦努力是完成目标的方式,相信我的牌技还有更大的进步空间!加油!(严浚文)

案例6-3　我和围棋的故事

围棋和我,我和围棋,是一对好朋友。

我们的故事从我5岁就开始了。爸爸给我报了围棋课,我认真听着老师讲课,随着一颗颗棋子的落下,我渐渐明白了怎样下棋。慢慢地,我开始下棋了。一开始,我只会把老师教的知识硬生生地往棋盘上套,在一次次和伙伴们的对局中,我渐渐总结出了自己的经验,结合老师所教的知识,我很快就掌握了技巧。

这是我学习吃子的故事,但学习对弈时,麻烦可就多了。刚开始学的时候,我就遇到了麻烦。之前我习惯了吃子,导致不习惯对弈,经常输。后来爸爸开始和我下棋,我虽然还是经常输,但开始有赢的时候了。后来,我赢得次数越来越多,最后,我几乎下一盘,赢一盘。

围棋也给了我许多的品质,我变得善于总结,学会了知错就改,习得了礼仪,多了份耐心和冷静,也渐渐掌握了事物的大局观。这些品质在我的学习上和在伙伴的交往中,有了许多大用场。

现在我不怎么下围棋了,但有时也会和弟弟来一两盘。我认为围棋给我的不仅有下围棋的方法,还有良好的品质。(朱润清)

二、纸牌蕴玄机,让协作双赢

自2018年起,我校和杭州棋院、杭州桥协建立了深度合作,成为棋院及桥协的基地学校。我校是杭州市第一家上城区桥牌基地学校。桥牌课上,从认识桥牌工具到洗牌、切牌、发牌;从攻牌、得牌、跟牌、垫牌开始,到计算、推理、推测伙伴和庄家的牌,学生在课堂里孜孜不倦地学习技能。

杭州市桥牌协会副会长、桥牌高级教员陶剑老师和我校徐春静老师带领凤凰学子在各级各类比赛中屡获佳绩:

2019年,获"浙江省青少年桥牌锦标赛赢墩公开团体赛"小学组冠军;

2020年,获"第二届维述杯杭州市中小学桥牌邀请赛"迷你组冠军,学校获得精神文明奖;

2021年,获"迎新春全国桥牌讲师——青少年学员定约桥牌"团体优秀奖,获"暑期全国青少年学员网络赛青少年定约和迷你桥牌"团体赛第二名,成为杭州市智力运动共建学校,考核成绩优秀。

苔花如米小,也学牡丹开。我校的桥牌队员从小学毕业升入初中后,继续组建桥牌队,进一步学习与提升。

引进桥牌课程,设置在哪个年级合适? 谁来上该课程?

学校分管此项工作的领导和桥协相关人员一次次会商,考虑到桥牌需要一定的数学基础,需要算牌、推理,结合学生的年龄与认知发展特点,最后确定在四年级。

当把桥牌课程排入课表后,又开始犯难,谁来上? 只依靠桥协专业人员不是长久之计。学校设置成连续三个下午,连排六节桥牌课,教师采用"1 + 1"的形式,即1位专业人员配1位辅助教师的形式。我校的体育教师也多了一项技能——打桥牌。一个学期后,初出茅庐的凤凰学子赴天津参加桥牌赛。

案例6-4 小凤凰赴天津参加桥牌赛

当同学们还沉浸在春节假期的欢乐气氛里时,有一批小凤凰已经披上战袍,奔赴天津参加全国桥牌比赛了。第一次参加高水平的全国大赛,小凤凰们获得了可贵的大赛经验,虽然没有取得理想中的成绩,但我们收获满满。

教练陶剑:"这次比赛其实是我们桥牌学习的开始。赛后,同学并没有因为成绩落后而气馁,同学们想好好学习桥牌的决心反而增强了,这是我们最大的收获。"

领队石玉川:"学生们都很努力,初次来到全国比赛的舞台上,胜不骄、败不馁,很好地展示了凤凰学子的形象。从竞赛结果的总体来看,杭州市桥牌整体水平尚属于兴趣爱好的培育阶段,和进入全国正式官方竞赛的水平还有很大的差距。通过和其他代表队交流,我们发现这项运动的强大需要当地教体局的重视和大力支持,进而挑选更多优秀选手并通过进一步集训,代表省市参赛,这样才可能取得较高的荣誉。"

参赛队员吴博文:"对手非常强,我们应该吸取教训。下次再来比赛,我们不要犯同样的错误,而且要彼此信任。"

参赛队员张笑寒:"我们应该多加练习,还要用心,团结合作。"

参赛队员张倚华:"这次大赛让我发现自己真是太弱了,还是要静下心来,认真对待,不浮躁,加油!"

参赛队员徐洪昌:"这次的比赛,对手很强。我要静下心思考,留心算牌。2月23日下午的比赛超过对手200多分,很兴奋。有一次叫牌时,我的搭档没理解'2S'是什么意思,结果打输了。我们还有很多知识要学习。"

第三节 棋道:学而有悟,革故鼎新

围棋是两个人玩的游戏,一人执黑棋,一人执白棋。当棋子下在棋盘的交叉点上时便不再移动,即"落子生根"。终局后,占地盘多的一方获得胜利。人生的诸多道理,都蕴含在千变万化的棋局之中。

一、纵观全局,高瞻远瞩

20世纪80年代有部电影《一盘没有下完的棋》,两个围棋家庭历经三十年的沧桑变故,在一盘没有下完的棋中,让我们看到了家仇国恨。

围棋如人生,布局好比一个人的少年时代,每一着棋的投放位置往往是在"角"和"边"上,以求得效用最大化,因此有了"金角""银边"之称;少年时代没有用功读书,基础知识不扎实,如同开局未能在布局上获得优势,在日后成年求职时就会困难重重。下棋倘若开局落下风,以后想扳回颓势也很难;少年之时,须立志高远,与棋理是一致的。

弈至中盘,就要借开局之余威,下得如行云流水,处处占据优势,争取中盘锁定结束战斗,犹如人到中年,就该抓住机遇,充分展示自己的人生价值;待到收官之时,大局基本已定,但仍旧应该滴水不漏,从容应对,不能骄傲自满,掉以轻心,有时顽强的对手就是在收官时,令对方走出"昏招"。

棋至尾盘,棋盘上黑白棋子密密匝匝,再无可走之棋,而此时人生内容已经充实,纵观自己的人生足迹,历历在目。在这样的棋盘上角逐,胸有大局者,才能成为胜者。

棋局千变万化,博杀之间勇者胜。棋局中的勇者,既具有必胜的信心,又有智慧与谋略的精神。而方寸之间的得失,人生哲理的蕴含,都在一招一式的学习中。在围棋的学习中,学生会学到"弃子""地盘""假眼"等规则要领,纵观全局能高瞻远瞩,方能成大胜者。

案例6-5 弃子(教案)

有意识地放弃一些子,甚至主动地送一些子给对方吃,就叫"弃子"。

围棋中的弃子大体可分为两大类,一类是"自然弃子",即主动放弃那些精华已尽,无关大局的"残子";二是"战术弃子",为了棋局的某种需要,有意识地送给对方一些子,甚至逼迫对方去吃,就是"弃子"。

舍小就大:每一人都要随时判断大棋和小棋,当不能两全时,要顾大局,丢小棋。

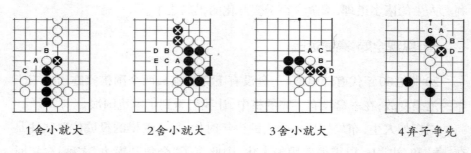

1舍小就大   2舍小就大   3舍小就大   4弃子争先

例1所示,当然要顾全大局,黑四子是当务之急,打吃虎后,出头要紧,⊗一子是不能要了;例2所示,黑大块棋一只眼突围是唯一的路,在此时,黑⊗二子只能受伤害,是否还有用以后再说;例3所示,当白一子将黑⊗二子断下时,有两条道可走,其一是二路爬边,但白得外势太大,不合算,其二是从外边一路打下去,主动诎弃了黑⊗二子,而换取外势。这是此时的最好选择。

弃子争先:当别处还有要紧的地方时,在此处争得先手就显得特别可贵,必要时可弃子争先。例4所示,此一例题是弃子争先之棋。"先"是指先手,是说在这个局部变化走完时是白棋,白棋落了一个后手,而黑棋则可以在别处先走棋了。这是有代价的,就是舍去了⊗一子。

在围棋的知识中,弃子是很重要的一部分内容。从局部战斗到全局的选择,从始至终都离不开弃子。在围棋十诀中,和弃子有关的就占了三条:弃子争先、舍小就大、逢危须弃。十占其三,这足以说明弃子的重要性和其使用的范围了。

"精华已竭多堪弃"，生活中也有弃子，人生道路的基本走向往往就是这些舍小就大的瞬间构成的。

二、配合默契，心领神会

若国际象棋和围棋是单兵作战、独立思考，那桥牌一定需要搭档间的默契配合、协同作战。找到一位投缘的搭档，脾气相似、个性相近、牌艺相当、牌德相仿，固定后，两个人商定各种叫牌约定，统一攻防信号，形成默契，互相切磋。中国伟人邓小平，是一位桥牌运动的爱好者，朱成就是他最为经常的桥牌搭档。

在校桥牌队中，也有这样的好搭档。

案例6-6　一对好搭档

金天：一头干净的短发，白净的脸上总是带着阳光的笑容，乌溜溜的眼神一转就能想出一个好点子。没错，这就是我的桥牌搭档兼队长——王方哲。

记得去年我们前往宁波参加省赛，其中有副牌令我印象深刻。当时我将自己的牌多数了6个点，结果王方哲加了倍，还打了张小牌给我，我们丢失了出牌权！我的上齿紧紧地抵着下面的嘴唇，无助地看了他一眼。明知道自己失误了却不能告诉他，这时他也正巧望向我，他朝我眨了眨眼睛，好像明白了我这个马大哈的失误。接下来，他眼睛一转，好像有了对策。当我再次进手，拿到出牌权，打出去后，他回了一张小牌，我顿悟了：一直迫使庄家将吃，将损失降到最小！本来能＋1，被打成make，也只是亏了几个IMP点！那一轮，打到最后，我们还是赢了！

王方哲：金天是我的桥牌搭档，他乌黑的眼睛中总能闪现出智慧的光芒。关键时刻，他总能飞快运转大脑，考虑出牌的所有情况。有时就算我们失败了，他也会很乐观。记得去年我们去宁波打省赛，有一副牌，金天多数了六个点，我就对敌方叫的3NT加了倍，还首攻了一张比较小的牌，结果他也没有大牌，我看了他一眼，发现他牙齿咬着嘴唇，神情有点紧张，加上我们做了一年多搭档的默契,我瞬间明白了:他有可能数错点了。我手中拿着几张可以获得赢墩的牌,但也只能隔着挡板看着他,不能告诉他。那种焦急的心情,让我无法冷静下来。我千算万算,也至少要让对手打到+1,直到金天再次拿到出牌权后,一直打小牌迫使庄家将吃,把损失降到了最小,只让对手打到了make,只丢了几个IMP。我们最终还是赢得了那一场比赛!

三、胜固欣然,败亦可喜

三棋课程评价,采用三维评价方式,即通过基础评、综合评、描述评三个维度来分别评价,注重过程育人,关注过程中的表现与收获。

基础评。以评价棋类的基础理论知识为主,侧重评价规则的灵活运用,不同牌型的应对与处理。如下是2022年桥牌的期末评价,两道不同的牌面,左图为教师思考,右图为某学生的作答。

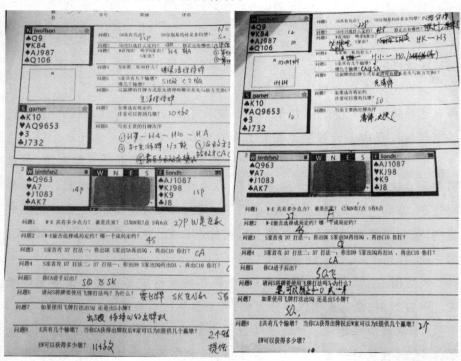

图6-7 2022桥牌基础评价

综合评。以评价学生学期总体表现为主,重点评价学生的学习兴趣、学习态度、上课参与学习情况。

描述评。主要评价学生参与校内外赛事以及获奖等情况,采用学生自主描述,并提供作证材料的方式。

组别：四年级女子组																			
比赛地点：钱江校区																比赛时间：2019年01月15日			
编号	单位	姓名	第1轮		第2轮		第3轮		第4轮		第5轮		第6轮		第7轮		积分	对手分	名次
			对手	积分	对手	积分	对手	积分	对手	积分	对手	积分	对手	积分	对手	积分			
5	403班级	戴晓睿	1	1.0	9	2.0	2	3.0	3	4.0	6	5.0	8	6.0	7	7.0	7.0	23.0	1
9	404班级	丁林韵	10	1.0	5	1.0	8	2.0	7	3.0	1	4.0	2	5.0	3	6.0	6.0	22.0	2
3	403班级	黄悦	7	0.0	8	1.0	6	2.0	5	2.0	2	3.0	1	4.0	9	4.0	4.0	26.0	3
1	404班级	滕洋	5	0.0	6	1.0	7	2.0	2	3.0	9	3.0	3	3.0	8	4.0	4.0	26.0	4
2	401班级	高乐乐	6	1.0	7	2.0	5	2.0	1	2.0	3	2.0	9	2.0	4	2.0	3.0	25.0	5
7	405班级	吕婷	3	1.0	2	1.0	1	1.0	9	1.0	8	1.0	6	2.0	5	2.0	2.0	28.0	6
8	403班级	虞悦	4	1.0	3	1.0	9	1.0	6	1.0	7	2.0	5	2.0	1	2.0	2.0	25.0	7
6	405班级	沈洛曦	2	0.0	1	1.0	3	0.0	8	1.0	5	1.0	7	1.0	10	2.0	2.0	22.0	8
4	401班级	黄诗意	8	0.0											2	0.0		5.0	9
裁判长：张谨龙							编排长：张文楚							软件编制：张文楚				

图6-8　学生提供的赛事积分记录单

遵循多元发展的理念,描述评更多的是学校的"有意留白",主要是让学生自主申报填写兴趣爱好与特长,可以是在各类赛事中代表学校参加比赛并获奖,或者是某种社会实践经历。学生描述评采用一定的流程:先自主提出申请,提供相关证明,接着教师评定,然后学生填写,最后学校审核。

这样的评价方式给予学生更大的自主权,不论输赢,不论胜败。胜,固欣然;败,亦可喜。每一次历练都是学生成长的宝贵财富。扬长,展特色,梧桐校园,留下满满的童年印记。

第 七 章
赛事:毅达就是冠军

　　赛场上的一幕幕给我们带来了无与伦比的美,这种美不仅是一种形式上的美,还是一种精神上的美,这种美是奥运精神,是体育精神。这种精神是在一次次挫败之后,仍不言弃,挑战自我,突破自我。运动健儿赛场上光辉的背后,挥洒的是无尽汗水与泪水,锻炼天天做,比赛不常有,体育运动的关键在于坚持不懈,可谓场上一分钟,场下十年功。体育之效,在于强筋骨、增意识、调感情、强意志。

第一节　年年有味"童健节"

随着我国体育事业的蓬勃发展和体育运动的兴起,校园体育活动日益受到学校的重视,并成为促进学生全面发展和个性发挥的重要平台。无论是观看者还是参赛者,都会在这个过程中受到感染,在丰富体育知识的同时,还会增强自身的健康意识,从而更为主动地参与到体育运动中来,更好地促进校园体育的发展。学校体育活动是以在校学生为参与主体的体育活动,通过培养学生的体育兴趣、态度、习惯、知识和能力来增强学生的身体素质,培养学生的道德和意志品质,促进学生的身心健康。学校体育活动是教育的重要组成部分,是计划性、目的性、组织性较强的体育教育活动过程。

当今课改大环境下,校园体育活动需要不断创新举办模式,具有全员参与、竞技突出、娱乐性强等特点,以便促进学生全面发展,培养学生的个性特长。校园体育活动是体育运动的基本组成部分和具体表现形式,对其进行改革发展,必然会使体育运动事业更具时代性和人性化,更为契合学生的发展需求,同时为校园文化健康有序发展提供强劲动力。

一、春季田径运动会

《义务教育体育与健康课程标准》提出了当下学校体育必须坚持"健康第一"的指导思想,激发学生运动兴趣,培养学生终身体育的意识。而小学生田径运动会的比赛项目大多竞技性强,讲拼搏、争第一、重结果,始终灌输着"更高、更快、更强"的体育竞技理念,再加上比赛项目经久不变,乏味无趣,已不再符合小学生的生理、心理特点和健康发展,也没办法培养他们终身体育的意识,更不利于实现全民健身活动的开展。

当代学校体育更注重人人参与快乐运动、健康成长、终身体育。学校运动会是学校体育工作的主要表现形式，随着社会的高速发展，课改的不断深入，小学田径运动会已不再适应学校体育发展的要求，它长年不变的竞赛模式、过程的枯燥乏味、内容的新意缺乏，再加上当今小学生身体素质的下降以及对运动要求的不断提高，造成了现在的小学田径运动会少人参与、多人旁观的现象屡屡出现，这也进一步影响了群众体育的开展。因此，小学田径运动会的转型势在必行。

我校春季运动会秉承"一个都不能少"的原则，鼓励全员参与，竞技与趣味相结合。以体育融五育，在运动中磨炼意志，在赛场上团结拼搏，在竞赛中增进交往。以创玩体育践行校园运动趣味新生活，追求有滋有味的健康成长路，让每一个金凤凰形成一种健康积极的人生观。春季运动会中，竞技体育项目设定让每一位有竞技特长的孩子发挥自己的一技之长，定向培养这些有一技之长的学生参加区级、市级等比赛，输送人才。趣味运动项目的设定让每一位运动能力偏弱的学生参与到运动会中，真正做到人人参与、快乐运动。

表7-1　春季运动会项目表

个人比赛			团体比赛		
比赛项目	比赛顺序	比赛时间	比赛项目	比赛顺序	比赛时间
60米	1—2年级男 1—2年级女	10分钟	团体趣味比赛	1年级	10分钟
100米	3—4年级男 3—4年级女	10分钟	团体趣味比赛	2年级	10分钟
800米	5—6年级男 5—6年级女	30分钟	团体趣味比赛	3年级	10分钟
垒球	1—6年级男 1—6年级女	90分钟	团体趣味比赛	4年级	10分钟
投壶	1—6年级男 1—6年级女	45分钟	团体趣味比赛	5年级	10分钟
蹴鞠	1—6年级男 1—6年级女	45分钟	团体趣味比赛	6年级	10分钟
			迎面接力	1—6年级	45分钟

二、冬季达标运动会

为落实"五项管理制度",加强学生教育管理,同时通过小切口大影响的制度落实让学生有一个积极健康的学习环境。而学生体质健康与测试是国民体质监测体系的重要组成部分,同时也是学校体育、卫生与健康教育工作的重要内容。为了响应国家健康体质要求,顺应我校学生体质与健康现状和发展变化趋势,促进学校全面贯彻落实新时代党的教育方针,科学评价学校体育、卫生与健康教育工作成效。

现代文明在带给人们充分物质享受的同时,也给人类的健康带来了新的威胁。2000年我国学生体质健康调研结果表明,随着我国社会稳定,经济持续发展,人民生活水平不断提高,我国学生身体健康水平有了较大的提升,与此同时,学生体质健康的现状却不容乐观,必须下大力气,积极采取措施,扭转学生体质健康状况下滑的趋势。《国家学生体质健康标准》的颁布实施,其目的就是使学校和广大学生以及家长及时了解学生的健康水平,督促学生积极参加体育锻炼,上好体育课,养成良好的锻炼习惯,进而全面增进学生的体质健康水平。

表7-2 冬季达标运动会项目表

	(一)晴天方案					(二)雨天方案			
班级　项目　时间	50米	1分钟跳绳	坐位体前屈	仰卧起坐	班级　项目　时间	50米	1分钟跳绳	坐位体前屈	仰卧起坐
8:30—9:30	六年级	三年级	四年级	五年级	8:30—9:30	视情况而定	三年级	四年级	五年级
9:30—10:30	五年级	六年级	三年级	四年级	9:30—10:30	视情况而定	六年级	三年级	四年级
10:30—11:30	四年级	五年级	六年级	三年级	10:30—11:30	视情况而定	五年级	六年级	三年级
13:00—14:00	三年级	四年级	五年级	六年级	13:00—14:00	视情况而定	四年级	五年级	六年级
备注	实施中可能会有变动,以当天广播调配为准。				备注	实施中可能会有变动,以当天广播调配为准。			

我校冬季运动会项目根据国家体质健康抽测项目设定,在常规体育课堂中采用专项练习和课练相结合的练习方法。同时,践行"把体育带回家"理念,让凤凰学子们每天坚持锻炼,挑战自我,增强毅力,享受运动带来的快乐,让"无体育,非凤凰"真正发生。通过达标运动会,培养雏凤学子良好的

体育锻炼习惯,增强全体学生体质,引导凤凰学子在运动中发扬运动精神,乐享运动,玩转体育,强化体育锻炼。秉持"大健康"的育人理念,坚持健康第一,实施学校体育固本行动,各年级严格执行学生体质健康合格标准,为学生体育测评工作做准备。

三、三跳趣味运动会

我校贯彻《中共中央国务院关于加强青少年体育增强青少年体质的意见》精神,以学生全面发展、增强综合素质为目标,坚持健康第一的理念,培养学生积极主动的体育锻炼习惯,营造深厚的校园体育锻炼氛围,深入开展冬季阳光体育活动。围绕学校新生活教育的育人理念,践行新生活教育之"运动生活""实践生活"教育内容,鼓励学生争做"乐玩"凤凰学子。

"三跳"运动会,坚持"健康第一"的指导思想,进一步积极推广阳光体育运动,切实提高学生体质健康水平,促进学生主动参与体育运动。"三跳"运动会顾名思义,是集长绳、短绳、踢毽子于一体的运动会。短绳考验学生的灵活性和耐力,比赛中我们看到学生身轻如燕般的展示,有很多学生跳出了一分钟200多个的好成绩。跳长绳是以班级为单位,充分体现了班级的团结协作能力。踢毽子考验的是学生的协调能力,还需要学生不急不躁的心理素质,慢中求快、快中求稳。

为了赛出好成绩,无论是个人项目还是集体项目,每个班级从开学初便有序安排练习,把练习常态化,充分利用每天上、下午大课间以及每周的体育活动课开展常规练习,学校鼓励每一位学生"把体育带回家",每天在家半小时锻炼时间也是万万不能浪费的。完美的展示背后,凝聚着选手们的辛勤付出。在个人项目中,大家你追我赶,共同进步;在集体项目中,大家携手并进,一次又一次赛出水平、赛出风格。

案例7-1 毽球男孩

在赛场上,一名六年级男生向老师表示:"自我进入小学开始就比班级里的其他同学身体素质差,体育运动能力在班级处于倒数水平。因此,在运动方面我一直没有什么信心,也不太爱参加体育活动,学校组织的各种体育比赛我都是只是观众。然而在三年级三跳比赛班级选拔的时候,一个偶然的机会让我接触到毽球。当时我觉得挺好玩,虽然踢不好,与这次选拔也无缘,但我还是喜欢上了这项体育运动。在之后的空余时间我都会踢踢毽子,慢慢地我踢毽子的水平越来越好,终于在四年级学校举办的三跳比赛中,通过了班级选拔,还取得了年级第二的好成绩,五年级的时候还代表学校参加了区里的三跳比赛。没想到我跑不动、跳不动,还可以找到一项适合自己的运动项目。我想,只要坚持锻炼,总有一项体育项目适合自己。"

我校凤凰"大健康"课程,重视从小就引导孩子培养健康生活和科学运动的习惯,真正实现在运动中享受乐趣、增强体质、健全人格、锤炼意志。"皮肤黝黑、牙齿洁白、眼睛明亮、浑身有劲",学生这种健康模样,应成为学校一贯的追求,成为家长共同的期待。无体育,不教育,愿每一位凤凰学子享受运动生活,每日与运动相伴,拥有强健的体魄,在梧桐小镇快乐成长。

第二节　班班有赛"校长杯"

　　体育其实就是最好的教育。《关于深化教育教学改革全面提高义务教育质量的意见》中要求强化体育锻炼,坚持健康第一,实施学校体育固本行动。引导和鼓励广大学生积极参加形式多样、生动活泼、健康向上的体育活动,提高学生的身体素质,促进学生的全面发展和健康成长。以课程为抓手,打造校园运动文化,以校园运动活动为载体,让每位学生掌握 1 至 2 项运动技能,培养学生自觉锻炼身体的习惯,规范学生课间体育活动内容和形式,逐步形成我校体育特色和主张,努力建设和谐校园、平安校园、活力校园,为学生的健康成长保驾护航。

　　校园体育活动是体育教学的重要内容,也是体育课堂教学的补充。它可以促进课堂教学,激发学生的兴趣,提高学生的课堂积极性,给爱好体育的学生更多的锻炼机会,提升后进生的体育成绩,促进学生的全面发展。小学校园体育课外活动,能丰富体育课堂的教学内容,形式多样、内容丰富、选择自由,可以让学生选择自己喜欢的运动项目进行体育锻炼,也是提高运动水平的重要途径。因此,小学开展校园课外活动是提高学生身体素质,落实素质教育的重要措施。

一、绿茵场上缤纷球赛

　　足球,古代名曰"蹴鞠",是战国时期就流行的娱乐项目,足球起源于中国。足球是世界第一运动,伴随经济的飞速发展,足球运动这一项目已经影响到所有国家、民族和地区。

　　为全面推进学校五育融合的凤凰吸引教育办学实践,感受运动的魅力,树立凤凰体育精神,学校开展校园国际理解周活动,立足国际视野,开展足球项目式学习。突出足球"威体育"的特色,每年春天开设足球周课程,即各科融足球、乐玩学足球、家庭伴足球等,通过项目化学习,开拓学生运动思维和创造思维,丰富校园运动生活。

表7-3 家庭伴足球安排表

日期	年级	时间	活动内容	备注
4.26—4.30	1—6年级	放学后	1.与父母回看一场足球赛,了解比赛规则。 2.每天练一练足球技能,巩固所学。 3.和父母聊足球与世界风情,促进国际理解。 4.搜集足球明星故事,学习毅学苦练的品质。	
备注	班主任在班级圈设置"家庭伴足球"班级话题,分享学生精彩瞬间。			

小学作为国家教育的基石,加强校园足球的组织管理是建设体育强国、提高中国足球水平工作的重中之重。以增强学生体质,培养学生拼搏进取、团结协作的体育精神为宗旨,通过广泛开展校园足球活动,建立和完善我校足球联赛制度,在学生中普及足球知识和技能,形成校园足球文化,提高学生足球兴趣,从而培养全面发展、特长突出的校园足球后备人才。

表7-4 "足球校长杯"班级对战表

第一轮			第二轮		
班级	签号	对阵时间	班级	等号	对阵时间
601	A	2.24 中午 12:25—12:50 601 VS 602	601		
602	A		602		
603	B	2.24 中午 12:25—12:50 603 VS 605	603		
604	C		604		
605	B	2.24 中午 15:45—16:10 604 VS 606	605		
606	C		606		

有报道显示:"在 10—15 岁这个年龄段,1000 个小孩有 1 个会踢足球,而 10000 个小孩里面没有一个能接受训练,10000 个里面可能才能挑出一个作为人才来培养。在培养的人才中,10000 个可能才能出一个职业球员,职业球员里面百里挑一进入国家队。"作为基层教师,应从实际出发,尽量从激发学生的兴趣着手,搞好游戏化足球教学,让学生都能参与和投入,尽快提升相应的身体素质和足球技能,这是我们的近期目标。而足球社团和足球联赛是足球模板教学的延伸,它的开展能巩固学生足球技术水平,打造校园足球文化,促进学生个性化发展,为专业队输送足球后备力量。这是一个系统工程,必须稳扎稳打,循序渐进。

二、方格世界的博弈厮杀

国际象棋,是一种二人对弈的棋类游戏。棋盘为正方形,由 64 个黑白相间的格子组成,棋子分黑白两方共 32 枚,每方各 16 枚。虽然称为西洋棋和国际象棋,但它实际起源于亚洲,后由阿拉伯人传入欧洲,成为国际通行棋种,也是一项竞技运动,曾被列为奥林匹克运动会正式比赛项目。

表 7-5　中俄两国国际象棋运动员综合情况对比

比较项目	中国	俄罗斯
各类人员注册人数／人	2999	78830
等级分选手人数／人	1450	32293
男子世界排名前 100 名／人	8	23
女子世界排名前 100 名／人	11	19
男子世界排名前 50 名／人	6	12
男子世界排名前 50 名平均年龄／岁	26.6	30.5
男子世界排名前 50 名最大年龄／岁	33	43
男子世界排名前 50 名最小年龄／岁	19	20
女子世界排名前 30 名／人	7	7
女子世界排名前 30 名平均年龄／岁	27.7	28.2
女子世界排名前 30 名最大年龄／岁	33	35
女子世界排名前 30 名最小年龄／岁	21	20
男子世界最高排名	4	8
女子世界最高排名	1	3
注:数据发布日期为 2018 年 10 月		

国际象棋在中国的发展与在西方国家截然不同,在我国的普及面不广,市场并不成熟。但在国内还不被广泛知晓的情况下,我国选手在世界大赛上却取得了优异的成绩。由此可以看出,国际象棋在我国还有很大的发展空间,应该让更多的人去了解这个项目,参与这个项目。作为校园文化的建设者,我们应思考如何让孩子们真正了解国际象棋。

我校每年开展"童棋节"活动,为金凤凰学子提供竞技平台,让学生在比赛中提高技艺,发展社会情感技能,有滋有味成长。我们要充分发挥杭州市棋类第二课堂共建学校的榜样引领作用,组织开展凤凰小学国象竞技运动挑战赛活动,营造国际象棋等竞技类运动项目学习的良好氛围,锻炼选拔优秀小选手。

在学校举行的"棋王棋后"争霸赛中,一位小棋手这样说:"刚踏入小学一年级,我就被学校组织的'童棋节'活动所吸引,刚开始就是觉得挺好玩,后来我慢慢了解到国际象棋有关的知识和规则,就被它深深地吸引了。国际象棋让我学会了静心和思考。记得上国际象棋的第一节课,我认识了棋盘和棋子,懂得了什么是棋者的品质。经过一段时间的学习,我从一个初学者到现在的段位,国际象棋让我变得专注、认真。在老师的教导和自己的努力下,我掌握了国际象棋的生存条件,以及招法名称、吃子技巧、对杀方法、布局原理等。我还参加了各项考级比赛,比赛让我更快地成长了,也让我明白了简单的黑白棋中间有着博大精深的学问,国际象棋的学习经历让我受益一生。感谢学校给了我这个平台,让我接触到国际象棋。"

通过举办凤凰"童棋节",学生在棋盘中不断地磨炼精神品质,明白对弈总是有输有赢,胜固然欣喜,败亦不必气馁。在积累了无数次的输赢后,学生懂得了胜不骄败不馁,无论成败,都要保持良好的心态。输棋,有时也是提高抗挫折能力的好时机。

三、冰天雪地的童玩世界

冰壶,又称冰上溜石,是以队为单位在冰上进行的一种投掷性竞赛项目,被大家喻为冰上的"国际象棋"。它考验参与者的体能与脑力,展现动静之美,取舍之智慧,属于冬奥会比赛项目。冰壶于14世纪起源于苏格兰,1795年第一个冰壶俱乐部在苏格兰创立。1924年冰壶作为表演项目被纳入第一届冬奥会,1998年正式列入冬奥会比赛项目。

冰壶运动在中国虽然起步较晚,但在2000年以后,冰壶发展进入了快车道,女子冰壶是我国重点发展的项目之一。2003年第十届全国冬季运动会设立了冰壶项目,同年成立了国家队,在21世纪的第一个十年,中国冰壶竞技水平有了一个很大的飞跃。王冰玉表示:"即便在这样一个发展前景下,那时的训练环境,依然是现在不可想象的。那个时候感觉就是练好练坏不是个人的问题,是关系到这个项目能不能在国内真正扎根生存下来的问题。"2003年冰壶第一次出现在了世界大学生冬季运动会和亚洲冬季运动会上,由哈尔滨队代表中国队参加了2003年的亚冬会,男、女队均获得了铜牌。在如今国家体育迅速发展过程中,冰壶水平虽然到达了一个新的高度,但在大众视野中这个项目仍然没有得到更多的关注。作为校园课程的建设者和实施者,我们可以做什么?

凤凰小学开办了冰壶嘉年华活动,体验旱地冰壶,感受运动魅力,打造凤凰体育精神。树立凤凰学子融通世界的体育观,在活动中培养学生团队意识,引领学生做一名爱运动乐健身的好少年,引领学校全民健身新风尚。在凤凰大健康指导思想下,我校每年都开设"冰壶理解周"课程,让孩子们认识冰壶、了解冰壶、乐玩冰壶。

表7-6　冰壶学科项目化学习

教学主题	实施学科	教学目标	教学主题	教学课时	负责人
冰壶文化	语文数学英语科学	1.通过自主学习与交流,初步了解冰壶运动的相关知识和文化。 2.通过自主探究完成相关主题研究,提升搜集信息与交流信息的能力。 3.通过视频赏析、球队风采图片等感受冰壶运动魅力与体育精神。	1.冰壶运动的起源及国际地位 2.冰壶运动的观赏礼仪 3.冰壶运动比赛规则 4.冰壶运动的发展史 5.中国冰壶运动发展史 ……	9月1—3日每学科安排1课时	各学科教研组长
冰壶艺术	音乐美术	1.通过学习与想象,创作体现冰壶运动特点及精神意义的艺术作品。 2.学习合作与分享,增强社会交往能力。 3.感受冰壶运动魅力,提高对冰壶运动的兴趣。	1.冰壶绘画创作 2.冰壶队文化设计 3.拉拉操创编 4.冰壶手创制作 ……		

冰壶系列课程从开学迎新活动就开始了,设立了冰壶知识问答游戏、冰壶现场体验活动,让同学们进校门就可以体验到冰壶带来的乐趣。开学第一周,各学科老师带领学生了解冰壶运动的起源,探寻冰壶运动的发展史,学习冰壶运动的比赛规则。学生还积极创作绘画冰壶logo,制作冰壶队旗帜为班级冰壶联赛加油。迎新有创意,开课显格局,新学期,新征程!

表7-7 班级秀冰壶

日期	年级	地点	实施内容	负责人
9月3日下午（玩转体艺）	3—6年级	本班教室	1.组建班级super冰壶队; 2.设计班级冰壶队队徽;设计班级冰壶队比赛海报;设计班级冰壶队队服;设计班级冰壶队logo……（为班级联赛做准备）	正副班主任协同
9月7日下午（全科学习）	全科学习时间	风雨操场	年级旱地冰壶联赛（取年级前三名）	各年级组体育老师
备注			年级组长负责,年级组可统一布置安排,正副班主任拍照片。 冰壶联赛规则制定与赛事组织由各年级体育老师负责。	

赛场上,气氛热烈,掌声与欢呼声将比赛不断推向高潮,参赛选手们斗智、斗勇、斗力、斗技术,大家认真思考着、讨论着,在冰壶与冰壶碰撞的瞬间,充分感受到了这项运动的魅力所在。大家相互学习、切磋壶艺,考验团队配合的陆地冰壶运动让参赛的同学们直观地感受到了运动的乐趣与团队合作的魅力,感受到冰雪运动的速度与激情,表现出顽强拼搏、团队协作的精神,在体验冰雪运动魅力与乐趣的过程中传播奥林匹克精神。

在冰壶比赛中,孩子们领悟到一个词——团队。一个团队就像一张捕鱼的网,每个人就像一个网格,不能因为某个网格上捕到了鱼,而忽视了其他网格的作用。每个人在不同的位置起着不同的作用,忽略或强调某个人的成绩,都会影响团队的建设,个人能力融入团队才能更大程度地发挥其价值。高效的团队就应该是一个整体,有着充分的凝聚力,成员之间相互信任、相互协作,才能更好地发挥出团队的最大潜力。在整个团队取得胜利的同时,个人价值也得到了提升。

表7-8　家庭嬉冰壶

日期	年级	时间	实施内容	备注
9月3日—4日	1—6年级	在家时段	1.与父母回看一场冰壶赛，了解比赛规则。 2.用废旧报纸或者瓦楞纸制作一个简易旱地冰壶，每天和家长一起进行趣味冰壶游戏。 3.和父母聊冰壶与世界风情，促进国际理解。 4.搜集我国冰壶明星故事，学习毅学苦练的品质。	选做
备注	班主任在班级圈设置"家庭冰壶乐"班级话题，分享学生精彩瞬间。				

在凤凰校园"冰壶嘉年华"开展的同时，学生的"家庭嬉冰壶"也同时进行着。孩子们和父母一起观看一场冰壶比赛，用简单的材料制作一个简易的旱地冰壶进行趣味冰壶游戏，真正融入冰壶运动。

案例7-2　新认识

观看完冰壶比赛后，一位同学表示："身为一名中国人，期盼那么久的冬奥会终于来了，在这场赛事来临的时候我能做点什么呢？早些年，许多外国人对中国人的印象是中国人的素质不高，各种垃圾随处扔、乱写乱画，观看比赛不文明现象层出不穷，那个时候我感觉到很心痛。如今，我却十分自豪我是一个中国人，北京奥运会的举办，标志着我国国际地位的提升，如今冬奥会的来临，更是对中国地位的再一次肯定。北京奥运会的圆满成功，为冬奥会树立了一个成功的榜样。在此基础上我更应该努力学习，发扬中华民族的伟大精神，以一种良好的姿态展现给大家，从我做起，从小事做起，让世界铭记中国。"

凤凰新体育的未来之路在何处？我们一直在思考，凤凰体育到底能给孩子未来带来什么？如今，我们有了一些思路，我们要让孩子学会一项技能，并且熟练运用技能，再将技能生活化、专业化，走向更高的舞台。从学生运动的兴趣、特长、专长、志趣，再到事业、伟业，要循序渐进地培养，让体育真正发生。"皮肤黝黑、牙齿洁白、眼睛明亮、浑身有劲"，学生这种健康模样，应成为学校一贯的追求，成为家长共同的期待，成为体育与健康，学校"把体育带回家"的主张，指儿童的运动带动家长，并延伸到家庭乃至社区和社会，努力让体育和家庭相得益彰，成为家庭亲子活动的主旋律。

第三节　次次有毅"七彩星"

目前,我国对体育育人的探究还较为迟缓。体育教育应该贯穿于学校教育之中,将人格教育视为体育教育的核心,学生身心结合的素质才能不断提高,坚韧的品质将伴随孩子一生。

《2018年国家义务教育质量监测——体育与健康监测结果报告》数据统计显示,全国义务教育阶段小学生肥胖率、体能、视力等指标常年不容乐观,"小眼镜""小病秧""小胖墩"呈现低龄化趋势。随着当今社会经济的发展,人们的生活水平正在日益提高,但孩子的体质却日渐下降,这不得不引起社会、家庭、学校的重视。运动不仅是一种习惯,更是一种能力,作为学生的启蒙教育者,我们要有所思,如何让运动真正的发生,让运动伴随孩子一生。

一、日日有恒的汗水挥洒

双减形势下,凤凰小学打破以往的组织形式和教学模式,充分考虑到学生的生理特点和心理特征,以全员走班玩转体艺社、课后服务"外教"体育社、校级选拔毅达运动社三种不同的课程设置,满足不同学生的需求,确保每一位学生都能够积极地参与到练习中,每一位学生都有展示自己的舞台,每一位学生都有收获,达成每位学生掌握1至2项运动技能。

为培养多元化发展的个性人才,我校组织开展了"建构运动两小时的差异化学习"的"全员走班玩转体艺社"。"全员走班玩转体艺社"指的是每周五下午我校专门拿出一小时的时间进行走班式课堂,在"全员走班玩转体艺社"过程中,不是采取老师来固定教室这种传统方式,而是采用学生们去某类项目的教室这个略显"新奇"的方法。同一个年级的学生,只要选了同一门选修课,即使不同班也可以成为一起学习的"同窗"。每学期初,学校会发布该学年的所有玩转体艺课程类目,让学生们自由、自主地选择感兴趣的体艺项目进行报名。学校采用外聘老师、合作老师和自主开发等方式,开齐开足6个年级的超过70种玩转体艺社团,如形体课程、跆拳道课程、桥牌课程、围棋课程等,让每一位学生可以根据自身兴趣选择相应课程,让更多同年级不同班的学生们成为兴趣一致、志同道合的好伙伴,使全员体艺2+1(2项运动技能+1项艺术特长)有保障。

作为拓展性放学后托管服务模式的特色项目,组织"外教"体育社的初衷是提升学生们对于专项体育运动项目的实操能力,进而培养他们对体育运动专项的学习锻炼兴趣。"知之者不如好之者,好之者不如乐之者",兴趣是最好的老师,我校的特色课后服务"外教"体育社的宗旨是让所有学生都能主动积极、自由地选择自己感兴趣或擅长的体育运动项目。学校老师和学生家长仅承担介绍、启发、引导的工作,把选择权重新交还给学生,只有学生自己参与感兴趣的体育运动项目,乐在其中,才能将兴趣变成学生体育锻炼的内驱力,这也是逐步培养学生们形成终身对体育运动感兴趣的重要一环。在课程设置上学校采取了分层教学模式,最大可能照顾到不同运动基础与层次的学生。例如,最受欢迎的"轻羽飞扬"项目将学生们按照水平一、水平二、水平三进行划分,分成 3 大班,不同的"外教"老师针对年级不同、运动基础不同、学习效率不同、练习强度不同的学生们制定有针对性的教学计划与教学内容,由体育组一名专任老师协同三名外教进行课后拓展教学。

表7-9　课后服务"外教"体育社团参赛人数统计表

课程类别	课程名称	参加学生人数／周
C-运动健身	花样跳绳	72
	轻羽飞扬	270
	"排"球少年	44
	国际象棋	85

课程类别	课程名称	参加学生人数／周
C-运动健身	灌"篮"高手	245
	"足"下生风	145
	桥牌	35
	校足球（不自选）	18
	校排球（不自选）	17
	校篮球（不自选）	17

在放学后拓展项目"外教"体育社的基础上,我校还开展了名为"校级选拔毅达运动社"的进阶课程,由体育组老师们选拔各班中的体育运动项目拔尖学生组成校级训练队,在放学后托管服务拓展时间进行进阶训练。对于体育运动项目尖子生而言,基础的体育运动教学已经无法匹配其需求,而"校级选拔毅达运动社"的专业化、分层级进阶训练则能进一步磨炼他们的毅力以及开发他们的潜能。

二、冲出校外的竞技博弈

依据塔式结构体育课程群内容,我校体育组老师们充分运用体育活动课(A基础性课程)、玩转体艺课(B拓展课程)、才艺坊(C拓展课程)、校队(D个别化课程)四级课程体系夯实体育运动培育梯队建设,在前三级(A基础性课程＋B拓展课程＋C拓展课程)日常授课过程选拔资优生组建了由校排球队、篮球队、足球队、三跳队等专项队伍合成的"校级选拔毅达运动社"。"校级选拔毅达运动社"并不仅仅在比赛前期有临时集训,而是全年进行有规划、有针对性的常规训练,训练强度、训练难度、训练重点会根据距离比赛的时间进行不同程度的、有侧重点的调整训练。

在每学期初期,我校体育组规范制定本学期的训练计划,按照训练计划严格执行训练要求,并分阶段进行训练过程分析,总结反馈训练遇到的问题和原因,认真抓好"校级选拔毅达运动社"的日常训练与日常管理工作。除此之外,本学期还定期检查了训练计划与阶段小结,学校各学科老师在学校统筹安排下都能够相互支持和配合,带队体育教师放弃节假日休息,坚守训练一线,带领学生参加区田径运动会、足球比赛、篮球比赛、排球比赛、三跳竞赛、游泳竞赛、体质测试比赛、市三跳比赛、市排球比赛等,均取得优异成绩,将"无体育,非凤凰"坚持到底。

三、虽败犹荣的体育毅商

著名乒乓球运动员曾说:"运动其实给我们非常多的好处,这个好处不仅仅是让我们的身体更加强壮,更重要的是让我们抗压的能力更强。运动员很少有抑郁的,因为从小就要在高竞争的环境中成长,让我们有一种非常积极的心态,在困难面前我们从来不轻易低头,因为战胜困难是你的必经之路,战胜你的对手一定要经历各种坎坷,所以体育给我们带来的就是强大的内心,自律、自信、阳光,我觉得这就是体育给我们带来的帮助。"

人们普遍认为,心理暗示可以帮助学生形成实现这一目标的良好精神状态,提升体育教育所追求的高参与度,以及心理健康、社会适应等目标。我校各类运动活动采用项目化或校园吉尼斯挑战等形式,通过设置竞赛规则和对抗强度对学生进行竞赛培育,锻炼其学生意志品质。比赛过程中,既可以激发学生的学习热情,也能锻炼体能和意志力。活动最后,要及时帮助学生总结得与失,让学生在比赛中不但有身体体验,还有情感的培养。

第 八 章

评价：梧桐云上有成就

　　提高学校的"育人"含金量，坚持需求为导，运用为核，打造校园"梧桐云"体育数字化工程，开展大数据驱动下的学生成长数字档案评价改革。多空间，以新时空观打造灵动开放的体育育人场景；多要素，以新健康观构建完整人格的体育育人体系；多向度，以新协同观建立一体化的体育评价育人机制。结合体育学科质评和量评属性，着力开展学生健康成长数字档案"梧桐云"研究，推动创玩体育的学生综合素质评价改革。

第一节　创玩体育的评价设计

依据中共中央、国务院颁发的《深化新时代教育评价改革总体方案》《关于全面加强和改进新时代学校体育工作的意见》《义务教育体育与健康课程标准》（2022年版）和《浙江省义务教育体育与健康课程指导纲要》，创玩体育的评价设计由"学生选的描述评""学校定的精准评"和"国家统的齐步评"三个维度构成。旨在坚持"健康第一"的指导思想，促进学生身心健康发展；激发运动兴趣，培养学生终身运动的意识和习惯；以学生发展为核心，重视学生的主体地位；关注学生个体差异与不同层次需求，确保每一个学生受益；了解学生体育与健康课程的学习情况与行为表现、学习目标达成程度，判断学生学习中存在的不足以及形成原因，进而为改进体育与健康课程的日常教学服务。

一、学生选的描述评

学生选的描述评以定性述评为主。定性述评是一种描述性的评价，特指不采用量化的方式，根据评价者对被评价者平时的表现、现实的状态或文献资料的观察和分析，直接对被评价者做出定性结论。定性述评的方式特别适用于对于小学生在体育与健康学习中对体育运动的兴趣爱好、运动社交表现、运动毅商等方面的评价。

表 8-1 凤凰小学2022版"体育与健康"期末评价栏图

项目		成果作品	过程表现
体育健康测试		☆ ☆ ☆ ☆ ☆	☆ ☆ ☆ ☆ ☆
国象／围棋／形体／桥牌		☆ ☆ ☆ ☆ ☆	☆ ☆ ☆ ☆ ☆
技能特长		☆ ☆ ☆ ☆ ☆	
		☆ ☆ ☆ ☆ ☆	

表 8-2 某同学四年级体育与健康评价记录

项目		成果作品	过程表现
体育健康测试			
国象／围棋／形体／桥牌		☆ ☆ ☆ ☆ ☆	☆ ☆ ☆ ☆ ☆
技能特长	篮球	☆ ☆ ☆	能坚持体育技能的比赛
	跑步	☆ ☆ ☆	积极参与

其中,特长(专长)述评部分,评价方式为表现性评价。特长展示评价旨在挖掘学生运动专长,鼓励更多的学生坚持运动爱好,达到"一生一课程"的学习目标,享受运动生活,树立健康的人生观。特长(专长)述评部分评价内容和标准包括:自我"封号",如灌篮高手、排球小将、足球小子、游泳达人、围棋大师等;特长介绍,包括特长学习了多久,参加了哪些比赛,有哪些目标,今后的计划等等;特长展示,学生在班级进行特长展演。

案例8-1 运动创造奇迹

羽毛球是一项老少皆宜的运动,可以调动人体各种器官,提高人的注意力和敏捷性,提高身体素质。

我去年虽然是班干部,但一直是大家心目中的大胖子,总是被同学取笑。而且我每次上楼梯都觉得喘不过气来。爸爸妈妈思来想去,让我报了学校羽毛球社团,锻炼身体,顺便减一减"将军肚"。

我们的教练姓刘，是一名获得过省冠军的退役羽毛球运动员。一到羽毛球场，我就被教练和球员的动作深深吸引。哇！漂亮的扑救、帅气的扣杀、激烈的战斗，让我看得眼花缭乱。我着急地对教练说："我要学这个，学这个，学那个，学那个，好帅！"但教练说："别着急，先从基本动作学起。第一节课是荡秋千，先举肘，再荡……"刘教练的动作我学了几百遍。回家后，爸爸按照教练的要求在屋顶挂了一块布条，让我继续敲打布条练习摆动。

但是第二天早上起来的时候，我感觉太糟糕了。我感到背痛，胳膊举不起来。我哭着对爸妈喊："羽毛球太无聊了，一直荡来荡去，腰酸背痛，不学了！"爸爸说："你不能半途而废。第一次练的话肌肉会疼。你明天会好的。"

果然如父亲所说，第三天没有第二天那么糟糕。我开始融入这个培训班，和大家一起做热身活动，和认真善良的刘教练一起打游戏，学配速、发球、挑球、刺球、杀球，开始和老同学们打比赛。慢慢地，我成了羽毛球高手。学完一个学期，我的身体素质提高了，敏捷度也大大提高了。比如，我以前每天在大课间跑操时"偷懒"，现在的我不仅能跟上大部队，有时候还能成为领跑员；又比如说在一次童健节垒球比赛中，我居然获得年级第八的好成绩。

到今天，我已经练习羽毛球一年多了。我的身体素质越来越好，从一个小胖子变成了"肌肉男"。我也变得自信了，我在体育课上被评为"轻羽达人"，我也敢于积极参加一些活动。我不禁感叹，真是运动创造奇迹啊！

（503 邱宇辰）

二、学校定的精准评

学校定的精准评采取定性、定量相结合的方式，定性、定量相结合的方式可以有效避免定性或者定量评价的缺陷，综合定性评价和定量评价两者的优势，相互补充，可以得出更科学、更规范、更综合、更可靠的客观评价结果。

(一)技术与技能

评价内容与标准参考选择浙教版《体育与健康》教材中对应年级和学期

中一项技术与技能内容进行精准评价。在评价的实施中，改进测试方式。强化运动技能评价，改变传统以体能评价简单替代体育与健康学业评价的片面做法。体育学业评价内容应该凸显学生运动技能学习的结果，反映国家基础性课程的效果，并以运动技能评价为突破口构建全面的体育学习评价模式。改变以往单纯以单个运动技术按时间、远度、高度等评价方式，采用"会用"为导向的评价形式，以学生掌握运动技能在实际运用环境中的表现为标准，评价运动技能学习的结果，从而有利于形成学生体育健康学科的核心素养。

表8-3　学校定的精准评年级内容梳理表（浙教版水平二、四年级）

教材内容	评价标准	技能标准
田径：曲线往返跑	A 能够做到往返时降低重心并坚持跑3分钟	1.步伐与呼吸节奏紧密结合 2.往返时降低重心 3.控制身体平衡
	B 能够做到往返时降低重心并坚持跑2分钟	
	C 能够做到往返跑2分钟	
	D 未能完成	
田径：连续跳跃	A 能够做到手脚协调向前连续跳跃30米	1.手脚协调用力 2.有腾空 3.落地屈膝缓冲
	B 能够做到手脚协调向前连续跳跃20米	
	C 能够做到手脚协调向前连续跳跃	
	D 未能完成	
田径：上步侧向投掷	A 能够用正确的方法进行投掷并投出15米以上	1.交叉步准确 2.手脚协调发力，有蹬地转腰动作 3.有一定的出手速度和角度
	B 能够用正确的方法进行投掷并投出10～15米	
	C 能够用正确的方法进行投掷	
	D 未能完成	

教材内容	评价标准	技能标准
体操： 队列队形	A能够快速地反应并完成正确的口令动作	1.能够明白老师的口令 2.能够对口令进行正确动作反应
	B能够快速地反应并基本完成正确的口令动作	
	C能够明白口令并完成正确的口令动作	
	D未能完成	
体操： 燕式平衡	A能独立完成动作并保持造型5秒以上	1.腿伸直 2.动作基本正确 3.能够保持姿势
	B能独立完成动作并保持造型1～5秒	
	C能独立完成动作	
	D未能完成	
体操： 侧手翻	A能完成较高质量的侧手翻动作	1.直臂支撑 2.提臀蹬摆腿
	B能完成较好的侧手翻动作	
	C能独立完成动作	
	D未能完成	
篮球： 双手头上传接球	A在传球过程中有压腕拨手指动作，接球过程有伸臂手引球动作	1.传球过程中压腕拨手指 2.接球时伸臂手引球
	B在传球过程中有压腕拨手指动作或接球过程有伸臂手引球动作	
	C能够和同伴配合进行传接球	
	D未能完成	
足球： 脚背外侧运球	A能够用脚背外侧进行运球10米以上	1.支撑脚积极蹬送 2.运球腿膝关节稍屈，脚尖内扣 3.脚背外侧对准运球方向
	B能够用脚背外侧进行运球5～10米	
	C能够完成动作，用脚背外侧进行运球	
	D未能完成	

每个内容的选择都为浙教版教材必学内容并设置评价标准和技能标准,帮助教师和学生解决个人或小组如何教、如何评的问题。评价建议首先是对技能量化评价,并与《国家学生体质健康标准》相结合;其次增加了认知性评价,引导教师在传授技能的同时,关注练习方法和知识的传授,让学生在学练的同时明白一些技能原理和道理。

表8-4　学校定的精准评学段内容梳理表示例

年级	教材内容	表现评价标准	技术技能标准
一年级上册	体操:队列队形	A能够快速地反应并完成正确的口令动作	1.能够明白老师的口令。2.能够对口令进行正确动作反应。
		B能够快速地反应并基本完成正确的口令动作	
		C能够明白口令并完成正确的口令动作	
		D未能完成	
二年级上册	田径:200米	A能够做到三个动作(摆臂、呼吸、脚步协调)完成200米	1.手脚协调用力。2.注意呼吸节奏。
		B能够做到两个动作、完成200米跑	
		C能够做到一个动作、完成200米跑	
		D能够完成200米跑	
三年级上册	田径:双脚连续向前跳跃	A能够做到手脚协调向前连续跳跃30米	1.手脚协调用力。2.有腾空。3.落地屈膝缓冲。
		B能够做到手脚协调向前连续跳跃20米	
		C能够做到手脚协调向前连续跳跃	
		D未能完成	
四年级上册	足球:20米绕杆	A在绕桩过程中不丢球	1.前进过程中,利用脚背带球。2.手脚协调用力。
		B在绕桩过程中丢2次球	
		C在绕桩过程中丢3次球	
		D未能完成	

年级	教材内容	表现评价标准	技术技能标准
五年级上册	田径：耐久跑（400米）	A能够在两分钟内摆臂、脚步协调完成400米跑	1.手脚协调用力。 2.注意呼吸节奏。
		B能够在两分半内摆臂、脚步协调完成400米跑	
		C能够摆臂协调脚步完成400米跑	
		D未能完成	
六年级上册	篮球：全场运、传、投组合技术	A20秒内完成全场运、传、投	1.行进过程：单手运球。 2.传球需用：双手胸前传球，在3秒区外投篮。
		B30秒内完成全场运、传、投	
		C40秒内完成全场运、传、投	
		D未能完成	

此表有别于年级评价标准，有相应的"表现标准"。"表现标准"即为过程性评价，指的是"学生学习该内容过程中表现状况"，主要描述学生经过学习后能知道什么、做什么、完成什么等，具有可操作、可观察、可评估的特征，作为评价学生学习技能与技术掌握程度的基本依据。这里要强调的是，"表现标准"制定的是某一学段共同的、统一的基本要求，而不是最高要求。所以在达成这些基本要求的基础上，我校依据学情和"全纳"理念，面向人人设计了以上有层次的内容和标准。

（二）兴趣与习惯

1.基础体育课

在体育与健康课上基于客观事实，通过学生自评、组内互评、教师评价方式进行描述性评价，将自评、互评及师评的方式科学结合。实操为学生通过自评和组评在观摩交流中相互点评，教师通过一学期的课内教学和课后培育对学生的每课记录做出评价，既能充分挖掘和肯定学生的进步和亮点，又能找出学生在体育运动训练中暴露的问题和不足，从而达到完善有效的综合评价，进而促进学生的全方位长足发展。具体的评价内容和标准如表8-5所示。

表8-5　基础体育课兴趣与习惯评价图示

评价内容	自评	组评	师评	总评
1.体育课全勤并认真上好每一节体育课。	√	√	√	
2.在各类体育课上有浓厚的学习兴趣。				
3.积极参与各类运动的学习和练习,乐于与同伴进行合作。				
4.掌握本学期所学的体育运动技能,用于平时的生活和学习中。				
5.善于在运动中沟通和交流。				
6.有一个体育类特长或爱好,并长期坚持。				
7.乐于践行把体育带回家理念,长期坚持家庭锻炼。				
8.积极参加校内外各类体育活动,乐于展示自我。				
9.运动有毅力,勇于拼搏,敢于挑战。				
10.积极参加体育校队,努力拼搏,为校争光。				
评价标准:共30栏,18个及以上为优秀,12个√及以上为良好,8个√及以上为合格,8个√以下为暂缓。				

创玩体育定性评价内容包括出勤状况、学习兴趣、团队协作程度、技能运用能力、沟通能力、体育爱好培养能力、体育理念运用能力、自我展示能力、毅力及拼搏精神等部分。运用多元的评价方式,着力于学生的内在意志、态度的激发,使得学生在学习生活中,更多地体验运动学习的乐趣,建构学生终身体育的意识,促进学生健康发展。将教师评价、学生自我评价及学生之间相互评价、家长评价相结合,多元评价旨在培养学生自主学习习惯的形成。

2.专项体育课

我校不仅重视学生的身体素质,还通过开设专项体育课不断提升学生的综合素质。学校共开设国际象棋(一年级)、围棋(二年级)、健美(三年级)、桥牌(四年级)等多种个性化课程,根据不同阶段的学生特点,创设多元化的精品课程,以课程为抓手,渗透全纳理念,面向全员,人人参与,完善学生自我评价机制,将"无体育非凤凰"的理念进行到底。

表8-6　专项体育课描述性评价示例

年级	评价内容	评价标准	总评
一年级国际象棋	出勤	A无迟到早退、无请假、到课积极。	
		B无迟到、无早退、偶尔请假、正常到课。	
		C偶有迟到、请假、正常到课。	
		D经常迟到、早退、请假,缺课频繁。	
	课堂学习	A认真听课,遵守课堂纪律,积极回答问题,熟练掌握学习的知识。	
		B认真听课,遵守课堂纪律,参加课堂互动,能掌握学习的知识。	
		C能遵守课堂纪律,基本掌握学习的知识点。	
		D不认真听课,不遵守课堂纪律,没有掌握学习的知识点。	
	结业测评	A学期结束,对弈平台上等级达到10—8级。	
		B学期结束,对弈平台上等级达到15—10级。	
		C学期结束,对弈平台上等级达到18级。	
		D学期结束,未达到对弈平台20级。	
二年级围棋	出勤	A无迟到早退、无请假、到课积极。	
		B无迟到、无早退、偶尔请假、正常到课。	
		C偶有迟到、请假、正常到课。	
		D经常迟到、早退、请假,缺课频繁。	
	课堂学习	A认真听课,遵守课堂纪律,积极回答问题,熟练掌握学习的知识。	
		B认真听课,遵守课堂纪律,参加课堂互动,能掌握学习的知识。	
		C能遵守课堂纪律,基本掌握学习的知识点。	

年级	评价内容	评价标准	总评
二年级围棋		D不认真听课,不遵守课堂纪律,没有掌握学习的知识点。	
	结业测评	A学期结束,对弈平台上等级达到10—8级。	
		B学期结束,对弈平台上等级达到15—10级。	
		C学期结束,对弈平台上等级达到18级。	
		D学期结束,未达到对弈平台20级。	
三年级健美	出勤	A无迟到早退、无请假、到课积极。	
		B无迟到、无早退、偶尔请假、正常到课。	
		C偶有迟到、请假、正常到课。	
		D经常迟到、早退、请假,缺课频繁。	
	课堂学习	A认真听课,遵守课堂纪律,积极回答问题,熟练掌握学习的知识。	
		B认真听课,遵守课堂纪律,参加课堂互动,能掌握学习的知识。	
		C能遵守课堂纪律,基本掌握学习的知识点。	
		D不认真听课,不遵守课堂纪律,没有掌握学习的知识点。	
	结业测评	A.能够准确说出10个并做出相对应的身体素质练习动作。	
		B.能够准确说出5个并做出相对应的身体素质练习动作。	
		C.能够说出1个以上身体素质练习动作或者做出1个以上身体素质练习动作。	
		D.未能完成。	

年级	评价内容	评价标准	总评
四年级 桥牌	出勤	A 无迟到早退、无请假、到课积极。	
		B 无迟到、无早退、偶尔请假、正常到课。	
		C 偶有迟到、请假、正常到课。	
		D 经常迟到、早退、请假，缺课频繁。	
	课堂 学习	A 认真听课，遵守课堂纪律，积极回答问题，熟练掌握学习的知识。	
		B 认真听课，遵守课堂纪律，参加课堂互动，能掌握学习的知识。	
		C 能遵守课堂纪律，基本掌握学习的知识点。	
		D 不认真听课，不遵守课堂纪律，没有掌握学习的知识点。	
	结业 测评	A 学期结束，对弈平台上等级达到10—8级。	
		B 学期结束，对弈平台上等级达到15—10级。	
		C 学期结束，对弈平台上等级达到18级。	
		D 学期结束，未达到对弈平台20级。	

学校创设专项体育课程的同时，也加大了对课程的管理，通过出勤、课堂学习、结业测评等维度的评价设置，追踪学生在专项体育课上的过程性和表现性评价，达到学以致用、学以会用的目的。同时，学校创设了丰富多彩的展示平台，让学生在比赛中提高技艺，发展社会情感技能，有滋有味成长，并且发挥杭州市棋类第二课堂共建学校的榜样引领作用，组织开展凤凰小学棋类竞技运动挑战赛活动，营造国际象棋等竞技类运动项目学习的良好氛围，锻炼、选拔优秀小选手。架设多渠道的发展空间，向更高层次进阶。

案例8-2 品"围"记忆

中国古代的四大艺术,琴棋书画,历史悠久,源远流长。琴棋书画中的棋,说的就是围棋。围棋艺术,千变万化,具有经久不衰的魅力,这是它流传几千年至今受到人们喜爱的原因。围棋作为一种智力游戏,它可以最大限度地开发智力、启迪思维、锻炼头脑、陶冶情操。在围棋的对弈中,包含着形象思维、逻辑思维的创作。它能增强机械记忆和理解记忆,它能提高人们的计算本领。围棋是中国的传统棋种,早在春秋战国时期就广为流传。

而在中国文化中长大的人,无论会下或者不会下围棋,懂行抑或是不懂行,提起围棋,几乎都会有一种异样的、近乎亲情的感觉,对于围棋相关的故事或者人生,大抵都会有几分兴趣。围棋作为一门古老而常新的游戏是由我们的祖先创造的,中国自古就是礼仪之邦,围棋的礼仪也随之形成。但在我的眼中,围棋更像是一门语言,一门可以沟通不同地域、不同年龄、不同性别、不同阶层的语言,只要你会围棋,坐在这里就可以交流。

俗话"戏如人生",但我觉得其实"棋"如人生更加精辟。一盘棋从刚开始的落子一直到最后的分出胜负,跌宕起伏,曲曲折折,正如人生,一帆风顺的人是少之又少的,绝大多数人不可避免地会遇到这样或那样的挫折和磨难。每一个子之于棋局的作用都是不容忽视的,因为在一局中,每一步棋都起着很重要的作用,每一步棋都决定着最后成败。人生也是如此,做人每走一步都要认真、谨慎地考虑下一步。话说"一步错,步步错",在面临人生重要关头的弃取选择时,能否保持一种高度清晰、高度理智的状态,从而做出正确的判断,对我们未来的人生走向都起到了至关重要的作用。

同时有很多的人生哲理在围棋中能很好地体现出来:围棋的每一个子都是无异的,由此可得出人人平等,无贵贱富贫之分;到有黑白棋出现共气时,有"有气则存,存则同存;无气则亡,亡则共亡"的情况,说的是和谐相处,荣辱与共;当把子下在对方棋子的气上断了对方的气,使得对方逃离,可见弱肉强食适者生存的社会准则。

以前的我对围棋一窍不通,当然现在可能也只是略知皮毛,不过我已经在学校专项体育课上受到了吸引。经过6年围棋课的坚持,我领悟到生活就是应该有更多的可能性才会更加精彩。围棋对我而言的意义当然已经不可能是成为职业甚至生命的一部分,但是我希望围棋能作为我人生趣味的一部分,当某一天我能回忆起来曾经有这样一段别样的人生学习记忆,那是在凤凰小学专项体育围棋课上。(602班 余冀诚)

三、国家统的齐步评

国家统的齐步评即为严格参照《国家学生体质健康标准》(2014年)规范开展,进行客观公正评价,采取定量测评的方式,从身体形态、身体机能、身体素质和运动能力等方面综合评定学生的体质健康水平。定量测评强调数量计算,以测量为基础,具有客观化、标准化、精确化、量化、简便化等鲜明的特征,在一定程度上满足了以选拔、甄别为主要目标的教育需求。本部分定量测评是对学生在不同教学领域课程内容中的水平要求进行的科学化量化评价。

(一)课堂"学·练·评"

教师抓好课堂主阵地,在教学中,认真学习学生体质健康标准,刻苦钻研教材,加强基础教育,每个学期、每位教师制定学期、单元和课时计划,认真上好每一节体育课,加强对学生的指导,努力提高学生的身体素质和运动能力。教研组长制定教研组计划,根据区、校、组三级细化学期行事历,做到研训有主题,落实有路径。机制引领使我校的体育工作更加规范化,教学方法多样化。改进教学模式,力求创新,努力提高教育教学能力和水平,努力提高学生的身体素质和运动能力。选择符合学生心理和生理特点的教学方法,努力提高学生的兴趣,明确体育课的目的。另外,每天在校2小时的体育活动时间也为项目练习提供了时间保证。这样的准备也为每年的区、市、国测项目奠定了基础,强化了体质健康项目的在学生心目中的健康地位。近年来,我校的体育教学工作有了较大幅度的提高,教学水平和学生的身体素质也有了明显的转变。

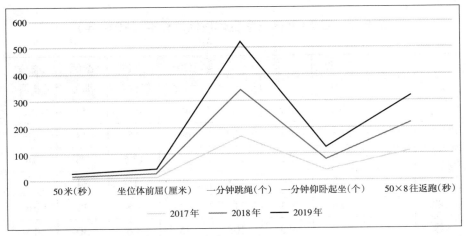

图8-1 五年级某班近三年体质健康数据对比图

（二）家庭"练·思·用"

让学生从被动学习转变为主动挑战，甚至把运动变为一种乐趣，一直是我校体育文化追寻的目标。基于以上思考，我校开设家庭体育坊，形成"把体育带回家"的体育主张，即把理念带回家、把科学运动带回家、把技术动作带回家、把练习方法带回家、把运动习惯带回家，旨在为应试体育教学和素质教育搭建桥梁，营造校内校外、学校与家庭的体育运动氛围，通过体育项目化学习单、体育钉钉打卡等技术手段让运动成为学生和家庭生活中的一部分，孩子主动的运动习惯带动家长、带动家庭、带动社区的健康生活。其实放学后我校学生也没有放弃体育素质达标锻炼，每天坚持练习体测项目，坚持贯彻把体育带回家的理念，为每一次的达标运动会打下了坚实的基础。凤凰大健康，一路向未来。

（三）学校"比·练·赛"

对于体质健康项目测评，我校各类活动采用素质达标运动会或校园吉尼斯挑战等形式，通过设置竞赛规则、对抗强度，对学生进行竞赛培育，锻炼其意志品质。比赛和活动的过程，既可以激发学生的学习热情，也能锻炼其体能和意志力。活动最后，我们还帮助学生总结得与失，使学生在比赛中不但有身体体验，而且还有情感的升华。

创玩体育
——梧桐书院的大健康工程

表8-7 四年级《国家学生体质健康标准》(2014年)

<table>
<tr><th rowspan="23">四年级男子体育期末考试考核评分标准(新)</th><th>等级</th><th>单项得分</th><th>50米</th><th>跳绳</th><th>仰卧起坐</th><th>坐位体前屈</th><th>跳绳加分</th><th>加分分值</th></tr>
<tr><td rowspan="3">优秀</td><td>100</td><td>8.7</td><td>137</td><td>49</td><td>16.4</td><td>40</td><td>20</td></tr>
<tr><td>95</td><td>8.8</td><td>132</td><td>46</td><td>15</td><td>38</td><td>19</td></tr>
<tr><td>90</td><td>8.9</td><td>127</td><td>43</td><td>13.6</td><td>36</td><td>18</td></tr>
<tr><td rowspan="2">良好</td><td>85</td><td>9</td><td>121</td><td>40</td><td>11.7</td><td>34</td><td>17</td></tr>
<tr><td>80</td><td>9.1</td><td>115</td><td>37</td><td>9.8</td><td>32</td><td>16</td></tr>
<tr><td rowspan="12">合格</td><td>78</td><td>9.3</td><td>108</td><td>35</td><td>8.6</td><td>30</td><td>15</td></tr>
<tr><td>76</td><td>9.5</td><td>101</td><td>33</td><td>7.4</td><td>28</td><td>14</td></tr>
<tr><td>74</td><td>9.7</td><td>94</td><td>31</td><td>6.2</td><td>26</td><td>13</td></tr>
<tr><td>72</td><td>9.9</td><td>87</td><td>29</td><td>5</td><td>24</td><td>12</td></tr>
<tr><td>70</td><td>10.1</td><td>80</td><td>27</td><td>3.8</td><td>22</td><td>11</td></tr>
<tr><td>68</td><td>10.3</td><td>73</td><td>25</td><td>2.6</td><td>20</td><td>10</td></tr>
<tr><td>66</td><td>10.5</td><td>66</td><td>23</td><td>1.4</td><td>18</td><td>9</td></tr>
<tr><td>64</td><td>10.7</td><td>59</td><td>21</td><td>0.2</td><td>16</td><td>8</td></tr>
<tr><td>62</td><td>10.9</td><td>52</td><td>19</td><td>−1</td><td>14</td><td>7</td></tr>
<tr><td>60</td><td>11.1</td><td>45</td><td>17</td><td>−2.2</td><td>12</td><td>6</td></tr>
<tr><td rowspan="5">不合格</td><td>50</td><td>11.3</td><td>42</td><td>15</td><td>−3.2</td><td>10</td><td>5</td></tr>
<tr><td>40</td><td>11.5</td><td>39</td><td>13</td><td>−4.2</td><td>8</td><td>4</td></tr>
<tr><td>30</td><td>11.7</td><td>36</td><td>11</td><td>−5.2</td><td>6</td><td>3</td></tr>
<tr><td>20</td><td>11.9</td><td>33</td><td>9</td><td>−6.2</td><td>4</td><td>2</td></tr>
<tr><td>10</td><td>12.1</td><td>30</td><td>7</td><td>−7.2</td><td>2</td><td>1</td></tr>
</table>

体育组将各学段《国家学生体质健康标准》(2014年)张贴到操场、篮球馆等醒目位置,让学生每天熟记各项体质健康标准,树立达标目标,并落实到每天的体育锻炼中;设置体质健康项目挑战擂台,激励学生主动练习,敢于"亮剑",打造运动校园。

第二节　梧桐云上的全息画像

　　评价方法是评价体系中的核心部分,适合的评价方法能更好地激励学生积极主动地参与体育学习和运动锻炼。依托"梧桐云"数智化综合评价系统,对学生的体育学习过程进行全方法数字化的记录与评价,基于数字赋能为学生的体育发展全息画像。在评价方法的应用上,更重视定性评价的实践与探索,以"全程自评"的方式全面记录学生的体育运动习惯和体育品德的养成过程;以"自我述评"的方式主动为自己创设"封号",鼓励学生自信彰显特长;以"校内展创"的方式来打造家校社共同见证学生的体育家庭作业和运动锻炼成果的新型评价样态;系统应用四种主要的评价方法,促进学生达成课程目标,发展体育核心素养。

一、记录习惯的全程自评

　　体育学科中,学生不仅是学习的主体,更是评价的主体。采用学生自评的方式能更好地促进学生建立正确的自我认知,实现自我教育和自我发展,同时也能帮助教师收集到更全面的学生评价数据,制定个性化的辅导方案。

　　基于以上思考,凤凰小学体育学科学业成绩分项等第评价表设计了指向学生"兴趣习惯"的八项评价指标,以学生自评、同伴组评和教师终评,汇总多元评价主体的评价数据,深入推进科学的综合评价研究。

表8-8 凤凰小学指向学生"兴趣习惯"的多元评价表图

体育与健康课程学业成绩分项等第评价表

				总评

学年和学期： 班级： 姓名：

分项	评价内容	自评	组评	师评
兴趣习惯	1.体育出勤率90%以上并认真上好每一节体育课。			
	2.做到运动前有热身，运动后有放松，个人卫生保健不丢松。			
	3.学习兴趣浓厚，积极参与各类运动学习，乐于与同伴合作交流。			
	4.学习中能做到和同学相互帮助，掌握本学期所学的运动技能。			
	5.有一个体育类运动特长或爱好，并长期坚持。			
	6.乐于践行把体育带回家理念，长期坚持家庭锻炼。			
	7.利用在校大课间等活动做到在校期间每天有效运动2小时。			
	8.积极参加校内外各类体育赛事活动，努力拼搏，为校争光。			
	小计			

　　从以上多元评价表图中可见，凤凰小学体育学科积极采用分项等级制的评价方式，尤其重视对学生体育学习的"兴趣习惯"养成情况的观察、记录、评价和激励。评价内容重"养习"，评价方式重"自主"，评价指南重"操作"，从学生、同伴、教师视角出发，设计并践行高导向性、强操作性的评价活动。

（一）评价内容重"养习"

　　表中的"兴趣习惯"评价内容包括八条评价指标，具体指向于学生日常的体育课堂表现，学习过程中表现出的态度、情感、同伴交往与合作方式等，体育意识的强化与发展状况，体育活动与比赛的主动参与度等。评价内容聚焦学生体育学科的"兴趣习惯"养成情况，指标全面，导向鲜明，描述翔实，便于评价，具体分析如下。

　　1.养日常课堂学习之习

　　体育课程评价逐步从单一走向多元，从只关注体育技能考试结果走向关注学生学习过程中态度、习惯和情绪等综合表现情况。"兴趣习惯"评价模块中的"指标1—2"就对学生日常课堂上的学习习惯作了详细的评价描述。

"指标1:体育出勤率90%以上并认真上好每一节体育课。"这一指标内容指向学生每一节体育课的出勤情况和基本学习态度,引导学生要重视每一堂体育课的学习和锻炼,不随意请假,努力完成其他学科作业,争取不被留堂而影响体育课程学习。

"指标2:做到运动前有热身、运动后有放松,个人卫生保健不丢松。"这一指标内容引导学生要科学进行运动,掌握基本的运动规律,习得必要的卫生保健知识。

2. 重社会适应与合作交往之习

以往体育评价更侧重于学生个体的技能技巧达成情况,而忽视了同伴交往合作的重要性和育人价值。"兴趣习惯"评价模块中的"指标3—4"充分挖掘了社会适应性与团队合作的价值与意义。

"指标3:学习兴趣浓厚,积极参与各类运动学习,乐于与同伴合作交流。"这一评价指标旨在引导学生感受运动的快乐,发展兴趣,鼓励与同伴合作完成运动项目,提升社会适应性。

"指标4:学习中能做到和同学相互帮助,掌握本学期所学的运动技能。"这一指标内容则弥补了过度关注个体的评价盲点,旨在发展学生与团队合作的习惯和能力。

3. 树体锻意识与发展特长之习

体育不仅要关注学生的运动能力,更要培养学生终身体育的意识,保持对体育运动的长久热情。"兴趣习惯"评价模块中的"指标5—8"作了详细的描述与指引。

"指标5:有一个体育类运动特长或爱好,并长期坚持",旨在引导学生发展一项体育技能,并持续保持。

"指标6:乐于践行把体育带回家理念,长期坚持家庭锻炼",则鼓励学生拓宽运动时空,在校外亦要坚持体育运动,这一指标也很好地回应了2022年8月杭州市教育局印发的《杭州市中小学体育家庭作业设计指引》中提到的每天要有"体育家庭作业"的要求。

"指标7:利用在大课间时间做到在校期间每天有效运动2小时。"这一指标不仅是对学生在校运动时长提出了明确的要求,更是对学校整体课程架构提出了更高的要求,比国家2022版体育课程标准中强调的"校内锻炼1小时"多增加了每天1小时的运动量。

"指标8:积极参加校内外各类体育赛事活动,努力拼搏,为校争光。"体育新课程标准强调要注重"学、练、赛"一体化的教学,因此在本指标中,明确要求学生要积极参加各级各类的体育比赛,体验运动的魅力,领悟体育的意义,发扬刻苦学练的精神,收获体育运动的成就感。

(二)评价方式重"自主"

"兴趣习惯"评价模块包含三类评价主体,分别是"学生""同伴"和"教师"。其中从学生的个体角度看,他/她既有评价自我的权限,又担负着评价同伴的责任。经历这两类不同角度的评价活动,能促使学生认识到自己是体育学习的真正"主体",正视自己在学习过程中存在的问题和所取得的进步。同时在"组评"时,学生也能看到同伴的优势和不足,以此发挥评价的激励和导向功能,引导学生和所在团队积极改进,取长补短。

表8-9 某同学三年级上册"兴趣习惯"分项评价栏图

体育与健康课程学业成绩分项评价表

学年/学期:2021学年第一学期　　班级:303　　姓名:苏宇辰

总评:优秀

分项	评价内容	自评	组评	师评
兴趣习惯 优秀	1.体育出勤率90%以上并认真上好每一节体育课。	√	√	√
	2.做到运动前有热身、运动后有放松,个人卫生勤保持。	√	√	√
	3.学习兴趣浓厚,积极参与各类运动学习,乐于与同伴合作交流。	√	√	√
	4.学习中能做到和同学相互帮助,掌握本学期所学的运动技能。	√	√	√
	5.有一个体育类运动特长或爱好,并长期坚持。	√	√	√
	6.乐于践行把体育带回家理念,长期坚持家庭锻炼。	√	√	√
	7.利用在校大课间等活动做到在校期间每天有效运动2小时。	√	√	√
	8.积极参加校内外各类体育赛事活动,努力拼搏,为校争光。	√	√	√
	小计			

1."学生自评"明短板

以往体育学科的学生自评内容和形式较为单一,大多停留在课堂展示环节后,请学生对自己的体育运动项目完成情况进行简要描述,缺少量化标准,更缺失明晰的导向功能。而使用以上"兴趣习惯"评价量表后,学生在自我评价的过程中,能清晰地一一比对8条指标,找到自己的短板,明确后期努力的方向。不同学生可能最终获得的总评等第相同,但每位同学的"兴趣习惯"养习情况不尽相同:有的同学可能需要加强日常课堂学习的习惯养成,有的同学可能需要树立更强的体锻意识,还有的同学则需要培养良好的体育品德和正确的体育价值取向等。通过自我评价环节,学生明确了各自的短板,同时教师和家长也能从自评数据中了解学生对自我认知的准确程度,以便后期更好地引导和帮助学生弥补不足,发挥优势。

2."同伴组评"亮优势

当学生作为评价主体开展"同伴组评"的活动时,教师会更多地引导他们发现同伴的优势和学习活动中值得提倡和发扬的体育品德。学生在评价他人的时候,能通过对比发现自身和同伴的差距,进而更客观地审视和评价自己。学生在获悉同伴对自己的评价数据后,能更理性地认识自我和他人,学习同伴的优势,促进自身的体育品格发展。

(三)评价指南重"操作"

评价内容的全面性和完整性显著影响着评价目标的达成,而评价操作的科学性、严谨性更影响着评价功能的实现与发挥。因此凤凰小学各学科都出台了明确的分项等第评价指南,供教师参考和使用,为科学地进行综合评价提供了周全的导引。体育学科关于"兴趣特长"分项的评价指南如下。

表8-10 体育与健康学科"兴趣习惯"分项评价指南表

评价内容和标准	自评	组评	师评
1.体育出勤率90%以上并认真上好每一节体育课。	√	√	√
2.做到运动前有热身、运动后有放松,个人卫生保健不丢松。			
3.学习兴趣浓厚,积极参与各类运动学习,乐于与同伴合作交流。			

续表

评价内容和标准	自评	组评	师评
4.学习中能做到和同学相互帮助,掌握本学期所学的运动技能。			
5.有一个体育类运动特长或爱好,并长期坚持。			
6.乐于践行把体育带回家理念,长期坚持家庭锻炼。			
7.利用在校大课间时间做到在校期间每天有效运动2小时。			
8.积极参加校内外各类体育赛事活动,努力拼搏,为校争光。			
评价标准:共24栏,18个及以上为A(优秀),12个√及以上为B(良好),6个√及以上为C(合格),6个√及以下为D(暂缓评定)。			

如上图所示,"兴趣习惯"分项共含8条评价指标,每一项指标包括"学生自评""同伴组评""教师评价"三栏,共计24栏。采用"二元评价"方式,每达成一栏要求,便在相应空格中标注"√"。总计获18个及以上"√"的同学,"兴趣习惯"分项评定为A(优秀);获12—17个"√"为B(良好);获7—11个"√"为C(合格);获6个及以下"√"为D(暂缓评定)。

二、彰显特长的自我述评

《义务教育体育与健康课程标准(2022年版)》中提出,要注重评价方法的多样性,综合应用清单式评价、观察评价、成长档案袋的方法,多角度评定学生的核心素养水平。凤凰小学一直以"健康第一"为学校课程架构的首要价值取向,体育学科作为落实这一重大目标的关键学科,一直坚持探索多种评价方法混融的综合评价体系。近年来,学校持续关注学生体育特长的发展和体育品德的养习,鼓励学生通过自我述评,为自己"封号",给自己搭建一个特长展示的"Show场"。

(一)自我"封号"扬个性

自2017年以来,学校持续推进学生综合评价改革工作。体育学科作为代表学科,经历了7轮的评价表单修订。在修订过程中,学校团队认真对标2021年3月出台的《义务教育质量评价指南》、2022版的《义务教育体育与健康课程标准》、2022年7月出台的《浙江省教育厅关于小学生综合评价改革的指导意见》和2022年8月颁布的《浙江省深化新时代教育评价改革实施方案》等重要纲领性文件，不断丰富和拓宽体育学科的评价内容、评价维度和评价方式，以下为新版评价表单。

表8-11 2022版"体育与健康"期末评价栏图

身高	体重	视力		肺活量	脉搏	BMI指数
		左	右			
157cm	51kg					
课程		学业成绩			过程表现	
体育与健康		优秀			优秀	
项目		成果作品			过程表现	
体育健康测试		☆ ☆ ☆ ☆ ☆			☆ ☆ ☆ ☆ ☆	
国象／围棋／形体／桥牌		☆ ☆ ☆ ☆ ☆			☆ ☆ ☆ ☆ ☆	
技能特长		☆ ☆ ☆ ☆ ☆				
		☆ ☆ ☆ ☆ ☆				

新版"体育与健康"学科评价内容将学生各类体质健康数据、日常课堂表现、体育健康测试、体育比赛、专项运动技能评价等指标相融合，在重视国家体质健康标准达标情况的同时关注学校特色体育课程的学习表现，如"国际象棋""桥牌"等校本课程，积极鼓励学生发展2项及以上的运动技能。

表8-12 某同学三年级体育与健康评价记录

课程		学业成绩	过程表现
体育与健康		优秀	优秀
项目		成果作品	过程表现（学生自述）
体育健康测试		优秀	
国象／围棋／形体／桥牌		☆ ☆ ☆ ☆ ☆	积极参与
技能特长	跑步	☆ ☆ ☆ ☆ ☆	天天练习
	跳绳	☆ ☆ ☆ ☆ ☆	熟练掌握

　　以上这位同学在当年的学校体质健康运动会上,积极参加"跳绳"和"踢毽子"项目,并荣获佳绩。因此他将这两项写入了该学期的"技能特长"栏中。

　　在各分项评定时,多评价主体共同参与期末评价活动,其中特别重视学生对自己体育技能特长方面的"自我封号"。尝试采用"协商评价"的方式,由学生自行确定本学期1—2项的"技能特长"内容,并用文字进行具体描述,自评产生"定性评价"内容,给自己设定体育专长的"封号",如"足球小达人""阳光少年"……

表8-13　某同学在"体育与健康"评价栏中给自己"封号"

分项	评价内容		过程表现	学业表现
专项学习技能发展	体育与健康课		优秀	优秀
	专项体育类	国象(1年级)		
		围棋(2年级)		
		健美(3年级)		
		桥牌(4年级)		
		自选(足球)	优秀	优秀
体质发展	50米跑		优秀	优秀
	坐位体前屈		优秀	优秀
	1分钟跳绳		优秀	优秀
	1分钟仰卧起坐		优秀	优秀
	50米×8往返跑			
自我述评	足球小达人,阳光少年			

任课教师签章:郭延龙

(二)特长"Show场"见成长

　　除了在"体育与健康"学科评价栏中进行自我"封号",学生们还可以在"金凤凰综合评价报告单"的"学期寄语"中进行"综合述评",提供个性"Show场",展示自己的体育特长。凤凰学子可以将体育各项奖项在自我述评中罗列和呈现,作为个人珍贵的成长档案袋资料进行留存和纪念。

三、见证成长的校内展评

体育学科作为一门综合性很强的学科,设置评价内容时不仅要涵盖"运动能力的发展状况",还要关注学生"健康行为的形成过程"和"体育品德的养成情况"。基于以上思考,凤凰小学体育团队非常重视开展见证学生体育成长印记的校内展评活动,主要包括:假期作业"展评"、运动赛事"展优"、特色项目"展创"等实践性评价活动,最终获得奖项和荣誉都将被记录在每位同学的梧桐云"成就"模块中,每一项奖励还能变身为一枚枚"梧桐金树叶",让自己的梧桐树一天天地茁壮成长。

(一)假期作业"展评"

每个寒暑假前,体育和艺术学科教师会合作开发"气质翩翩艺体单"假期作业,旨在培养"多彩健康"的金凤凰学子。假期艺体单分年段进行设计,组织学生挑战完成艺体"2+1"的活动任务。以下为凤凰小学2020学年暑假美小凤"四单式"作业之四年级艺体活动表。

表8-14 2020学年暑假美小凤"四单式"作业之艺体活动表(四年级)

气质翩翩艺体单				
班级		姓名		等第	
活动意义	强体培艺促成长,身心健康有未来。我们以强体培艺迎接暑假,音、体、美学科为我们量身定制融合式"艺体单",坚持自主学习,持之以恒,不断挑战自我,锤炼金凤凰气质。			
实践主题	凤凰新风尚 艺体即人格			
挑战任务 艺体"2+1"	体育达标"2" 1.暑假期间培养1项运动爱好,自律坚持锻炼并自述运动心得。 2.任选2项体育达标项目:跳绳、仰卧起坐、座位体前屈、50米跑、足球绕杆等(各年级项目及评分标准详见附件),坚持每日锻炼打卡,自制达标记录卡,开学后上交至各年级体育老师处。 记录卡要求:1—2年级图表、3—6年级图文并茂			

	艺体特长"1+1"
	暑假发展自己的一项兴趣特长,宅家坚持练习。兴趣相投的同学组成小乐队、小画社,进行主题创作,筹备开学展演。 了解亚奥会相关赛事,择选自己感兴趣的一个项目,建议用微视频的方式记录自己暑假迷上此项运动的成长收获。
过程记录与 成果展示	美小凤艺体成果展
	备注:每位同学请根据自己所处年段,选择艺体"2+1"挑战任务。开学周将开展"百团大赛 百舸争流"艺体达人挑战赛和才艺展,"悦舞台"等你一展身手。

如上表所示,学生在假期里要认真完成两项体育达标项目,项目类型和达成标准均以国家体质健康标准为基准。对应相应年级,体育教师提供相符的达标参考数据,供学生和家长对照。同时艺体单中明确要求:假期里每一位学生需要坚持参加一项体育运动,培养主动锻炼的良好生活习惯。1—2年级同学用图表式记录假期体育活动过程,3—6年级同学运用"图文并茂"的方式展现假期体育锻炼情况。待到开学时,全校组织各年级进行优秀艺体单评选活动,并组织优秀学生在开学周期间开展校内艺体达人挑战赛和才艺展,树立供全校同学学习的艺体榜样。

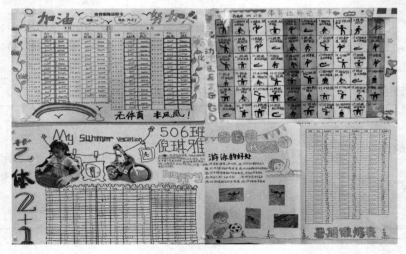

图8-2 2021学年五年级暑假艺体单优秀作品组图

以上为2021学年五年级暑假艺体单部分优秀作业,同学们用图表、绘画、照片等丰富多彩的形式展现假期里的体育锻炼过程,用写实评价的方式来记录学习活动,凸显体育学科的综合性和实践性特征。

(二)运动赛事"展优"

体育品德的养成,需要经历刻苦学练的过程,并通过比赛、展示等实践活动得以生成和强化,体育品德具体包括体育精神、体育道德和体育品格等。凤凰小学积极组织各类体育活动和赛事,为学生提供充分的展示机会,发展个体和群体的体育品德。校级赛事主要包括有:春季趣味运动会、秋季体质健康运动会、冬季"三跳"比赛等。

1.春季田径运动会

每年学校的春季田径运动会都本着"学会、勤练、常赛"的理念,以有趣、有料、有挑战的团体项目和个人项目比拼,为每位同学提供展示体育特长与积极向上的体育品德的平台。

以2021年的春季趣味运动会为例,学校以"凤凰学子颂党史,趣味童健忆长征"为主题,拉开一场"长征"排位战。每个班级每位同学为了能在运动会上取得好成绩,都积极备战,这一准备过程本身就是一次很好的体育锻炼经历。为凸显本次运动会的红色主题,体育组团队精心设计个体和团体的趣味运动项目。

图8-3　2021年春季趣味运动会长征主题积分板

比赛起点为长征出发地——"江西于都"。各班运动员要经历重重磨难,才能完成大会师任务。同学们需要完成"巧夺金沙江"个人赛、"四渡赤水"团队赛、"飞夺泸定桥"个人趣味赛、"爬雪山"团队趣味赛、"过草地"个人挑战赛和"大会师"班级挑战赛等项目。结束以上多重考验后,最终到达"延安",盘点积分,评选优胜。

这次春季趣味田径运动会以建党100周年为契机,凤凰学子全员参与,在竞技比赛和趣味比赛中打卡"长征"站点,重温长征历程,深刻体悟不惧困难、敢于拼搏、团结合作的长征精神,养成勇往直前的体育精神。

2.秋季体质健康运动会

学校秉持"以赛促学、以赛促练"理念,在每年的秋季体质健康运动会上,组织每位同学挑战对应年级的国家体质健康测试项目。

以2022学年秋季体质健康运动会为例,学校以"品宋韵·迎亚运"为主题,组织同学们在积极完成各年级对应的国家体质健康测试的规定项目后,还体验了"毛毽蹴鞠""花式投壶""趣味足球""旱地游泳"等宋韵体验项目和亚运比赛项目。本次运动会旨在培养雏凤学子良好的体育锻炼习惯,增强全体学生体质,引导凤凰学子在运动中发扬运动精神,乐享运动,创玩体育,强化体育锻炼意识。秉持"大健康"的育人理念,坚持健康第一,落实学校体育固本行动。

3.冬季"三跳"比赛

围绕学校体育立德树人的根本目标,以学生全面发展、增强综合素质为导向,坚持"健康第一"的教育理念,坚持每年开展冬季"三跳"比赛。以体育融五育,营造深厚的校园体育锻炼氛围。

赛前准备期间,各班自发组织,有序安排,利用在校锻炼2小时的课余时间内开展紧张的备赛训练。为了能在比赛中展现最强的自己,为班级争得荣誉,小运动员们个个勤加苦练,蓄势待发。在正式比赛中,不论是低年级还是高年级的同学,都特别投入认真,小凤凰们富有节奏的跳跃声响遍梧桐校园。"皮肤黝黑、牙齿洁白、眼睛明亮、浑身有劲",是凤凰学子的最美形象。学校秉持以体育人的理念,真正为学生未来的健康生活和终身幸福打下坚实基础。

(三)特色项目"展创"

除了以上三类传统的综合性校级运动赛事外,凤凰小学还积极组织同学们参加独具学校特色的体育单项比赛和校外的各级单项比赛,包括校园足球赛、国际周冰壶联赛、凤凰童棋节、区级游泳比赛等,为有专长的凤凰学子们搭建了展示个性风采和良好体育风貌的最佳平台。所有参与比赛的孩子们都可以获得校级荣誉,在自己的梧桐树上增添"金叶子",还有机会成为学校公众号中"展创"视频的主角和相应赛事活动推文的主角,向社会展现"健将美小凤"的良好风貌,为凤凰小学的"大健康"课程代言。

此外,在学校操场的围墙上,有一块专门介绍"健将美小凤"的风采墙。每年4月,由各班推选出来的"运动小健将"都有机会成为风采墙上的一位"展创"主角。这些运动小健将都是经过层层选拔的,每位同学都要提供图文并茂的"展创"材料。每一份材料既要体现出自己的体育专长,又要展示出可贵的体育精神,目的是引领全校同学树立正确的体育品德,培育健康的生活习惯。

案例8-3　运动创造美好

受长辈们的熏陶,我特别喜欢运动。在假期里,我会每天在家练习舞蹈基本功,例如:劈叉、侧手翻、前后软翻等,也会经常和外婆一起爬山或者毅行,徒步走完整个西湖。我还会在晚饭后和爸爸一起打羽毛球,周末和妈妈一起去游泳馆打卡或去江边蹬自行车,每次若干小时。有空的时候,我还陪弟弟一起比赛轮滑、平衡车、滑旱冰等。

运动的意义不在于趣味而在于持久,养成习惯。在经历了忙碌的学习之后,痛痛快快地运动一下,可以让我强健体魄、愉悦身心、精神焕发、思维敏捷。运动带给我们的好处可真不少,我希望带领着我的同学们一起动起来,一起来感受运动带给我们的美好!(206班 俞芝晗)

案例8-4　一起感受运动的乐趣

疫情防控,运动先行。暑假里,我游泳、健身交替锻炼,每天坚持去球馆跟着教练练习羽毛球,步伐、挥拍、体能。不论梅雨绵绵,还是炎炎夏日,每次训练,豆大的汗珠洒满一地,而我却始终坚持,因为运动对我来说是一种乐趣。我还参加了上城区组织的"跑上城"活动,跑遍上城的许多角角落落,在强身健体的同时接受红色文化的熏陶。相约上城,运动永久!我还会坚持运动下去,做一个灵活的"胖子",争做"运动小健将"。(604班 孙浩然)

案例8-5 运动让我更自信

大家都说,生命在于运动。我也很喜欢运动,我喜欢的运动有很多,有爬山、骑自行车、游泳、足球、篮球等等。在疫情期间,我积极开展居家运动,每天除了跳绳、仰卧起坐、坐位体前屈等运动外,还增加了单杠、引起向上等锻炼,同时在学校组织的居家锻炼活动中取得了好成绩。

暑假期间,我每天坚持运动2个小时,居家运动有仰卧起坐、坐位体前屈、引起向上等;户外运动有江边慢跑、打羽毛球、游泳等。每个双休日,我们一家三口都会一起锻炼身体,爬山、游泳、踢足球等。我最喜欢的运动是游泳,现在我已经学会了蛙泳、自由泳、仰泳和蝶泳。

我爱运动,运动使我健康,运动使我快乐,运动让我更自信,我会一直坚持下去。(305班 韩思辰)

以上三位"健将美小凤"通过亲身经历,向全校同学传递"运动能创造美好""运动能带来乐趣""运动能让人更自信"的正向情感。虽然他们都不是某项体育项目的特长生,但他们质朴的语言,真实的感受和看似平凡的故事,大大鼓舞着凤凰学子一同参加体育活动,坚持每天运动健身,共同养成自觉锻炼的好习惯。这就是学校评选"健将美小凤"的目的和初衷。近年来,学校通过打造"展创"空间,让越来越多的小凤凰升级为"健将美小凤"。运动为先、以体育人的健康生活理念得到了家校社各方的共同认可。

四、四种评价的系统应用

《义务教育体育与健康课程标准(2022年版)》关于评价建议分"学习评价""学业水平考试"和"综合评定"三个维度来阐述,具体指向于学生的课内体育学习态度与表现、课外体育锻炼情况与成效、健康行为、学科核心素养水平等综合要素。对标新课标发现,经历多次升级后的凤凰小学体育与健康课程的评价体系能较全面地涵盖上述评价要素。

学校依据评价目的、评价内容、评价主体、评价情境等,选择适当的评价方法,注重过程评价与结果评价、定性评价与定量评价、相对评价与绝对评价、教师评价与学生评价的相结合,积极探索增值评价,健全综合评价,系统应用四种主要的评价方法,促进学生达成课程目标,发展核心素养。

(一)凸显过程评价

凤凰小学体育与健康课程评价贯穿于学生学练的整个过程,不仅关注学生课内学习的结果,更关注学生成长和发展的过程,凸显过程评价的激励和导向作用。

1.评价内容关注过程意识

金凤凰综合报告单的"兴趣习惯"分项共含八条评价指标,明确指向学生在体育学习过程中态度习惯、情感交往、运动意识、主动参与等发展性指标,引导学生习得乐于运动、坚持运动、享受运动的良好品格。

2.评价活动重视过程指导

学校在开足规定课时的体育与健康课程基础上,定期举办多种形式的运动赛事和活动,如春季田径运动会、秋季体质健康运动会、冬季"三跳"比赛等,以及独具特色的体育单项比赛和校外的各级单项比赛,如校园足球赛、国际周冰壶联赛、凤凰童棋节、区级游泳比赛等,旨在搭建多类型多层次的赛事活动,鼓励全体凤凰学子们将所学用于实践,积极展示阶段性学练成果,同时便于教师给予过程性指导和帮扶。

3.评价手段体现过程激励

学校依托"梧桐云"数智化综合评价平台,对学生体育与健康学习过程进行即时评价和奖励。小凤凰们在各级各类体育赛事、作业展评、活动展创等获得的各项荣誉与成果均可上传至"梧桐云"个人账号中的"成就"模块,经审核后便能换取对应数量的"金树叶",增添到个人的"梧桐树"上。真正实现数智赋能评价,让每一步成长可见,发挥过程评价的激励功能。

(二)重视结果评价

凤凰小学在凸显过程评价的同时,重视发挥结果评价的育人功能。体育与健康课程以实践活动为主,结果评价能较好地比对学生个体与同伴之间、个体与常模之间,个体自身不同年段之间的体能、体质差异。凤凰小学坚持将分项等级评价和健康写实记录相结合,引导学生正视差异,弥补短板,发展专长。

1.坚持分项等级评价

在金凤凰综合评价报告单中,体育与健康课程各项评价内容均采用等级评分制,除"兴趣习惯"分项外,指向"专项学习""技能发展""体质发展"的评价结果均采用等级评价。各分项评价结果分四个等级:A(优秀)、B(良好)、C(合格)、D(暂缓评定)。学校分年段制定等级评定标准,积极发挥结果评价的激励诊断功能。

2.做好健康写实记录

金凤凰综合评价报告单中有固定的健康写实记录栏目,具体包括学生的审稿、体重、视力、肺活量、脉搏、体重指数(BMI)等体质指标及发展变化状况。在"技能发展"栏中,重视记录学生体育专项特长的发展数据,鼓励学生培养2项及以上的运动技能,引导学生养成良好的体育锻炼习惯。

(三)关注综合评价

学校自2017年起就专注于学生综合评价改革的研究,体育与健康课程的综合评价研究也同步开启。学校持续推进重素养、真情境、多主体的综合评价路径探索,2022学年学校正式启动"梧桐云"数智化综合评价平台的使用,教师、学生、家长都能实时上传体育与健康学科的多维评述,共同绘制学生的体育健康综合画像。

1.重素养综合评价

体育与健康课程是实现儿童青少年全面发展的重要途径。凤凰小学聚焦学生体育与健康课程的核心素养发展,着力培养学生的正确价值观、必备品格和关键能力,具体指向"运动能力""健康行为""体育品德"等多方面。

其中聚焦学生"健康行为"和"体育品德"发展情况的评价在传统体育课程中容易被忽视。凤凰小学于2019年进行大胆改革,提出"任性5分钟"的课改新主张,每节课都减少5分钟,多出来的时间让孩子们去运动,强力保障校内一天2小时的体育运动时间;深入推进关注学生身心健康的增进程度及对自然和社会环境的适应程度的综合评价研究；同时通过组织国际周体育特色赛事、亲子体育活动等，发挥家校社合力，共同关注学生体育精神、体育道德和体育品格的发展进程。

2.真情境综合评价

真实且应用性较强的具体情境有利于观察、记录、收集核心素养的发展水平。凤凰小学自2018年至今，持续探索基于表现性评价的全覆盖式非纸笔测评活动，面向全校1—6年级学生研究并实施了具有各学段特色的综合素养评测活动。在UBD教学理论的支撑下，回到教学目标选择合适的评价方式，以大概念和核心任务为抓手，依托真实情境促发学生在玩中学，做中评，深入体会有滋有味的校园新生活。学校积极推动五育并举、融合育人，破解"唯分数"的评价新变革，形成较完整的评价框架。

在2021学年，学校以"喜迎二十大，志做接班人"的大主题串联全学段的评价活动主题，各学科各年段教师共研共谋，合力开发了符合各学段学生身心发展特点的同主题多层次的非纸笔评价活动。其中体育学科分年段设计了基于红色主题的综合评价活动。以五六年级的评价活动为例，体育团队以"我能翻山越岭"为题，设计指向"速度""跳跃""平衡"等多项技能评价的表现性评价活动，并采用等级制评分方法评价学生的综合表现。

3.多主体综合评价

在"梧桐云"平台上，教师可以记录学生在体育学练赛过程中的典型事件和突出表现；学生可以自主记录体育运动中的收获、体会和成果，培养良好的体锻习惯；家长可以记录学生在家的运动情况和体锻表现，促进家校共育，完成协同评价。期末阶段，在金凤凰综合评价单的"学期寄语"模块，平台可自动汇总各评价主体日常提供的关键性综合述评数据，获取学生体育健康的整体画像。

（四）建构增值评价

《义务教育质量评价指南》中明确提出，既要关注学生学习的合格程度，又要关注其进步程度与努力程度，而建构增值评价可有利于提高评价的科学性、针对性和有效性。凤凰小学尝试使用协商评价尊重学生个性体育特长的发展需求；建立常模信息库，方便教师、学生、家长比对数据寻找差距；

利用"梧桐云"平台按需调取个体不同年段的相关数据,在纵向比较中看到增量,找准努力方向。

1.协商评价重个性

在体育分项评价单中增设"技能特长"专栏,请学生自行填写评价项目。尝试采用协商式评价,以评促学,以评促练,以评促赛,充分尊重学生的个性特长,鼓励学生发展2项及以上的个性化体育技能。关注学生真实发生的进步,着眼学生在认知、情感、社会性和行为表现的典型变化,发挥增值评价的激励功能。

2.常模对比找差距

依托"梧桐云"平台,收集整理学校近年各年级学生的体测数据,建立常模信息库,将其与现有同年段学生体质测试数据进行联通和对比,从而使教师掌握整体学情发展走势和身体素质发展情况,为后续的教育教学工作提供指导方向;学生和家长还可从中发现个体的优势和短板,明确努力方向,发挥增值评价的改进功能。

3.纵向比较促发展

对标体育课程的学业评价标准,关注学生个体的纵向发展速率。利用"梧桐云"数据平台,可按需调取、比对、分析学生个体1—6年级的体育课程各分项数据,观察其变化趋势,及时发现优势和弥补短板,积极发挥增值性评价的导向功能。

第 九 章
机制：创玩体育的发展

　　"寓教于乐"的创玩体育理念蓝图由此形成完整闭环，创玩体育的场景已经徐徐展开。然而脱开运作机制，优秀的理念不过是一座空中楼阁。所以为实现创玩的落地，健全创玩体育的运作机制是基石。经过深思熟虑后，团队成员决定以队伍建设、学术研修、资源拓展三个维度包裹创玩体育的理念，从人力、智力、物力向人利、智利、物利方向聚拢，形成落地机制的闭环，使创玩体育这一理念可落地、可延续、可复制。

第一节　创玩体育人的队伍建设机制

体育教师既要"打铁还需自身硬",也要"一个好汉三个帮",更要激发群众之力。

一、专任教师个个有专技

我校体育教师年龄结构分布均匀,教学经验丰富,专业技能扎实多样,包括三大球、田径、体操、舞蹈,学科教师全员化。我校体育教研组共有6名体育教师(2女4男),其中杭州市教坛新秀1人、上城区教坛新秀2人,上城区优秀教师1人。体育组坚持德、智、体三育并重原则,把素质教育和提高学生健康水平当作学校体育工作的根本任务,不仅定期召开学校体育工作会议,研究讨论学校体育工作,还认真制定学校体育工作计划,每一项工作都做到有计划、有检查、有评比,做到议而有决、决而必行,在实践中反思、总结、提升。如张露丹老师,浙江师范大学体育教育专业健美操方向本科毕业,有6年的小学体育教学经验,将自身专业素养融入小学体育教育课堂,并将健美操与传统民族体育项目融合进行教学,课堂教学典型案例"民族传统体育:竹竿舞"获得上城区体育优质课一等奖的好成绩。"民族传统体育:竹竿舞"课堂以新课标为依据,提高课堂教学实效性,依据全纳教学理念、全人类的教育思想,创设清晰的学习旅程并达成共识。本课堂由易到难,层层导入,提高了学生的手脚协调性和脚部力量,有效地解决了教学中的重难点,实现高品质、个性化的学习,实现课堂内的多元化评价体系,从而提高学生的学习兴趣和学习能力,真正做到全纳教育、全人理念、全面发展。本节课教学课时为一课时,让学生在舞动中体验少数民族体育文化,目标是发展学生的四肢协调能力和下肢力量,同时还能培养学生勇敢、顽强、机智、果断、胜不骄、败不馁等优良品质,以及团结一致、密切配合的集体主义精神。本节课还传递国家和民族的核心价值观,能够让学生体验到民族传统体育的魅力,感受国家的文化内涵,培养他们的爱国精神。李敏奇老师,凤凰小学资深体育教师,杭州市教坛新秀,毕业于宁波大学体育教育专业,特长篮球。课堂教学典型案例"篮球:行进间运球"(水平二)获得杭州市优质课评比二等奖。该课的教学目标包括:认知目标(通过教与学,主动参与行进间运球的学习活动,能了解行进间运球的动作方法,激发学生对篮球的兴趣)、技能目标(通过教师引导和学生自主探究,大部分的学生基本掌握触球部位和球的落点、控制球的反弹高度,少部分的同学在此基础上能做到人和球协调前进)、情感目标(积极主动思考,能够观察并模仿他人;能与他人合作顺利,帮助和鼓励他人更好的学习);教学重点包括触球部位、球的落点、控制球的反弹高度;教学难点包括全身协调用力运球。具体教学流程如图9-1所示。

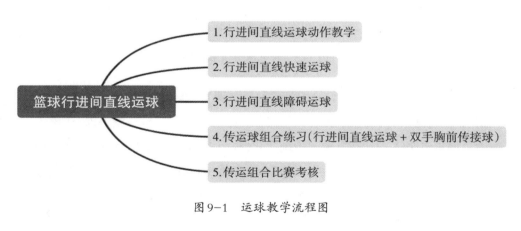

图9-1　运球教学流程图

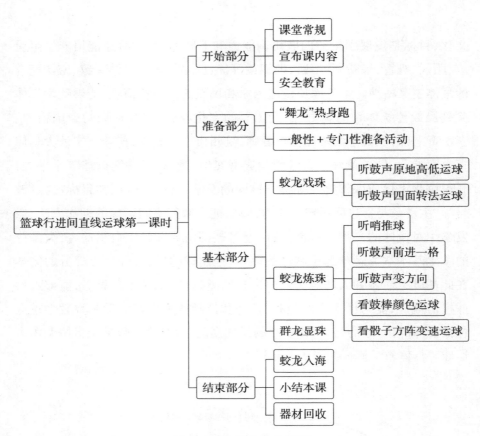

图 9-2　特色教学流程图

　　该课堂教学案例通过四个"融"贯穿整节课堂,具体教学特色包括:坚持探索以"体育融五育"的校本化育人新路径,运用龙的精神,贯穿整节课,让孩子体会遇事要坚持,不退缩;融入传统文化,整节课"蛟龙"戏珠、炼珠、显珠等环节让学生通过小组合作探究学习的方式,在练习过程中给予学生大量的合作练习时间,充分发挥学生的主体地位;融入老游戏,老游戏新玩法,群龙显珠(贪吃蛇),蛟龙护珠(老鹰捉小鸡)等游戏巩固学生的技能,多元设计饶有趣味地增加练习密度;融入上城区创意体育,照顾和发展每位学生的能力,同时也通过学生合作学习、更好地达成同伴互助和评价,培养了学生的多元能力。

　　从以上两个案例中可以看到创玩体育团队中的教师个个有专技,能把专技带进课堂,创造出属于自己的专技课堂,将专技通过创玩体育的教学模式教给学生。

二、外聘教师人人教练级

表9-1 X课程安排表

秋涛校区课后服务 X 课程安排（周一、三、五）			
序号	课程	授课教师	上课地点
1	A1-2 轻羽飞扬1	王老师（外聘）	一楼馨毅馆
2	A1-2 轻羽飞扬2	王老师（外聘）	一楼馨毅馆
3	A1-2 轻羽飞扬3	段老师（外聘）	操场（雨天在105班教室）
4	A1-2 轻羽飞扬4	陈老师（外聘）	操场（雨天在205班教室）
5	A1-9 跆拳道1	方老师（外聘）	四楼大队部
6	A1-9 跆拳道2	仇老师（外聘）	四楼棋艺室
钱江校区课后服务 X 课程安排（周一、三、五）			
序号	课程	授课教师	上课地点
2	A1-1 灌"篮"高手2	查老师（外聘）	二楼风雨操场
3	A1-1 灌"篮"高手3	童老师（外聘）	二楼风雨操场
4	A1-1 灌"篮"高手4	邵老师（外聘）	二楼风雨操场
6	A1-3 "足"下生风2	陈老师（外聘）	操场（雨天在402班教室）
7	A1-3 "足"下生风3	郑老师（外聘）	操场（雨天在403班教室）
8	A1-8 桥牌	陶老师（退休志愿者）	602班教室
9	A1-9 跆拳道	虞老师（外聘）	操场或大厅
秋涛校区课后服务 X 课程安排（周二、四）			
序号	课程	授课教师	上课地点
1	A1-3 "足"下生风1	陈老师（外聘）	操场（雨天在101班教室）
2	A1-3 "足"下生风2	郑老师（外聘）	操场（雨天在201班教室）
3	A1-6 国际象棋	张老师（退休志愿者）	106
4	A1-7 围棋	张老师（外聘）	105

创玩体育
——梧桐书院的大健康工程

钱江校区课后服务 X 课程安排（周二、四）			
序号	课程	授课教师	上课地点
1	A1-2 轻"羽"飞扬 1（三年级）	王老师（外聘）	室外操场（雨天在401班教室）
2	A1-2 轻"羽"飞扬 2（四年级）	段老师（外聘）	室外操场（雨天在402班教室）
3	A1-2 轻"羽"飞扬 3（五年级）	陈老师（外聘）	二楼风雨操场
4	A1-2 轻"羽"飞扬 4（六年级）	王老师（外聘）	二楼风雨操场
6	A1-6 国际象棋 1	胡老师（外聘）	306班教室

自2021年9月，杭州根据国家及省"双减"工作部署正式发布《杭州市进一步减轻义务教育阶段学生作业负担和校外培训负担实施方案》以来，学校为了配合实施政策安排，妥善、高质量解决学生放学后看护难问题，将放学后托管服务按照"1＋X"课后服务总模式统筹安排。全面升级后的放学后托管"1＋X"中的"X"课程中，体育运动相关课程占据半壁江山。为了进一步开发学生的多元智能，强化不同年级、年龄学生的身体技能，促进学生综合素质提升及身心全面发展，实现以智慧润心、以运动强身健体的目标，学校积极联系校内外优质教育资源与各细分领域专业人才，聘请了诸多"外教"，即校外体育运动项目专业指导老师进校指导我们的学生进行拓展性学习与科学化锻炼。让专业的人来做专业的事，通过校内体育教研室＋校外专业指导老师配合的新模式，凤凰小学课后服务"外教"体育社将体育运动的精神、体育锻炼的专业细节充分展现在放学后托管服务课堂上。不仅要把课后体育锻炼时间做到最大化，把学习内容和锻炼练习做到有效化，让学生们能在放学后托管项目中进行拓展学习、有效学习。

作为拓展性放学后托管服务模式的特色项目，组织"外教"体育社的初衷是提升学生们对于专项体育运动项目的实操能力，进而培养他们对体育运动专项的学习锻炼兴趣。"知之者不如好之者,好之者不如乐之者",兴趣是最好的老师,我校的特色课后服务"外教"体育社的宗旨是让所有学生都能主动积极、自由地选择自己感兴趣、擅长的体育运动项目。学校老师和学生家长仅承担介绍、启发、引导的工作,把选择权重新交还给学生,只有学生自己参与感兴趣的体育运动项目,乐在其中,才能将兴趣变成学生体育锻炼的内驱力,这也是逐步培养学生们形成终身对体育运动感兴趣的重要一环。

外聘教师们的选取也是非常重要的一环,所有的体育外聘教师都是该项专业教练,羽毛球教师是来自上城区羽毛球基地里的老师,跆拳道则是来自杭州乐高跆拳道馆里的教练们,足球是上城区足球俱乐部里的教师,各项棋类的教师是来自杭州市棋院里的专项教师,他们教学经验丰富,教学手段多样,只攻所教学的单项,自身能力过硬,而且在外聘老师的课程设置上,学校采取了分层教学模式,最大可能照顾到不同运动基础与层次的学生。例如:最受欢迎的"轻羽飞扬"项目将学生们按照水平一、水平二、水平三进行划分,分成三大班,不同的"外教"老师针对年级不同、运动基础不同、学习效率不同、练习强度不同的学生们制定有针对性的教学内容及教学计划,由体育组一名专任老师协同三名外教进行课后拓展教学。在此基础上,我校还开展了进阶课程,由体育组老师进行选拔,选出各个班中的项目尖子生组成校队,在同样的时间进行进阶教学。对于这些学生来说,普通的教学内容已经无法满足他们的需求,而校队的专业化练习则能进一步深度提高他们潜在的兴趣及能力。

三、协同教师全员体育人

2022年8月8日是我国第十四个"全民健身日"。"没有全民健康,就没有全面小康。"自党的十八大以来,习近平总书记始终坚持以人民健康为中心,亲自谋划和推动全民健身国家战略,为实现全面小康筑牢健康之基。全民健身是全体人民增强体魄、健康生活的基础和保障,人民身体健康是全面建成小康社会的重要内涵,是每一个人成长和实现幸福生活的重要基础。为响应国家号召,在凤凰小学,体育教育不仅是体育教研组的"活",更与其他跨学科专任教师密切相关。

（一）体育活动课

"增强体育锻炼，提高学生体质"一直以来是凤凰小学工作的重点。凤凰小学非常重视学生体育活动的开展，牢固树立"健康第一"的指导思想，全面增强小学生体质健康水平，在此基础上坚持实行体育活动课制度，认真组织学生开展集体体育活动。凤凰小学体育教研组每周统一安排一节特殊的体育课，即特色体育活动课，特色体育活动课由跨学科的任课老师授课，跨学科任课老师在校体育教研组的统筹组织和安排下，带领学生进行娱乐性更强的身体素质练习项目，比如腰腹力量练习、团队合作能力练习、折返接力跑等。特色体育活动课对于全面实施素质教育，保证学生每天的体育锻炼时间，具有非常重要的现实意义。

（二）体艺大课间

体艺大课间中，任课老师是不可或缺的一部分，凤凰小学体艺大课间中体育活动的大课间设计思路摒弃过去传统大课间千篇一律的设计，传统大课间活动先做广播操然后再全校一起做体测相关的训练，比如跳绳、坐位体前屈等，只需要体育老师的指令就可以完成，但是一个学期下来大课间对于学生来说就变成了"体测课"，学生们对大课间就少了体育锻炼的兴趣。结合小学生的心理发展特点，凤凰小学将大课间的主要内容更新为由体育教研组教师、班级正副班主任、跨学科教师指导并带领各年级各班学生展开丰富多彩的趣味体育健身锻炼游戏活动，学生们在体育教研组、正副班主任、跨学科教师的带领下，通过玩感兴趣的游戏，极大地提高了体育锻炼兴趣，进而增强了身体素质，提高了心理健康程度。

凤凰小学体艺大课间活动依托创玩体育理念和全体教职工共同参与，将责任转换、全纳性和培养多元能力三大基本理念融入大课间活动，并结合学校的实际情况，如场地小、分为两个校区，再加上学生的生理心理发展特点，将大课间做了分块分年级分时段进行活动，实施方案如下。

上午：广播操＋花样跑操（雨天室内广播操、纸杯舞＋平米健身）。

下午：广播操＋素质操＋创意防近控肥游戏（雨天室内广播操、纸杯舞＋平米健身）。

阳光大课间利用学校零碎的活动场地，每个班实际可以利用的场地仅

10平方米。在零碎的小场地中达成最大的利用效果,这是阳光大课间根据不同年级段和不同校区场地限制设计多样健身小游戏、体育锻炼小活动的主旨。在增强学生们体质的目标下,体育教研组、正副班主任和其他跨学科老师们利用校园中符合小学生们年龄发展常见的体操棒、软式排球、篮球、足球等体育器材精心设计了以下创意防近控肥游戏,具体如表9-2所示。

表9-2 体艺大课间内容安排

低段部:

年级	周一	周二	周三	周四	周五
一年级	1.迎面接力赛	2.踩石过河	3.蚂蚁运粮	4.夹球跳	5.报数成团
二年级	6.足球的多种练习	7.滚翻练习	8.隧道传球	9.蚂蚁运粮	10.平衡性练习

钱江校区:

年级	周一	周二	周三	周四	周五
三年级	1.赶小猪	2.多种方式跳绳	3.大象拔河	4.夹球跳	5.猜拳踩脚
四年级	6.快快跳起来	7.背靠背起	8.捆绑行动	9.占领阵地	10.平衡性练习
五年级	11.篮球大风车	12.快快跳起来	13.垒球掷准	14.人造金字塔	15.排球垫球
六年级	16.排球传球	17.篮球投篮	18.踩石过河	19.翻牌游戏	20.集分游戏

阳光大课间每个班配备两名任课老师,花样跑操中两名任课老师一前一后带领学生进行跑操,提高跑操的效率及激情,学生们看到老师也一起动起来,他们动起来的欲望会更强,而在各式体育锻炼健身小游戏当中,体育教研组教师、正副班主任以及其他跨学科教师会每周提供多样的体育健身器材,比如迎面接力软排、迎面接力垒球、迎面接力体操棒。以一年级的第一个游戏迎面接力赛为例,游戏规则如下:第一次迎面接力只能用手去触碰

器材,第二次迎面接力只能用脚去触碰器材,第三次迎面接力不能用手脚去触碰器材,第四次不能用前三次用过的部位去触碰器材,第五次不能用前四次用过的部位去触碰器材等,以此类推。在这个过程中,两名任课老师需要给同学们讲解游戏规则并展示,在游戏的过程中去为学生们指导、评判最后的结果。全员教职工参与到大课间活动的组织、指导与开展中,师生同乐,全面促进身体素质与心理健康发展。

凤凰小学创新完善后的体艺大课间活动经过几个学年的实施,取得了显著的实际效果。最明显的效果便是在全员教师的积极参与下,融入跨学科多元的体育活动概念与趣味锻炼方式方法,绝大多数学生们在参与大课间活动时都展现出非常积极向上的精神状态,大大激发了他们的运动兴趣,学生们都乐于去练习,能够主动练习,并且积极与教职工们互动,共进步。学生每天能够锻炼一小时以上,每位同学能够掌握至少两个日常锻炼的体育技能,激发了他们的运动兴趣,养成良好的体育锻炼习惯,使得体质健康水平切实得到提高;学生的身体素质大幅度提高,在实行该游戏化的大课间一年后,学生的核心素质明显提高,腿部力量和灵敏素质也提升得很快,这些素质的提升直接表现在课堂体育动作的习得上,学生能够很快地模仿出教师的体育动作;在运动的过程中动脑思考,不再是只听教师的指令,而是真正地去创编规则,并且与同伴有竞争也有合作,实现了德育智育的渗透,真正做到了学校的办学理念"让学生有滋有味地学习"。

体艺大课间的开展,丰富了凤凰小学"阳光运动一小时"的体育教育体系广度与深度,重点突出凤凰小学体育教学特色,增强了凤凰小学大课间活动的趣味性,大大提高学生对大课间活动的热爱程度,达到全面提高学生锻炼效率与效果,增强学生体质的目的。

(三)运动会通力合作

为了宣传和发扬友谊、团结和公平竞赛的奥林匹克精神,在运动中磨炼意志,在赛场上团结拼搏,在竞赛中增进交往,乐玩运动生活,凤凰小学每年定期开展不同主题的运动会,如2019年春季田径运动会的活动方案主题为"创享童健节,做奔跑追梦人",通过运动会中各种角色的职业体验,凤凰小学体育教研组教师与跨学科教师在不同流程中积极引导学生在活动中创享童健节，奔跑逐梦。凤凰小学运动会参与人员包括全体师生、教职工、各班家长代表、志愿者等，共设置竞赛奖项4个，分别为入场式优胜奖、团体总分优胜奖、广播操优胜奖和精神文明奖。

不仅仅是体育教研组教师，包括跨学科教师们都积极参与到春季、秋季运动会中，积极参与学校运动会协同工作人员服务工作中，分别在运动会实时摄影记录、运动会赛项准备与检录、运动员安全与救护、运动会全流程管理方面踊跃付出。

全校师生，尤其是每一位体育教研组教师和跨学科教师都参与到体育活动课、体艺大课间和春秋季运动会中，在体育活动课、体艺大课间和运动会过程中和学生一起运动一起锻炼，师生齐运动，师生共健康。

第二节　创玩体育的学术研修机制

体育教师通过"教会—勤练—常赛"的教学过程,开发学术化的体育机制,把科学研究的思维带进体育教育的创建中。

一、体育课例研修的六步闭环

(一)体育课例研修"六步闭环"路径概念

为促进专任教师高质量的专业能力发展,切实有效地提升教学执教力,凤凰小学教学教研组通过创新课例研究六步闭环(选题选课—磨课试教—上课展示—互动评课—课例报告—课例演讲),基于大单元视域优化组块教学设计,创设挑战性真实情境,注重学科融合跨界,开展"组块统合"项目式学习。体育课例研修"六步闭环"路径是在凤凰小学校本研修创新载体"课例荟"六步闭环机制的基础上,从体育课程教材单元研究走向学习单元重构,主要通过大概念统整、知识链联结和无边界拓展三条路径开展研究,围绕"选题选课—磨课试教—上课展示—互动评课—课例报告—课例演讲"六步闭环展开。

(二)体育课例研修"六步闭环"实施过程

凤凰小学体育教研室积极创新,在"六步闭环"路径概念的指导下,在相关领域前沿研究高校的学术引领作用下(凤凰小学是华东师大五育融合实验室全国首批联盟校,国家级五育融合创新实验室实践基地,学校利用好这个"窗口",以课程建设为突破口,推动学校新体育创新实践,建设成为区域五育融合、以体树人的全国典范实践基地),将教学与学术研究深度结合,严格践行。体育教研组深化课例研究,创新课例研究六步闭环法,有效提升学校体育教学执教力和学术能力。

"六步闭环"中的"磨课试教—上课展示—互动评课",这三步骤几乎是任何一所学校开展体育课例校本研修的必有环节,我校体育课例研修的六步闭环优化添加在前后的三个步骤。每学期期末最后一日,体育教研室邀请校内外教科研专家例行开展"六步闭环"中的第一步——"选题选课",对新一学期体育课例研究的方向、路径、实施过程全面把控与指导。"六步闭环"中"课例报告—课例演讲"这两步对于整个凤凰小学体育教研室课例研修的闭环至关重要。每学期末,体育教研室每位教师撰写规范的符合路径的课例报告,学校组织学术委员会进行"枫杨杯"教学课例评比,评出优秀课例报告。最后通过遴选准备,部分优秀获奖课例的教师在全校培训会上进行TED课例演讲(一种流行于欧美的即席演讲,面对观众脱稿演讲8分钟左右)。这样形成的六步闭环课例研修机制,缺一不可,是一个完整的体育教研室教师课例研修过程。

(三)体育课例研修"六步闭环"课程管理

以终为始,强化四项教学要素间的关联作用,遵循逆向设计的思路,以素养学评促组块设计、有声思维、跨界混融的新优化,以增值性评价促教学要素系统的迭代升级。凸显学为中心,从关注学科共性到体现学科特质,细化完善每个学科各一张的定制版创享学习课堂教学评议量表,促"学教评"一致。创新载体研究,利用闭环研究理论,各学科轮流开展课例节展示活动,分享研磨经典课例,打造常态好课堂,追求课堂高质量。根据各类课程特性,加强常规管理,规范教学行为,抓实教学"三巡三查",课例"六步闭环",细化和创新育人为先的"课后服务",提升教师执教力、评价力和反思力,培养学生的自主管理能力,稳步提高教学质量。

二、体育课例节的混融式研修

(一)体育课例节的混融式研修定义

混融式研修是在近几年新形势下飞速发展与完善的一种研修新模式,符合未来长期的发展方向。体育专任教师是教育教学研究的主体,体育课例节的混融式研修最终发展目标是促进体育教师和学生的共同成长。体育课例节混融式研修的理想发展状态是成为我校体育教师的一种专业生活方式,即体育教师自觉地基于真实课例中存在的问题,从教师与学生双线混融开展教学研究与改进教学方式方法,从而形成一种体育教师与跨学科教师共同投身其中的日常教育实践文化。

(二)体育课例节的混融式研修具体课例

凤凰小学在独立办学之初就根据学校各学科教师实际情况,紧紧抓住混融式研修这一立足学校促进教师专业成长的优秀传统,为学校教师队伍的良性建设打下了坚实的基础。新形势既是全社会面临的巨大危机,同时也蕴藏着前所未有的重大机遇,在新形势常态化背景下,尤其是在线上线下课堂期间,体育教研组在学校双线混融式每日研修的指导下,将全校教师带入了理论与实践紧密结合的研修文化之中,促进了分析、总结与及时改进体育课例节的混融式研修是学校体育教学研究未来发展的必要途径。凤凰小学从2018年至今已举办了三届体育课例节,从第一届开始就都围绕着中小幼一体化来进行。近几年的疫情常态化带来外部新形势的发展,使得教师教学研究与专业成长的基地被动转变,"空中课堂"改变了传统的教师工作场所,课例的混融式研修的阵地也不得不双线转移(线上、线下结合)。反思我校疫情背景下的"双线混融"校本研修,至少可获得如下三点启示。

1. 基于互联网+的校本研修将重构混融式研修学习的新生态

疫情之后,基于互联网+的学习方式突破了学习时空的限制,让学习行为随时随地发生。而教师也将成为互联网+的终身学习者,基于互联网+的校本研修也将突出重围,改变以往由时空保障不足、内容聚焦不准、主体动力不足带来的研修学习困境。这个由"信息技术"与"新冠疫情"的交汇造就的基础教育"新时代",会给传统的校本研修带来冲击和挑战,必将促使未来的校本研修走向"线上+线下""集体+自主"的"混融共生",形成校本研修学习的新生态。为适应这新生态的需要,校本研修在线平台及教师在线学习能力的建设都有待进一步加强。既需要让平台适应教师,也需要让教师适应平台,当然还需要学校乃至上级教育部门完善教师教育管理制度以凸显在线研修的地位和作用,逐步使教师的在线研修"名正言顺""如鱼得水"。

2. 基于协作式＋的混融式研修将激发教师成长的新动能

教师研修团队是一种学习型组织，开放、共享、参与、创造的协作式＋的学习方式一直是学校校本研修的主要方式。"三人行"（同学科或跨学科的3名教师为一个研修小组）、"1＋1＋1＋N"（1名专家型教师指导1名年轻教师针对1个教学研究主题开展N次研修活动）等都是我校以协作式＋的方式开展校本研修的组织方式。教师个体在协作式＋的团队组织带动下，学习主体意识被唤醒，专业成长自觉被激发，从而产生教师成长的新动能。由于既有校本研修团队建设的良好基础，又有应对疫情的迫切需要，基于协作式＋的校本研修所营造的开放、共享研修氛围彰显出强大的文化力量。

随着运用信息技术和网络平台的强势介入，未来还将会形成更为丰富和更为灵活的教师协作研修形式，以便更有效地解决将要遇到的各种新问题，这也必将进一步促进教师自主合作成长。

3. 基于自主式＋的混融式研修将凸显教师成长的新需求

混融式研修将更加尊重教师作为学习者主体的意愿，体现基于自主式＋的个性化学习需求。如果说过去校本研修的关注点还多停留在教学层面的话，那么此次疫情则让我校教师认识到将课程建设纳入校本研修视域的需要与可能，这将成为今后校本研修的一个新生长点。随着研修内容的拓展，研修方式与方法也将进一步更新，同时预示着校本研修境界的提升。正如学无止境一样，校本研修也将永无止境。总之，"双线混融"校本研修，是疫情背景下创生的一种混融式研修新模式，为疫情时期教师开展"空中课堂"教学持续赋能，及时保证了抗疫时期"空中课堂"课程与教学的秩序和质量，也为后疫情时代学校校本研修发展和教师专业成长实践提供了新思路。

以2022年体育课例节为例，2022年1月5日，上城区小幼一体化协同教研暨第三届凤凰课例节（体育专场）活动在杭州市凤凰小学顺利举行，该次体育课例节活动通过线下教学场地现场观摩和线上浙江新浪直播同步进行，本次活动的线上浏览量为11.3万，获得业界一致好评。该次活动基于体育学科课程标准、小幼各年段学生特点，从教材单元走向学习单元重构，确定小幼衔接的滚翻单元研究主题，来自杭州市凤凰小学和杭州市凤凰幼儿园的四位教师通过课例展示、课例讲演等形式，为大家呈现幼儿园中班侧滚翻和小学二年级前滚翻成坐撑的教学内容。通过驱动性任务让深度学习真正发生,让学生更好地解决问题,提升素养和创造力。该次活动结合创意体育课程的理念和小幼学段的特点,呈现技术、能力、情境三个协同元素。融入全纳的育人思想,鼓励学生积极参与,注重团队合作,满足小幼不同能力的学生不同层次的学习需求,同时培养学生除身体能力外的个人、社交、认知、创新和思维等多元能力的发展。在凤凰小学体育教研室的课堂上会积极运用责任转化方式,让学生自主掌握学习,并合理运用因人而异的星级评价等评价方法提升学生的积极性,积极为学生营造民主、宽松、和谐的学习气氛,使学生时时有新鲜感、成就感。

该次活动伊始,凤凰小学缪校长介绍了凤凰小学的体育学科发展的顶层设计。1.学校体育思想:把体育带回家! 2.体育课教学主张:Real PE,上好玩的体育课! 3.学校体育追求:体育联通世界! 上下午大课间:一起跑,一起嗨,一起赢未来;赛事节日、体育校队:毅达就是冠军!"皮肤黝黑、牙齿洁白、眼睛明亮、浑身有劲",学生这种健康模样,应成为学校一贯的追求,成为家长共同的期待,成为体育与健康考核评价改革的方向。缪校长鼓励大家要始终走在以体树人的路上,让体育真正成为健康育人的第一学科,把体育作为看得见的道德教育。

案例9-1 课例节活动

活动一开始,是凤凰幼儿园叶老师的"故事体育:小龙闯关记"的课堂教学,叶老师创设"龙妈妈"带领"龙宝宝"救小兔子的情境。幼儿模仿老师走、跑、跳、爬等活动,再过渡到本课主题侧滚翻。通过模仿,手、脚夹沙包等练习,从而完成侧滚翻学习目标。然后凤凰小学徐老师为大家带来一节"前滚翻成坐撑"的课堂教学,结合滚翻单元小幼衔接的研究,从情境、能力两个方面来衔接。用故事情境串联整课,让课堂更加童趣化。教师提出问题,小组合作探究,设定星级目标,让每一个孩子都有一个达成目标。本节课徐老师责任转化运用合理,将每位学生都变成一名小老师,在保护与帮助的同时,对同伴进行评价,让教学课堂更加充满探索性和合作性。然后凤凰幼儿园王老师通过单元视角、课时内容、故事体育、故事情境、多元能力、多元评价等方面来阐述"小龙闯关记"。从幼儿园十二生肖故事体育引出本节课小龙闯关,课堂中运用各种器材创设情境,让学生在情境课堂中多元能力得到提升,相应的多元评价可以兼顾到每一位学生,学生在练习过程中体验感更强。紧接着凤凰小学秦老师通过情境和能力两个关键词,对小幼滚翻单元第2课时"前滚翻成坐撑"教学设计进行了阐述。以创意体育课程"四个维度、八个能力"为指向,对每个教学环节设计意图进行解说。

本案例中学生在游戏体验中练习前滚翻的技术动作,合理利用垫子搭小山辅助练习,让前滚翻练习有一个循序渐进的过程。在合作学习中培养学生的规则意识,让深度学习真正发生,让学生更好地解决问题,提升素养和创造力。

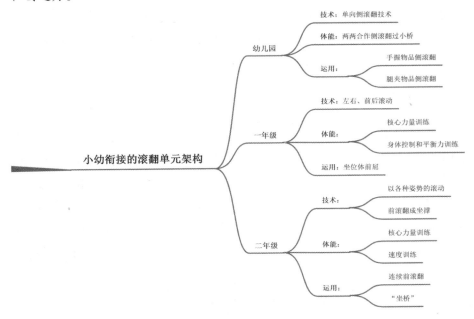

图9-3 滚翻单元教学流程图

上城区教研员方老师进行专家点评:教育不仅是教会孩子技能,更重要的是育人的意义。小幼的融合,是从外到内的融合,从理念到实践的融合。将全纳、责任转化、多元能力理念落实到课堂,全纳就是心中有学生,把学生主体地位体现出来,尊重每一个孩子;责任转化是将学生的主体地位更鲜明地体现出来,让孩子力所能及地承担责任,融入课堂;多元能力是要从多个方面去培养孩子,不仅是技能的传授,还要立德树人。上城区教研员莫老师进行专家点评:小幼一体化协同符合国家教育改革发展要求、尊重儿童身心发展的特点、关注儿童的学习特点,并对学校体育发展指明方向,即课堂追求。要想上好一节好玩的体育课,要从孩子的立场出发,要从孩子的兴趣、爱好出发。用运动贯穿孩子的终身,成为生活的一部分,才是真正把体育带回家。从概念学习走向关联聚合学习,进行系列化的学习,解读课程要求,进行内容的整合,分析孩子的学情,评价任务的驱动性,进行大主题大单元教学结构的构建,要从大单元视角,从概念学习走向观点聚合学习,要探索教学单元同步,要解读课程要求,分析孩子的学情。这样才能突破构建单元时教材的单一化,保证课程的多元化。最后,莫老师明晰小学体能的操作定义,即采用多种形式的动作组合练习和学练方法巩固提高技术。莫老师的点评使大家受益匪浅。

三、体育教研组的学术化发展

在付出中感受快乐,在平凡中创造非凡! 杭州市凤凰小学体育组以此为工作信念,齐心协力,不忘初心,将"凤凰大健康"践行到校园每一个体育元素,实现"让每个学生掌握1至2项运动技能"的基础目标,打造五育融合、以体树人的协同育人新范式,乐享阳光童年、有滋有味的校园运动新生活。在这样的氛围中,凤凰学子在全国大赛、省市级比赛频繁亮相,取得佳绩,体育老师们在教学、科研、管理等平台屡创辉煌。凤凰小学体育教研组是这么一支积极进取、善于钻研、勇于开拓、敢于担当的团队。

(一)骨干引领,人人参与,打造凤凰大健康

凤凰小学体育教研组共有6名体育教师(2女4男),其中杭州市教坛新秀1人、上城区教坛新秀2人、上城区优秀教师1人。体育组坚持德、智、体三育并重原则,把素质教育和提高学生健康水平当作学校体育工作的根本任务,不仅定期召开学校体育工作会议,研究讨论学校体育工作,还认真制定学校体育工作计划,每一项工作都做到有计划、有检查、有评比,做到议而有决、决而必行,在实践中反思、总结、提升。教研组平均年龄30岁,骨干教师

勤思考、有路径,年轻教师有活力、有干劲,近年来老师们始终以创意体育、"全景式"教学、"凤凰新体育"等理念开展一线教学和学校体育活动,打造校园体育文化,书写不一样的"凤凰大健康"。

(二)积极行动,规范机制,落实研训促成长

每个学期每位教师制定学期、单元和课时计划,认真上好每一节体育课,加强对学生的指导,努力提高学生的身体素质和运动能力。教研组长制定教研组计划,根据区、校、组三级细化学期行事历,做到研训有主题,落实有路径。机制引领使我校的体育工作更加规范化,教学方法多样化。在这种机制下,近年来我校的体育教学工作有了较大幅度的提高,教学水平和学生的身体素质也有了明显的转变。我校从2018年开始已成功举办三届区级中小幼一体化教研(体育课例节),2019年成为华东师大五育融合实验室新体育实践基地学校,启动体育学科分项评价改革,让评价撬动教学,得到上级主管部门的肯定并作为典范在区内推广。近年来体育教研组有多人次在省、市、区各级平台展示并获奖,并得到与会专家的好评,多场体育活动得到媒体的推广和宣传,2022年初的小幼一体化教研活动的线上浏览量达到11.3万,形成了积极的社会效应。

(三)创设课程,设立主张,保证在校运动2小时

我校以课程建设为突破口,推动凤凰新体育创新实践,将学校建设成为以体树人的全国典范实践基地。我校"凤凰新体育"工程践行"把体育带回家"的教学主张,即运动理念带回家、科学运动带回家、技术动作带回家、练习方法带回家、运动习惯带回家,创设全员、全境、全塑学校塔式结构体育课程群助力学生健康成长,X社团、体育活动课、上下午大课间、童健节、校园吉尼斯、素质达标运动会、三跳比赛有序开展,保证学生在校运动2小时。近年来,我校开学初的国际理解周燃动整个校园;足球周系列活动以足球为载体,各学科渗透足球元素,嗨翻梧桐校园,"校长杯"校园足球联赛,将五育融合,以体育融五育表现得酣畅淋漓;冰壶周上,孩子们体验另类的旱地冰壶,项目化学习范式拓展国际视野,真所谓体育融通世界。

第三节 创玩体育的资源拓展机制

让学生贴近体育,就不该让学生远离体育资源,而要让学生沉浸到体育资源的土壤中去。

一、让体育器材触手可及

(一)体育专业器材摆放在触手可及的地方

我校的体育专业器材并不集中堆放在器材室,为了方便学生随时随地可以投入体育锻炼,我们的体育器材分布在校园的不同角落。

足球场旁,方方正正地立着两个集装箱,里面满满当当都是户外体育锻炼可以使用的体育运动器械。无论是户外体育课上所需的仰卧起坐垫、标杆、足球,还是上、下午大课间各班开展的创意体育小游戏所用的呼啦圈、乒乓球,又或是短暂的课间休息时,学生喜欢的沙包、羽毛球等器械,学生都可以在老师的允许下,快速地前往器械集装箱内获取,进行锻炼。

室内篮球馆也不例外,为避免学生上上下下拿取运动器材耽误运动时间,同时方便球类运动课程老师更有效地管理学生,球馆内就放置了两大筐球——篮球和排球,墙边还靠立着羽毛球网和排球网,随时可以拉动摆放,根据情况满足不同球类课程的需求。在专项的地方做专项的事,让专项所用的器材在专项的地方触手可及。

此外,每个班级中还配备了两块仰卧起坐的垫子,学生也会自带跳绳,如遇雨天无法开展户外大课间活动,学生们也会利用这些触手可及的运动器材,在教室内开展体育锻炼。他们可以两人一组进行仰卧起坐训练,也可以进行坐位体前屈练习,其余同学则可以在走廊空地进行跳绳练习。

将器材放在触手可及的地方,既可节约时间,又能提醒学生随时随地进行体育锻炼,充分有效地利用器材、时间和场地。

(二)触手可及的物品变成体育锻炼器材

学生居家学习的时间变多了,参与户外活动的机会变少了,在如今这样的大环境下,如何保证学生有质有量完成体育运动计划,如何在每个家庭拥有体育器材不同的情况下进行统一安排训练,是体育组此前一直在思考的问题。经过讨论,老师们发现,很多在生活中触手可及的物品都有可能成为学生进行体育锻炼的器材。

案例9-2 一根绳的快乐

课堂开始,我先展示已有跳法:利用一根跳绳前后跳、左右跳。然后提问,同学们,除已有跳法外,还能做出什么脚步跳过绳呢?请你创造三种以上创意跳法,将创意脚步发送到班级圈与同学们共享,大家一起尝试,利用一根绳在5分钟内完成以下内容。

①原地前后跳20次,移动前后跳来回五趟;②原地左右跳20次,移动左右跳来回五趟;③自创脚步一,原地20次,移动五趟;④自创脚步二,原地20次,移动五趟;⑤自创脚步三,原地20次,移动五趟。

本案例利用了跳绳这一大家共有的简单物品,由学生自主创编,激发学生内驱力,器材触手可及,操作轻便容易。每位学生将这触手可及的物品化为体育锻炼器材,动脑创编,并在练习过程中锻炼他们的腿部力量。

案例9-3 六个纸杯

首先我请同学们搜集6个一次性纸质障碍物,然后在课堂中,请同学们分享自己收集的障碍物,有的学生选择的是六个一次性纸杯,有的使用的是六个盒装牛奶,还有矿泉水瓶、纸巾盒、小快递箱等;分享完毕后请同学们分组利用手上的物品,搭出任意形状的障碍物,然后尝试用不同方式跨越障碍物。课堂上,无论是搭建障碍物还是比赛跨越障碍物,学生们都在尝试利用这些家中随处可见的小物品,将它们化为本节体育课堂上不可或缺的体育器材。

本案例能够让学生们自己寻找简易器材进行运动训练,真正体现了运动器材触手可及的内涵。

图9-4　六个纸杯学生练习图

案例9-4　居家大课间

在室内大课间的指导视频中,从热身活动到放松活动,我都精心设计练习器材和练习内容。比如"双手支撑"游戏,我请同学们找两张家里同高的餐椅,然后请学生们手握椅背,小臂用力,腿部弯曲,将全身控制离地来锻炼手臂力量,可根据坚持的时间打分;再比如"扶墙高抬腿",在课堂上我请同学们寻找一面空白的墙面,利用一块墙壁组织学生进行高抬腿训练,帮助学生更好地控制自己的身体,防止动作变形。在"往返跑"活动需要几张纸片,让学生们在家中每个房间四个角落贴着纸片,在规定时间内,触碰拿取角落中的纸片,完成室内往返跑。在这个案例中可以看到我如何让学生利用家中触手可及的小物件来帮助自己进行体育锻炼。

二、走出家门就是运动场

学生们居家时间占据一天的一大半时间,居家合理、科学、适度的运动可以保持身体健康。家庭体育是依据小学生家庭生活方式量身打造的,以健身锻炼项目为基本手段,并在家庭运动中获得运动知识技能、培育兴趣爱好,丰富课余生活,实现强身健体和促进家庭和睦稳定幸福,小学生家庭体育活动中有其他家庭成员的参与,不仅可以提升家庭成员的体育参与度和体育运动意识,也可以进一步更新家庭教育理念,提高家庭体育锻炼意识和健康观点。在全面提高学生们体质这个长期目标下,凤凰小学积极响应,开设特色家庭体育坊,制定"把体育带回家"家庭体育教育主张,即把健康家庭生活理念带回家、把科学的运动项目带回家、把专业的家庭锻炼动作带回家、把高效的家庭运动练习方法带回家、把良好的家庭锻炼运动习惯带回家,打造不同水平、不同运动项目、不同锻炼方式与频率的家庭体育健身运动项目,旨在为体育教学和素质教育搭建桥梁,建立起校内校外、学校与家庭的体育运动氛围,通过准备阶段——线上平台发布体育项目化学习单,开始阶段——线上平台钉钉体育锻炼运动打卡,结束阶段——线上线下相结合进行家庭体育锻炼项目总结、反馈与改进,通过线上线下混合式、多元化的技术手段让体育精神、运动项目、日常锻炼成为学生和家庭生活中的一部分,学生们主动的运动习惯、运动爱好及逐渐培养的运动特长可以在潜移默化中影响家庭中的家长们,带动家庭以及带动社区的科学运动习惯和健康生活风气,这就是凤凰小学组织、开展、运行"家庭体育坊"的长期目标与愿景,凤凰大健康,一路向未来!

以"把体育带回家"为新体育教学主张,建立起校内校外、学校与家庭的体育氛围,通过体育钉钉打卡、技术平台大数据等完善新体育教学主张的实施,通过家校协同彰显新体育教学主张的落地,达到让学生带动家长,带动家庭一起进行运动的目的,为呈现我校全纳体育内涵和践行广度,特举行第一届评选活动,悦动家庭奖项,以点带面,目的是让更多的凤凰学子、凤凰家庭积极运动起来,动出健康、动出快乐、动出幸福。

表9-3 "悦动家庭"评分细则

悦动家庭	亲子运动时间(40%)	每周亲子运动三次及以上,每次30分钟以上为100分。
	亲子运动人数(20%)	父母经常和孩子共同运动,家庭运动氛围浓厚(周末爬山、走路等)为100分,孩子运动、父母运动频次较少为70分。
	亲子运动成效(20%)	1.家庭参加运动比赛项目获奖,根据奖项级别进行评分。国家级为100分,省级为80分,市级为60分,区级为50分。 2.父母一方从事运动比赛项目且取得较好成效为50分。
	亲子运动项目数(20%)	亲子运动项目5个及以上为100分,4个为80分,以此类推。

三、家庭平米健身

在停课不停学的时期,我校还是坚持上下午大课间,每天一节体育课的课表,让学生在家也能坚持运动。根据居家的特点,体育组创造了平米健身锻炼法,何为平米健身,就是在居家上课的非常时期,我们只要找到家中一平方米的场地,不需要走出家门,就能进行锻炼,增强身体素质。

(一)上下午大课间

为了学生能够有效地运动,不做重复性、枯燥的重复运动,体育组自制了平米健身资源包,分上肢力量练习、下肢力量练习及腰腹力量练习,每一大项都有五种以上的练习方法,每天上午大课间需要学生锻炼上肢力量、下肢力量以及腰腹力量,练习方法可以在资源包里自行选择,然后进行视频打卡。而下午大课间以练习体质测试项目为主,每位同学在快速原地跑30秒、一分钟跳绳、一分钟仰卧起坐中选择两项进行练习。在上下午大课间中,热身运动和放松运动也是必不可少的,热身活动也是由体育组老师事先录好视频,跟着音乐进行热身变速跑,而放松活动是由坐位体前屈和一项单项放松练习组合,放松练习在资源包中包括肩部放松、腿部放松、手臂放松、全身放松,学生根据自己的情况选择其中一项再加上坐位体前屈进行放松。在运动后进行坐位体前屈能够大幅度提高学生的坐位体前屈成绩,一举两得。教师每天根据学生上传的视频进行上下午大课间的点评,做好记录,在实施过程中,有些学生每天都选择同一大项进行练习,只挑自己能力好的肌群进行练习,教师就要提醒他进行项目轮转练习。

(二)体艺课

我校在居家期间还保证每天一节体育课,每一节体艺课都分为两部分进行,第一部分是创意学习内容,第二部分围绕着自己的一生一课表课程进行练习。第一部分为创意学习内容,以几点支撑的创意学习内容为例。

案例9-5　几点支撑

课堂开始,我组织学生跟着体能加油站的视频进行课前热身。学生根据我的示范动作进行练习,每个动作保持20秒不动;再分别做3点支撑、2点支撑、5点支撑、1点支撑的自创支撑动作并成功保持躯体不动20秒算挑战成功,然后我再请学生选取放松活动包里的放松动作进行放松。第二部分:让学生围绕一生一课表课程进行练习,何为一生一课表,是根据自己的兴趣、爱好、专长选择其中的一项进行深度学习,是用作学习和发展个人体育运动爱好。要求学生1.先给自己的运动爱好起个响亮的名字,比如居家武术、居家舞蹈、居家体操、居家围棋;2.设置一个在家学习期间的小目标,比如学会一段舞蹈、会打一套武术套路、自编一组健身操;3.制定自己的学习计划。让学生们每节体艺课都能学习进步一些,最后达成目标。

案例9-6　一生一课表

503班的杨同学就将双飞定做自己的一生一课表内容,他先设计好个人课表,上面写了他的近期目标及长期目标,还有达成目标的方法。按照自定课表内容,每日练习打卡,我进行纠正提高,既让学生能够练习到自己感兴趣的内容,又能将目标实际化,有可操作性。

(三)居家童健节

停课不停学时期恰逢每年上半年的童健节活动,以往每年的童健节以走跑跳投等竞技体育项目为主,所以体育组决定在线上举行居家童健节活动。线上举办困难重重,但是基于以下三点原因,活动如期举行。1.围绕本届居家童健节"凤凰抗疫"强体魄,"平米"居家乐健身的主题,通过平米健身、自律运动等方式,引导凤凰学子居家健体魄、铸精神、抗疫情。2."一个都不能少",生生参与,培养凤凰学子的拼搏精神,发扬敢于自我挑战的精神,增强班集体的凝聚力,增进父母与孩子的亲情,让凤凰学子在运动中健康成长,幸福生活。3."抗疫有我,力撑湖北",响应蔡崇信公益基金会联合发起的倡议,和诸多体育明星一起向"俯下身,撑起爱"平板支撑挑战,希冀以凤凰学子的切实行动,将善意凝聚成功前行之力。我们集思广益,选取了几个创意比赛项目:1分钟双脚前后跳、1分钟纸球投准、1分钟亲子剪刀腿、2分钟亲子纸球对投。全校项目相同,但每个年级的难度递增,既方便学生们理解,也贴近他们的实际,对于学生来说有挑战性。项目中不仅有个人活动,也有亲子活动,将"把体育带回家"的理念落地。

表9-4 居家"平米健身"游戏具体方案(以五年级为例)

三阶段比赛(五年级)						
时间	项目名称	比赛规则	比赛形式	比赛器材	裁判	备注
五年级第一阶段比赛	1分钟单脚左右跳	一分钟计时,在标识间距30cm单脚左右跳,拍摄完整视频时计数并上传班级圈。	1. 单人赛,人人参与 2.不间断拍摄1分钟视频,上传指定的班级圈	30cm宽的长标识	正副班主任	见示范视频
	1分钟纸球投准	自制纸球(需做10个),在两米外投自制篮筐,全身投射下都不得超线,计时一分钟,拍摄完整一分钟视频并计数上传班级圈。	1. 单人赛,人人参与 2.不间断拍摄1分钟视频,上传指定的班级圈	纸球:两张报纸捏紧制成纸球 篮筐:自制1.5m高,20cm正方形。 标识胶带	正副班主任	
	1分钟亲子剪刀腿	根据视频动作,1分钟计时并数跳跃次数(开合各一次算一次)并上传视频至班级圈。	1. 单人赛,人人参与 2.不间断拍摄1分钟视频,上传指定的班级圈		正副班主任	
	2分钟亲子纸球对投	间隔2米,两边同时投,两边成功接住计数1次(一边放五个球)记录总次数并上传视频至班级圈。	1. 单人赛,人人参与 2.不间断拍摄1分钟视频,上传指定的班级圈	纸球:利用之前自制纸球。 标识胶带	正副班主任	

续表

三阶段比赛（五年级）						
时间	项目名称	比赛规则	比赛形式	比赛器材	裁判	备注
五年级第二阶段比赛	1分钟单脚左右跳	各班选出四男四女将视频打包上传至年级体育老师处，进行年级组比拼，取前十名。	班级赛		年级组两名老师	见示范视频
	1分钟纸球投准	各班选出四男四女将视频打包上传至年级体育老师处，进行年级组比拼，取前十名。	班级赛		年级组两名老师	
	1分钟亲子剪刀腿	各班选出四男四女将视频打包上传至年级体育老师处，进行年级组比拼，取前十名。	班级赛		年级组两名老师	
	2分钟亲子纸球对投	各班选出四男四女将视频打包上传至年级体育老师处，进行年级组比拼，取前十名。	班级赛		年级组两名老师	
五年级第三阶段比赛	1分钟单脚左右跳	第二阶段中选出男女前三名的视频，制成视频放在各班进行展示。			体育教师	
	1分钟纸球投准	第二阶段中选出男女前三名的视频，制成视频放在各班进行展示。			体育教师	
	1分钟亲子剪刀腿	第二阶段中选出男女前三名的视频，制成视频放在各班进行展示。			体育教师	
	2分钟亲子纸球对投	第二阶段中选出男女前三名的视频，制成视频放在各班进行展示。			体育教师	

(四)"平板支撑"挑战比赛

表9-5 "平板支撑"挑战比赛活动方案

第一阶段比赛						
时间	项目名称	比赛规则	比赛形式	比赛器材	裁判	备注
第一阶段比赛	平板支撑挑战赛	1.肘关节和肩关节与身体保持直角。 2.在地板上进入俯卧姿势,用你的脚趾和你的前臂支撑你的体重。 3.手臂成弯曲状,并置放在肩膀下。任何时候都保持身体挺直,并尽可能最长时间保持这个位置。	1.亲子赛,自愿参与 2.精选照片一张上传指定公益平台	一个比较合适的平板,不能太硬也不能太软,瑜伽垫最宜。		见示范视频
第二阶段比赛	平板支撑挑战赛	各班推选出五男五女,将视频打包上传至年级体育老师处。	1.亲子赛,自愿参与 2.不间断拍摄视频,上传指定的班级圈	一个比较合适的平板,不能太硬也不能太软,瑜伽垫最宜。	体育老师	
公益行动简介	目前,国内抗击疫情的好消息频传,春回大地,眼瞅着新学期越来越近啦! 在阻击疫情的关键时期,蔡崇信公益基金会联合阿里体育、优酷少儿"冠军体育课"发起"俯下身,撑起爱"平板支撑微博公益挑战赛。邀请各位学校师生一同带图转评展现你的平板支撑,大家的每一秒坚持和每一滴汗水,都将助力湖北丹江口市孙家湾完全小学的全校孩子在即将到来的新学期配齐全年体育课装备,并支持学校所在地周边乡村学校体育联盟共同发展,共同推进以体树人体育教育! 让我们一起行动起来,俯下身,撑起爱!					

四、以运动达人树立榜样

"把体育带回家"是凤凰小学一直倡导和践行的体育理念。如何用线上线下相结合的方式开展科学的运动,秉承趣味性和健身性原则,凤凰小学体育老师们集思广益,制作各类居家健康运动创意视频,并整合校内外资源包,运用线上平台钉钉等系统的自主学习,激发学生们的运动兴趣。在此基础上推出了各式各样丰富多彩的"居家体育课程",如:居家体操、居家武术、居家健美操、居家围棋、居家跳绳练习等。其中较为典型的是2020年疫情冲击下应运而生的"居家童健节"健身小达人以及"运动美小凤"榜样评选活动的开展。

(一)居家童健节——健身小达人

居家童健节围绕主题一——"凤凰抗疫强体魄、平米健身乐居家",通过平米健身、自律运动等方式,引导凤凰学子居家健体魄、铸精神、抗疫情;主题二——"一个都不能少"的子主题强调生生参与,培养凤凰学子的拼搏精神,发扬敢于自我挑战的精神,增强班集体的凝聚力,增进父母与孩子的亲情,让凤凰学子在运动中健康成长,幸福生活;主题三——"抗疫有我,力撑湖北",响应蔡崇信公益基金会联合发起的倡议,和原体操奥运冠军杨威、原体操奥运冠军陈一冰、CBA总冠军队伍主力&MVP朱芳雨等诸多体育明星通过新浪微博线上平台和线下参与融合的方式一起向"俯下身,撑起爱"平板支撑挑战,凤凰小学希冀以凤凰学子的切实行动,将善意凝聚成功前行之力,宅家抗疫,运动不止;山水勇隔,爱心无界!该次居家童健节共设立班级、年级、校级3个运动达人榜样奖项和1个公益积极参与奖,分别是居家童健节"班级健身小达人"、居家童健节"年级健身小达人"、居家童健节"金凤凰健身小达人"、居家童健节"金凤凰公益达人"。

设立这几项小达人后,每位同学都在家带着父母勤奋练习,到比赛当天录出自己感觉最好的一次运动视频上交,跟同学进行PK争夺小达人称号,提高了全校学生的参赛热情。且有一项"金凤凰公益达人"是参加了都能够获得的称号,他们参与这项活动能够为乡村学校获得运动器材献出一份自己的一份力,让他们实实在在地感受到自己的运动价值,该称号是给他们对公益热心最好的奖励。

表9-6　健身小达人评选标准

项目	评定方式
"班级健身小达人"	根据人人参与的单人赛选出成绩最好的4男4女
"年级健身小达人"	根据班级中推荐的4男4女,体育老师选出成绩最好的前十名
"金凤凰健身小达人"	年级前6名
"金凤凰公益达人"	参加蔡崇信基金会的平板支撑挑战

(二)运动美小凤

为引导凤凰小学学生在新形势下坚持体育锻炼,培养积极健康的生活方式,以强健体魄和阳光心态面对学习、生活,凤凰小学从2020年起,将"运动小达人"奖项升级创新为具有学校特色的"运动美小凤"运动榜样新奖项。运动美小凤评选标准:热爱运动,积极锻炼;做生活中的小健将,有一项运动爱好;积极参加校内外运动类的比赛,并获得一定的体育奖项。标准不难,能让人人争当运动美小凤,小达人的标准更注重于平时对体育的付出,而不是只注重比赛时候的成绩。每班每学年都能推选出三名运动美小凤,以班级为小点树立榜样,带动班内同学加强日常体育锻炼。

(三)校园吉尼斯

凤凰小学开创特色项目"校园吉尼斯",每个人都能够通过自己的特长申报校园吉尼斯项目,学生申报吉尼斯项目的热情高涨,申报成功的小达人们则是其他同学纷纷挑战的榜样,有的挑战成功成为新的小达人,有的守擂成功捧起第二座小达人奖杯,在挑战的过程中,学生们忘记了辛苦与困难,只有挑战的目标,让学生们更加有动力去锻炼、去竞争,也让小达人们不敢松懈,坚持锻炼以保住自己的小达人宝座。

通过以上三项小达人的设置,榜样作用特别明显,孩子们有了具体的运动目标及前进的动力。

第 十 章

展望:创玩体育新追求

　　未来已来！创玩体育锚定个性化定制的未来教育,着眼人的健康发展,发展儿童动商,基于"时空重构""自由学习""协作共享"创设多元交往平台,打造创玩体育的未来"三部曲",以体育立校,以健康赢未来,聚焦多彩健康的育人目标。相信在不久的将来,金凤凰学子将更有底气,以昂扬的精神站在世界的舞台上,讲述一个个生动的中国故事。

第一节　成效：多彩又健康

创玩体育实施6年来，凤凰学子"多彩健康"的画像不断清晰，健康育人的成效不断显现。

一、创玩体育发展学生自由个性

中小学生大多课业沉重，每周的体育课是学生们难得可以放松的时间，与同学玩闹嬉戏，消除一直学习做题的疲惫。笔者曾采访过一名高年级学生，说起心中理想的体育课，她希望能根据每个学生的特点和兴趣设置一些体育项目进行练习，这样不仅能掌握一项体育技能，还能培养一个体育爱好。"日常我们课业繁重，体育课就成了我们最喜欢的课，这不仅是因为在体育课上我们可以参与自己深爱的游戏与活动，更因为体育可把学生从沉重的课堂负担中解放出来。但是体育课有时也没那么好上，体育老师有时强调纪律性，会把体育作为惩罚学生的手段，强迫学生从事自己不擅长、不喜欢的体育项目，尤其是体质较差或体重过重的学生，被迫去做不适合自己身体素质的运动。体育老师最常用的处罚手段就是罚跑步或是俯卧撑。"

现在上体育课，孩子们通常会跑跑步，做一些体能达标测试项目，天气好时自由分配打羽毛球或者篮球，天不好就在教室里上自习。"我心目中的体育课内容应该丰富些，不要总是跑步，要给学生各展所长、发挥自己优点的空间，体育课上的活动应该建立在我们感兴趣的基础上，也可以带动其他不爱这项运动的同学。"在高年级同学们看来，他们这个阶段基本已经有了自己的想法，有了很大的个体差异，学校体育课更应该尊重这些差异，满足学生的不同需求。学校的体育课无论其教学目标、课程设置，还是组织形式、教学模式等,都应体现多样化与针对性,让学生在多彩的体育活动中展现特长与个性。"在体育项目上,男生和女生的兴趣差别就很大,很多女生并不喜欢跑步或打篮球,在统一上篮球课时,女生兴趣就不大。"有位女同学说:"我心中的体育课应该紧密结合学生的个性与特长,有针对性地因势利导,帮助学生认识自己的优势,发展自己的潜能,张扬自己的个性;组织学生按照自己的兴趣和特长开展体育活动,在体育成绩的考核与评价上要更具灵活性和多样性,让每个学生都能在体育项目上找到自己的位置,在体育课上找到自己的乐趣。"

放飞孩子的个性,倡导体育课上的自由学习,如今已成为凤凰体育教师自觉的教学行为。《让天赋自由》一书中说,每一个孩子都有自己的天赋,我们要为孩子的发展提供自由学习的环境,那么他的成长才有明天。2016年8月,巴西里约奥运会上,中国女排在郎平教练的带领下,又一次站在了奥运冠军的领奖台上,全国人民欢欣鼓舞,都在盛赞女排精神。我立在电视机前观看直播,不仅为女排精神所感动,更想到了一条应该可以让很多孩子通向成才之路的"郎平道路"。如果说20世纪80年代曾经振奋国人的女排精神今天又重现,郎平本人就是这个承上启下的关键人物。30多年来,国内的"女排精神"一度辉煌,一度暗淡,郎平也经历了退役、赴美留学、为意大利打球等等曲折的人生历程,从球员到教练,郎平始终为排球而生。为了排球,她超越了国别,超越了体制,终于走出了一条"郎平领导下的中国女排"自己的道路。正是她以人格力量统摄了中国女子排球队,并让她从20世纪80年代一直具有的"女排精神"得到了新一代球员的传承。

二、创玩体育增进学生身心健康

跑步枯燥?那就手拉手跑或者以跪姿"跑";仰卧起坐太累?那就和小伙伴们一起躺倒,以仰卧起坐的方式进行传球接力;不愿意进行上肢力量训练?那就拿着一根"扁担",一头"悬挂"一名蹲姿的同学挑担走……这并不是异想天开,而是学校举行体育节现场展示活动的亲眼所见。好玩、有趣的项目设置不但一改多数人心中体育教学枯燥、乏味的刻板印象,让所有参与的学生、老师、家长都乐在其中,更关键的是有效提升了体育教学的效率和质量。通过这样的项目式运动会,现在学生们等着盼着上体育课,学生体质监测健康优秀率开始上升。

"生活水平提高了,民众幸福感增强了,但也一定程度上剥夺了人们,尤其是青少年学生体育锻炼的机会,比如汽车取代了走路,室内休闲取代了户外活动,自动器具取代了家务劳动,等等。体育课原本应该成为青少年学生增强体质的有力手段,但受应试教育、学校担心体育风险等因素影响,近些年国内体育基础教育开展状况不甚理想;另外,基础体育教育长久以来存在教学方式方法陈旧落后、缺乏创新等短板,难以激发学生兴趣,形成了恶性循环。"基于此,"遵守规则、良性竞争、团结奋进等是体育的基本元素,有利于培养学生健全人格,让体育教学的意义更加明确"。除了观念的更新,最让人赞叹的还是"全员运动会"项目的落地。所谓"全员运动会",就是针对校园运动会"少数人在跑,多数人晒太阳"的普遍状况,探索的全新路径和模式,通过原创的近百个以体育游戏为切入点的比赛项目,要求全校学生、老师甚至学生家长全员参加,实现了体育教学从浅层到深层的贯通,从校内到校外的扩展。千万不要以为"全员运动会"只是"趣味运动会"的变形,它具有详细的流程、规则、操作手册,在项目设置方面是在增强项目趣味性的基础上锻炼学生跑、跳、投等体育基础素质。按规定,"全员运动会"的项目都会在学校日常体育课进行教授,从而达到较好的比赛效果。"全员运动会"不但以兴趣为纽带,增强了全校师生的体育意识,也打通了学校和家庭间的壁垒。展示活动期间,学生家长不但充当志愿者,不少还成为体育项目的展示者。学校一位家长说:"孩子学校以武术为特色,每周开设两次第二课堂活动,邀请家长参加,现在我已经能和孩子一起表演了。""全员运动会"、新兴项目进校园、课课练、阳光体育大课程等改革举措,可以改变学校体育的沉闷局面,让充满欢乐的新体育内容和形式进入学校,让体育教育面向全体学生,改变体育不均衡现象,促进全体学生的体育锻炼。但在此基础上,体育教学还应突出精准测量、精准分析、精准干预,进行"立德树人"教育改革,探索家校结合、运动促进大脑发展等重点,以实现体育教学改革的深化发展。

三、创玩体育形成以体树人特色

学校体育是实现立德树人根本任务的重要途径，也是培养全面发展的社会主义建设者和接班人的重要内容。2020年4月27日，中央全面深化改革委员会第十三次会议上审议通过《关于深化体教融合　促进青少年健康发展的意见》，明确指出"深化具有中国特色体教融合发展，推动青少年文化学习和体育锻炼协调发展，促进青少年健康成长、锤炼意志、健全人格，培养德智体美劳全面发展的社会主义建设者和接班人"。这是新时代党和国家为学校体育工作明确了新任务、提出了新要求，已成为当前教育工作的一项重要内容，既是民族复兴使然，也是教育发展的必然，关系到"培养什么人、怎样培养人、为谁培养人"这一教育根本问题。因此，我们必须准确把握体教融合的精神实质和综合育人功能，更好地促进学生身心全面发展，为中华民族伟大复兴打下坚实的基础。

体教融合的根本问题，归根到底与人的培养息息相关。体育作为塑造人的重要手段，与教育有着共同的育化空间。它在培养学生身体素养和运动技能的同时，对于培养学生爱国主义、集体主义和勇于拼搏的精神，以及帮助学生塑造正确的世界观、人生观、价值观等具有不可替代的作用。早在两千多年前，孔子就提出"知者不惑，仁者不忧，勇者不惧"的经典论述，其中强调的"三达德"正是培养全面发展的人的基本要求。因此，我们在看待体教融合这一人才培养的战略性问题时，不能简单地将"体"与"教"分开狭义理解，仅仅局限在实现"援教于体"或"援体于教"这样单一路径植入式的融合上，而应重视"体"与"教"在精神与价值层面的深度融合，这样才能真正实现体教融合实施中 $1+1>2$ 的育人效果。

当前，我国已进入全面建设社会主义现代化国家的新发展阶段，深刻理解体教融合的精神实质，不仅对于实现中华民族伟大复兴的中国梦具有特殊的意义，而且对于弘扬中华体育精神，培养全面发展的建设者和接班人有着深刻的影响。体育不仅是一种运动、一种技能，还是一种教育、一种生活，更是一种精神。它应是以生活为空间、以技艺为载体、以精神价值为追求的身体教育。因此，它同样承载着国家强盛和民族复兴的梦想。"爱国·尚武"

本就是中华民族优秀的传统文化,也是民族生存与发展的根和魂,更是中华民族千年盛世的文化坐标。每个中国人都应肩负起实现中华民族伟大复兴的历史责任与时代担当,提振中华儿女的"精气神",如鲁迅先生所言,"外之既不后于世界之思潮,内之仍弗失固有之血脉",培养出"不忘本来,吸收外来,面向未来"全面发展的社会主义建设者和接班人,为中华民族的伟大复兴筑基、铸魂。

第二节　立意:动商伴童年

　　在应试教育体系中,体育被看作游戏活动和休闲活动,只是为了娱乐,而不是教育过程的组成部分。孩子若在课余时间多打一会儿球,在外边多玩一会儿,就会被爸妈责备不务正业,然后被揪着耳朵,抓回去乖乖学习……这不仅仅是《家有儿女》里刘星的遭遇,可能也正是不少中小学生成长中的场景吧。

一、何为动商

　　动商是由南京理工大学王宗平教授潜心研究多年而得出的全新概念。动商,英文可称为Motor Quotient,英文缩写为MQ,是继智商、情商之后,提出的全新概念。动商有狭义和广义之分。狭义的动商是指个体的运动商数,是个体克服自身和客观条件进行身体运动的能力,是人的运动天赋水平和运动潜能发挥能力,主要包括运动素质、运动心理、身体机能。广义的动商是指一切通过人的身体或身体某一部分活动所表现出来的人的自然属性和社会属性,包括身体运动、生产劳动、生活行动的特质和能力,由先天遗传、后天环境和后天调控共同决定。著名心理学家、教育学家霍华德·加德纳提出:人类有七种智能,除了被传统智商测验所重视的语言智能和数理逻辑智能,人类还有音乐智能、视觉空间智能、肢体运动智能、人际智能和自我认知智能。其中,自我认知智能和人际智能是情商理论的直接来源,而肢体运动智能,或称"身体动觉智力(Bodily-kinesthetic Intelligence)",则是动商理论的基础。我国教育领域一直提倡"德、智、体、美、劳"全面发展。但长期以来,无论在学校教育还是在家庭教育中,智力发展被认为是获取成功的最重要因素。只重视智力培养,忽视运动素质、德育启发和情商培养已成为阻碍现代青少年均衡发展的绊脚石。动商与智商、情商共同构成了人类三位一体、不可分割的最基本素质,有专家认为:成功=50%情商 + 30%智商 + 20%动商。

二、动商悦体

据统计,美国有80%的学生擅长体育运动,60%的学生痴迷体育运动,让孩子爱上运动,已经形成了一种社会价值和生活习惯。而我国的孩子除了体育课外,参加体育锻炼的只有不到8%,很多孩子小小年纪便近视、过度肥胖、体质虚弱。

电影《无问西东》中,有一个让人印象深刻的场景。在20世纪30年代的西南联大,由于雨滴敲击房顶的声音太大,学生们听不到讲台上传来的讲课声,于是教授和学生们在茅草铁皮教室里"静坐听雨"。这时学生沈光耀推开窗,向外望去,时任体育部主任的马约翰正带领着一群男生,在瓢泼大雨中照常进行跑步训练。这位在清华体育部工作了52年的老前辈曾说:"中国学生在国外念书都是好样的,但是你们要好好锻炼身体,要勇敢……不要人一推你,你就倒;别人一发狠,你就惧怕……"

一项实验发现:小学生每周慢跑两次、每次30分钟,12周后,他们的认知能力就比以前进步很多。因为人在运动时会促进多巴胺(dopamine)、血清素(serotonin)和去甲肾上腺素(norepinephrine)的分泌,这三种神经传导物质都和学习有关,会让人情绪稳定、注意力集中,所以从大脑来看,要想学习成绩好,孩子应该增加的就是体育课,而不是"暗无天日"的各类补习课。呼吁一下,别让孩子的"动商"变成"硬伤"!我们应重视青少年儿童的动商开发,进一步提升教育质量,真正促进青少年儿童身心发展,给孩子一个幸福的童年,许孩子一个美丽的未来!

三、动商立人

"一天到晚只知道玩!"这是很多家长和老师经常挂在嘴边教育孩子的一句话。因为说得太多、听得太多,无论家长还是小孩都没把这句话当回事儿。不过,细细分析就会发现,这句话不仅压抑了孩子的天性,而且目前孩子的许多问题正源于这句不经意的话。2015年10月22日,习近平主席在访问英国时就提到,中国孩子玩得太少了,要让他们多玩一玩。今天,我们就要用动商为孩子的"玩"正名,释放孩子玩的天性,让孩子真正快乐健康地成长。

"一天到晚只知道玩",这句话包含两层潜台词:一是对"玩"存在明显的偏见和歧视,二是认为目前孩子的问题都源于"玩"。玩,本应是个中性词,但在中国文化里却往往带有贬义,比如成语玩物丧志、玩时愒日等。正是源于这种文化背景,家长对孩子爱玩、贪玩抱着十分警惕的心理。每到假期,家长都要给孩子报各种各样的文化兴趣班、补习班,就怕孩子们玩得太疯,担心孩子在假期里把心玩野了。其实,虽然家长对玩抱有警惕的心理,但他们并没有认真思考过"玩"到底是什么。玩,首先是孩子的天性,孩子的玩就是游戏,就是通过跑、跳、投、游等基本动作发现自身的潜能,就是在游戏中与小伙伴建立良好的关系,这正是孩子发现自己的动商、发掘动商、培养动商的过程。在玩的过程中,孩子亲身体验了自身的能力和潜能,在体验中愉悦了身心,不仅使身体得到锻炼,也让心理更加强大。可以说,玩是孩子成长过程中不可或缺的一个阶段。缺少了玩,孩子的童年就缺失了童趣和记忆。

四、未来"三部曲"

让教育看见未来,创玩体育更应思考对未来的行动。理念指引新行动,课程再造新行动,文化重塑新行动,畅想创玩体育的未来"三部曲",凤凰人心向远方,目光如炬,行稳致远。

(一)创玩体育理念更新行动

从"点燃激情"到"勤练常赛",培养终身运动者。2022年9月1日,2022级凤凰新生齐聚"开学第一课",第二个校园旱地冰壶周开课了,欢快的呼喊声响彻校园室内体育场,火热的激情点燃秋夜校园,无限青春活力与学生体育精神在这堂培养终身运动者的体育课上碰撞、交汇、融合。

学校体育工作不能仅仅停留在课堂教学上,我们每年都会全面了解新生对于体育运动的兴趣爱好,有针对性地改进体育教学工作,并突出"勤练"和"常赛",成立各类学生体育社团,组织开展丰富多彩的校园体育活动。

一方面,学校在体育课程中加入课外锻炼硬性要求,学生体育 2 + 1 项目可通过参与体育文化节、健身盛典、毕业与迎新跑、冰雪课堂、晨跑夜奔等各种校内外体育活动抵扣,让课外锻炼既是强制,又有多样化的选择。此外,学校还有 40 多个体育类社团、8 支校级代表队,均由体育专业教师指导日常活动。学生们可以在自己感兴趣的专项上获得较为系统的训练,进一步提高运动水平。

另一方面,学校为学生提供丰富的育人型赛事,每年举办校长杯各类赛事以及春季、秋季运动会,新生运动会,跑射联项赛,铁人三项赛等"强体魄"系列赛事。我们坚信,学校体育决不能围着各种体育测试转,而应当是一种兴趣,甚至热爱。学校通过体育课程、课外活动和竞技赛事,努力让学生们养成终身运动的良好习惯,培养终身受益的体育爱好。

(二)创玩体育课程再造行动

要让创玩体育跨出体育学科的范畴,成为一套相对完善的综合育人的课程体系。突出做好"体育课程 +""体育项目 +""体育活动 +"三大模块的新设计,在原有体育项目育人目标的基础上进行扩展,使体育运动最终可以直接或间接达成"文明其精神,野蛮其体魄,涵养其品质"的多种教育目标。

"体育课程 +"是指实施的国家、地方和校本三级体育课程。要有意识地梳理体育与语文、数学、艺术、信息技术等非体育类学科在知识、技能上的交集,着力发现体育课程背后的科学、精神与文化价值,让一项运动能够带来更多更深刻的教育收益。比如,在校本体育课程"少儿足球"中,构建"ABC + 1 + X"的课程实施结构:"ABC"指每周一节足球课,按照 A、B、C 三个层次分别体现"玩足球""练足球""赛足球"的课程目标,主要落实足球知识与技能训练;"1"是指足球拓展课程,以社团活动方式分设男子足球、女子足球和守门员课程;"X"是足球探究型课程,指一切与足球有关的综合实践活动,如足球啦啦操、足球文化渗透课程、足球小课题研究等。足球承载了多种身体素质和意志品质上的教育目标,这些目标我们都要尽可能达成。除此之外,足球在科学、精神和文化上的价值,也是人类创造、维系、发展这个项目的根本意义，我们的 X 课程就承担了传达足球在科学、精神、文化方面的内容的任务。很多孩子因为我们的 X 课程对足球文化产生了兴趣，搜集了很多与足球相关的背景文化知识，还有孩子把足球当成自己的研究对象，研究其运动规律、竞赛制度和历史沿革。以前，在开始教授一个体育项目时，老师总是从基本的动作要领开始，比如足球盘带，至于为什么要这么做，老师顶多会说可以让你更好地过人。而今天，我们的体育课教学会从全方位了解这个项目开始，让学生了解很多背景知识和相关文化，知道很多运动员的故事，孩子也就知道了做好每个动作的更深层意义，是人类文明创造出的一种文化价值在推动着他们学习，而运动中蕴含的身体素质和意志品质教育价值都能成倍地得到提升。这里，"体育＋"中的"＋"，就是让每个体育项目有更深厚的科学、精神文化价值。

此外，"体育＋"课程还有一层含义，即为其他学科类课程增加体育元素，让体育与其他学科课程结合。开设"微运动课程"，在语文、数学、英语等室内文化课中插入 3 分钟左右的室内微运动操，调节久坐行为，缓解用脑疲劳，增强注意力、记忆力和生理心理兴奋度，提高学科教学实效。课程内容根据不同学段儿童的年龄特征进行编排，兼顾趣味性和运动性，低段学生以动物模仿操为主，中段学生以劳动技能操为主，高段学生逐渐由模仿操过渡为综合性律动操。每套操分为局部微运动和全身微运动，以供不同文化课选择使用。儿童运动与文化课学习、智力发育间的关系非常密切。很多研究证实，运动可以增加大脑的供血供氧，巩固大脑的神经连接，提高学习效率。

再则，我们的"体育＋"课程还力求为儿童情感与精神的成长做出贡献。体育项目可以完善孩子的人格，提升他们的意志品质，还可以培养协作精神和积极向上的心态，这些都是有目共睹的，对此我们在任何运动项目中都不放过相关的教育机会。此外，我们还努力发掘更多的可能，如我们的"亲子体育课程"是课内课外、校内校外、线上线下体育活动有机结合的延伸课程，除了有助于让锻炼成为习惯，还很好地维系了亲子情感关系。

"体育活动＋"是指以体育为主体的各种学校活动。我们同样会努力开发"体育活动＋"更宽广的育人价值。比如，竞赛活动是培养集体主义精神、协作精神、拼搏精神最好的平台,我们自然不会错过,赛事期间我们还会通过体育类小课题研究及体育赛事稿件、视频、照片征集等综合性活动,让一次运动会的育人触角自然地向德育、智育、美育等多方面延伸。再如,我们的大课间体育活动中还有一个"聚气呐喊"的环节,孩子们大声诵出《千字文》等经典名篇,既调节了情绪,提振了精神,也巩固了文化知识,使运动与文化课直接产生了联系。

值得一提的还有每年一度的体育文化节,它打破了学科界限,在语文、数学、英语、德育、科学、艺术、信息、影像等多学科中渗透了体育元素和体育文化,以体育为媒介搭建全学科课程展示舞台,各类反映校园体育竞技的文艺演出、书法绘画、摄影摄像、创客科技、陶艺制作等作品登台亮相,将体育对全学科的辐射影响力发挥到极致。

"体育项目+"是指依托每周"快乐课程日"而开展的体育拓展课程。我们将兴趣爱好相近、水平层次相当的学生组建成体育社团进行专项教学,它还辐射带动了与该项目有一定关联的非体育项目的新社团的产生,以促进学生综合素养的提升。如为满足校园足球赛事拍摄记录需求,催生了主持播音、小记者采编等新的社团,继而成立了影像工作室、校园电视台等,实现了以体育特色带动各学科全面提升的"滚动教育"效应,促进学生多元发展。

(三)创玩体育文化重塑行动

1.学会思考,重塑体育价值观

真正的素质教育应关注学生学习方法的转变,要由过去传统、单一的"讲背练"等拿来主义的学习,变为把学生个体的情感、经验和知识储备与当前的学习发生联结,生成一种新的认知、新的技能、新的价值观。创玩体育的价值观需要学校体育文化的引领。中国文化特别欣赏的是相对于闻见之知的德行之知,就是要有体之于身的实践,才会有德行的生成。

2.科学探究,重塑科学锻炼方法

锻炼身体最好的方法就是进行有氧的活动,比如跑步、跳绳、游泳、骑车等运动。在生活中,每个人都会进行适当的运动来锻炼身体,因为强身健体能够提高人体的免疫力,增强抵抗力,可以预防各种疾病,让人少生病。锻炼身体的方法有许多,做做操、压压腿、散散步、做做仰卧起坐、打篮球、打排球等,都可以用来锻炼身体。但是最好的锻炼方法莫过于游泳、跑步、骑车等有氧的运动了。

力量训练也叫负重练习、阻力练习,人们通常认为这是塑造体形的运动,其实它对整体的健康状况,如增加力量、改善情绪、保护心脏健康等都有着非常积极的作用和影响。力量运动包括仰卧起坐、举重、引体向上、俯卧撑等。运动生理学家Chris Jordan建议:健康的人应该定期进行阻力、力量训练,高强度间歇训练(HIIT)是一个不错的选择。HIIT运动中包含俯卧撑、深蹲、深蹲跳等力量训练,每一个动作都在利用身体的特定肌群发力。一个肌肉组织不算太出众的人,经过一段时间的HIIT训练,肌肉量会得到明显的增长。HIIT最适合年轻且有一定运动史的人群,对身体素质的提高帮助很大。

锻炼身体重在坚持,不管用什么方法来锻炼身体,如果三天打鱼两天晒网,那也是没有任何效果的。

3. 合作自律,重塑健康体育文化

如今,我国健康体育文化发展的一大难题是动力不足。健康的体育文化涉及每一个人,是典型的大众文化,其发展主体是全体国民,拥有这一强大的文化动力源,动力不足这一问题本来不应出现。然而,由于构成体育文化的观念、知识和制度,是精神层面的无形之物,只有将其内化于全体国民,才能转化为亿万人的体育行为,释放出巨大能量。健康体育关乎人的生命状态和生活质量。改善自己的生命状态、提高自己的生活质量是人与生俱来的内在需求。基于生活建构体育文化,就是将体育文化建立在人们丰富多彩的生活需求上,让人民群体成为体育文化发展的主体,让体育成为人们寻求和开发生活的多种意义、提高自己的生活品质和生命质量的利器,从而变文化的外生机制为内生机制,在源头上解决体育文化的动力问题。以社会内生为主,辅之以行政和市场力量,上下对接,内外联动,体育文化会迸发出无穷无尽的生长力和创造力。

一个人的生活贯穿其整个生命过程,生活体育文化建构和服务这一过程。人的一生要经历儿童、青少年、成年到老年等不同时期,其生理、心理和社会健康状态的变化将导致其生活状态的变化。基于生活构建的体育文化由于紧扣生活,也会随生活的变化而变化,自然呈现出鲜明的阶段性和连续性。在这一过程中,青少年阶段无疑是重中之重,因为这一阶段是培养身体素养、奠定终身体育参与基础的窗口期。生活体育文化将体育融入青少年的生活,让他们充分体验"更快、更高、更强"的进取精神,感悟"卓越、尊重、团结"的社会价值,让体育成为他们探索自我、开发自我的生活伴侣,从而彻底解决我国青少年体育文化缺失的问题,并为其终身体育打下坚实的基础。

参考文献

[1]齐大路,王嵘,鄢行辉,等.学校体育落实"健康第一"教育理念的路径研究[J].体育学研究,2022,36(3):60-70.

[2]曹振波,陈佩杰,庄洁,等.发达国家体育健康政策发展及对健康中国的启示[J].体育科学,2017,37(5):11-23+31.

[3]张梦婷.核心素养背景下过程性评价在小学体育教学中的应用[J].当代体育科技,2020,10(24):112-114.

[4]姚佳斌.新课程理念下小学体育教学评价的反思与重建[J].体育风尚,2022(7):128-130.

[5]王丽华.小学体育课堂即时评价的调查研究——以上海市杨浦区为例[D].上海:上海体育学院,2019.

[6]周彬.何以把"学科知识"教出"核心素养"来[J].上城教育研究,2019(5):7-9.

[7]张召重,孙东瑞,王贝贝."健康中国"视域下在中小学开展选项课教学的可行性研究[J].当代体育,2019(7):30.

[8]王蒙."体育强国"下强化青少年体育意识策略[J].当代体育,2019(7):19.

[9]张琳.体育教学论[M].北京:高等教育出版社,2002.15-16

[10]王荣章.漳州市中小学排球教练员的现状研究[J].当代体育科技,2019,9(5):143-145.

[11]吴明汕.小学体育排球教学探究[J].西部素质教育,2019,5(2):80.

[12]李日辉.核心素养视角下小学体育教学德育渗透策略研究[J].新

教育时代电子杂志(教师版),2019(19):18.

[13]孙海鹏.小学体育课堂教学中渗透德育策略[J].新一代:理论版,2019(10):56.

[14]徐皓明.课堂评价在小学体育教学中的运用[J].西部素质教育,2020(2):106+110.

[15]敖洪,任德利,韦拥军.新冠肺炎疫情期间重庆市主城区中小学生居家体育锻炼现状[J].中国学校卫生,2020,41(8):1155-1157+1163.

[16]姚宏双.新冠肺炎疫情前后我校学生的体育行为、体育意识对比研究[J].中国农村教育,2020(22):56-57.

[17]陈振勇.疫情背景下民族传统体育健身发展的思考[J].武术研究,2020,5(7):1-3 + 7.

[18]胡毓诗,廖远朋,孙君志,等.新冠肺炎疫情对运动医学学科的影响和启示[J].成都体育学院学报,2020,46(4):16-19 + 29.

[19].新冠肺炎疫情期间浙江省城乡居民居家健身状况调研报告[N].中国体育报,2020-07-08(005).

[20].教育部发布《关于在常态化疫情防控下做好学校体育工作的指导意见》[J].西部素质教育,2020,6(12):165.

[21]朱凤.南充市五星小学校园排球文化建设研究[J].当代体育科技,2019,9(18):129+131.

跳绳王国，多变赛场

——浙教版体育与健康一年级上册"多变跳绳"课例分析报告

一、设计简述

伴随着"新课改"实施的不断深入，"双减"政策的正式实行，素质教育已经成为当前教育教学的基本理念，由此也推动教师不断改革教学方式，提高教学效率与凸显学生的课堂主体地位。在小学体育教学中，考虑到小学生的身心正处于成长期，活泼好动是他们的特点，甚至于还有一部分学生任性与调皮捣蛋，经常不配合老师的教学工作，因此体育教师不仅要努力创新教学模式，还需要通过利用游戏教学等方式，调动起学生的积极性与好胜心，营造生动有趣的课堂氛围，让学生能够在游戏中感受到体育的魅力，也能够借助参与体育活动，而培养健康的体魄与正确的运动价值观，为以后的健康成长奠定坚实的基础。

二、磨课小史

表1 课例研磨计划图

时间	参与人员	改动内容
2022.5.4	樊××、徐××、郭××、李××、秦×	技能目标的准确描述
2022.5.18	樊××、徐××、郭××、李××、秦×	课堂环节的有效衔接
2022.6.1	樊××、徐××、郭××、李××、秦×	教学方法的高效运用
2022.6.22	樊××、徐××、郭××、李××、秦×	评价指标的细化表达
2022.9.14	樊××、徐××、郭××、李××、秦×、张××	学习方法的创意指导

三、课例综述

(一)教材分析

跳绳是小学生十分喜欢的一种体育活动。它是一种以下肢运动为主,结合上肢协调配合的一种身体活动,它可以通过控制动作的繁简和速度的快慢而很容易地达到调节运动量的目的,适合不同的年龄和性别。本次课在学习掌握双脚快速跳和单脚交换跳的基础上,发挥学生想象力与创造力,创编出形式多样的跳绳方法来丰富我们的体育课堂。跳绳由于设备简单,不需要很大的场地,容易开展,是小学体育教材中较好的内容。跳绳活动能够促进学生上下肢肌肉、关节、韧带和内脏机能的发展,对于发展弹跳力、灵敏、协调性等具有显著作用。同时还可促进少儿智力、身高的增长,增强少儿心肺功能和胃肠功能。

(二)学情分析

众所周知,一年级学生的天性是喜欢玩、好奇心强、争强好胜的,尤其是对于一年级的小学生而言,更是如此。因此,在日常体育教学中,为了提高教学的效果,教师要合理利用学生的这种心理,激发和保持学生行为的内部动力,贯彻以学生为主体的教学理念,使主体自身发挥自我教学的作用,充分提高课堂教学的效果。

(三)教学目标

1.通过课堂教学,引导学生学会跳绳的基本动作,让学生掌握一定的体育技能,并通过参与体育锻炼而使得自身的灵敏度、协调性有所提升,促进小学生的智力开发。

2.本次教学试图通过跳绳及其他的体育游戏,让学生能够更好地融入课堂活动,并感受到参与体育运动的快乐,从而萌生出积极参与体育锻炼的想法。

3.通过跳绳和游戏比赛的方式,让学生既能够大胆地展现自己的跳绳方法与练习成果,也能够培养学生形成良好的合作团结精神,营造和谐友爱的课堂氛围。

（四）教学重、难点

1.重点：设计各种符合小学生身心特征的跳绳活动，并引导学生积极尝试，掌握一定的体育技能。

2.难点：在参与跳绳活动的过程中，如何引导学生掌握科学的跳绳方法、如何引导学生团结合作并做到自主训练是本节课的重点。

（五）教学过程

1.情境导入

由于教学对象是一年级的学生，所以在课堂一开始的时候，我主要是借助游戏情境的方式来吸引孩子们的注意力。

首先，我对孩子们说："孩子们，之前为了帮助你们中的一些人减轻体重，曾经让大家回去之后都选一项体育运动练习，而且要坚持每天锻炼。在这过程中，有的同学选择了每天努力跳绳，那么，你们知道跳绳是什么运动吗？"

在孩子们回答之后，我继续说："那么，孩子们，今天我便带你们走进'跳绳王国'，领略一下跳绳运动的魅力，let's go。"此后，通过引导孩子走进由利用地垫和跳绳工具组成的"跳绳王国"，并借助视频让孩子们感受到不同的跳绳方法，充分调动起学生的活动参与热情，为接下来的教学活动开展做好准备。

2.跳绳初步教学

在进入"跳绳王国"并了解到初步的跳绳知识后，学生的活动热情也被充分调动了起来，所以我也趁此机会，开始对学生们说："孩子们，既然跳绳如此有趣，那我们要不要也一起来学习跳绳呢？"在得到了学生"要"的一致回答后，我便让学生们解开准备好的跳绳，开始进行跳绳动作的讲解与示范。

在跳绳教学的过程中，我首先是让孩子们了解到如何握紧绳子的两端，并从头上回转至脚步；在此基础上，开始教授孩子"基本跳绳动作""30秒单摇跳"二个跳绳动作，让孩子们逐步熟悉跳绳的基本方式，并在不断学习的过程中达到了热身的效果。值得注意的是，在这个阶段，我还将学生分为两两一组，互相观察对方的跳绳动作，为后面的动作纠错、合作竞赛奠定基础。

3. "踩蛇尾"活动

在学生们了解学会基本的跳绳动作之后,为了防止学生感觉到枯燥无味,我还设计了"踩蛇尾"活动,即让学生借助游戏来感受到跳绳的别样魅力。在游戏中,还是以两人为一组,允许一名学生用"甩"的方式挥动绳子,而另外一名学生则尝试"踩"到绳子,在规定时间内,如果学生没有"踩"到绳子,则挥动绳子的人获胜,并交换进行尝试。也正是这个活动,不仅能够进一步让学生开展热身活动,也能够让学生通过别样的"跳绳"活动而锻炼自己的灵敏性与反应能力。

4. 花样跳绳动作大比拼

在充分热身完毕之后,为了让孩子能够更熟练地开展跳绳运动,我便让孩子们充分发挥想象能力,让孩子们在基础跳绳动作的前提下,做出不一样的跳绳动作,并且对其中跳得好的孩子进行表扬,激励其他的孩子们也发挥自己的想象力,积极参与到课堂活动中来。而且,由于孩子们年龄尚小,所以我主要还是依照顺序的方式让孩子们进行演示,确保他们的人身安全不会受到伤害。

5. 歌曲跳绳竞赛活动

在课堂的最后,我依据前面的练习效果,将孩子们分为7组,每组6个人,开展跳绳游戏竞赛活动。第一个活动是"抓尾巴",即每一组学生利用跳绳将自己和组员绑(围)起来,只是露出首尾两端的"尾巴",中间的五个学生则是要努力阻挡,保护自己队里的尾巴不被抓住,能够坚守到最后的小组则获得最后的胜利。在这个活动中,我会加以指导,要求学生一定要注意安全和动作规范,并适当参与到活动中,调动起活动的氛围。

第二个活动则是歌曲拼图,即要求每一个小组的学生在一首歌曲的时间内,合作利用绳子拼凑图形(图形可以自己设计),并且在歌曲结束之后,对学生的拼图进行赞赏(不区分名次,主要是为了保护孩子们的自尊心),让学生们沉浸在思考运动的氛围中,并从中感受到运动的快乐与幸福。

6. 教学结束

最后,组织学生将绳子收集起来,并排好队伍,对这一节课程的教学内容进行总结和评价,并乘机引导学生在课后继续参与跳绳等体育活动,为帮助学生养成良好的体育运动习惯而奠定基础。

　　总体而言，在本次教学中，我贯彻"学生主体"的素质教育理念，充分利用示范讲解法、合作竞赛法和游戏法等多种教学方法，调动学生的参与热情，营造良好的课堂氛围，并积极鼓励学生，使得课堂的教学效果得到了明显提升，也为促进学生的健康成长而奠定了基础。

课例报告2

层面设置，搭建技能学习平台

——浙教版体育与健康四年级上册"跪跳起"课例分析报告

一、设计简述

依据《体育与健康课程标准》精神，即以"健康第一和以学生发展为中心"的指导思想，本课注重水平二学生学习跪跳起的过程和体验跪跳起的各种练习方法所带来的乐趣，一步一步地挑战自我，体现"层层递进"的教学思想和遵循"循序渐进"的教学原则，以体操垫为主要器材，使其掌握小腿、脚面压垫和摆臂制动的动作，发展学生的腰腹力量和协调、柔韧素质，培养学生勇敢和果断的心理品质，使学生的身心得到全面发展。

二、磨课小史

表1　课例研磨计划图

时间	参与人员	改动内容
2022.4.6	樊××、徐××、郭××、李××、秦×	技能目标的准确描述
2022.4.20	樊××、徐××、郭××、李××、秦×	课堂环节的有效衔接
2022.5.11	樊××、徐××、郭××、李××、秦×	教学方法的高效运用
2022.5.25	樊××、徐××、郭××、李××、秦×	评价指标的细化表达
2022.6.22	樊××、徐××、郭××、李××、秦×、张××	学习方法的创意指导

三、课例综述

(一)教材分析

1.对动作结构分析:跪跳起是在原"蹲跳起"基础上的拓展。以跪立在垫子上的姿势开始,小腿脚面压垫,两臂经体侧向后摆至前额并制动,身体向上跳起,收腹、提膝成蹲立,最后成站立姿势。这么一个过程。作为一个需要动用手臂、腰腹、腿部的体操技巧类动作,它发展了学生的柔韧、协调、力量等素质。

2.对教材地位分析:这节课我选用"跪跳起"为主教材,本节课是跪跳起单元教学的第一次课。从动作结构上分析,垫上跪跳起与支撑跳跃教材中的跳箱蹲跳下、跪跳下有一定的关联。

3.对教学中的问题特征分析:在常规教学中,学生往往会出现以下四种情况。第一种情况:摆臂与小腿压垫动作不协调。这主要是压摆动作用力不一致造成的。第二种情况:学生身体向前冲。这主要是摆臂方向不准确造成的。不应该往前上方摆,应向上摆臂。第三种情况:学生腿压垫力量不足,易发软,跳不起来。这主要针对的是身体素质比较弱的学生。第四种情况:对于身体素质和动作协调能力较好的学生,这个动作在第一次教学中就能做起来,但是会出现分腿。

(二)学情分析

四年级段学生的主要特点是:好动,喜欢蹦蹦跳跳,对简单的技巧动作充满了好奇心。他们在平时的生活学习中有跳跃的经验,如跳房子、跳格子、原地纵跳、半蹲跳、全蹲跳等。这些练习都是前脚掌发力,蹬摆配合;而垫上跪跳起是小腿压垫,压摆配合。从学生心理层面讲,垫上跪跳起对他们有一种新鲜感,他们追求一种挑战后的成功感。同时,学生间的体能差异不大,但是协调性有差异,大多数学生完成动作的质量往往不追求细节。很多学生对于如何练好摆臂制动、小腿压垫技术动作的概念不是很清楚,这需要体育老师的反复示范、提醒和引导。

(三)教学目标

1.通过多种练习,使学生了解"跪跳起"的动作,记住"跪跳起"的动作要点。

2.通过多种形式、有层次的诱导性练习,让学生初步掌握"跪跳起"的动作要领,发展学生腰腹力量和柔韧、灵敏等身体素质。

3.通过观察、体验学习,让学生能积极主动练习,不断进取,培养学生勇敢和果断的心理品质。

本节课我主要解决问题中的第一种情况:摆臂和小腿、脚背下压的协调配合。

(四)教学重、难点

1.重点:压摆协调配合

2.难点:及时收腿落地

(五)教学过程

1.热身导入,热身思考

准备部分的目的是激发学生的学习"跪跳起"的兴趣。因此,我改变了传统的四列横队的站法,采用"大扇形"的站法,首先力求在形式上新颖,吊起学生的思考欲望。"老师今天要干什么?"

第一个内容:通过设问引入主题。同学们,你们知道"跪跳起"属于什么运动项目吗?(跳跃类、体操类、体操技巧类) 中国体操队在刚结束的体操世锦赛上男团获得第几? 女团呢?(男团第一、女团第三) 他们的动作用什么词形容最恰当呢?(标准、优美、干净利落)那么今天我们就要学习一个最基本的体操技巧类动作——"跪跳起"。

第二个内容:一路纵队跟着吴老师的线路绕着足球场和体操垫慢跑——之后是垫上操。之所以选择在垫上做操是因为"体操垫的一物多用"结合今天上课的主教材——"跪跳起",准备活动可以在体操垫上跪着做操,也可以坐着做操,还可以跪撑在体操垫上做腿部运动。

第三个内容:小游戏"快乐转转转",它是准备部分到基本部分的一个过渡诱导性练习。要求:两手反背,脚面、小腿压垫。看着吴老师的手势方向转:"快乐转转转——上"(2次);"快乐转转转——左";"快乐转转转——右";下面我们加上手臂的摆动,上下肢配合着再试一次"快乐转转转——上";"快乐转转转——右";"快乐转转转——左"。这个游戏主要是体会手臂摆动,小腿脚面压垫,腹部用力,带动身体姿势的转变。腾空的高度直接关系到跪跳起能否起来。

我的目的:通过以上的问答、诱导性的练习和小游戏"快乐转转转",让学生能积极活跃地参与其中,使学生消除紧张体育学习情绪,以轻松愉快的心理状态进入课堂,并使学生充分地活动开来,引入本课主题。

2. 目标进阶,技能提升

大家都知道在以往的体育教学中,往往是教师示范,学生反复练习,教法缺少针对性,没有具体的教学步骤和教学梯度。教学形式比较枯燥,使学生学得比较被动,导致教学效率不高。我本节课想改变一下以往的教学模式,进行有层次有梯度的教学,在技能目标中设定保底和弹性二个维度的教学目标,分解教学的难度,让学生在尝试中体验成功的乐趣,在不知不觉中初步学会跪跳起的技术动作。教材内容根据本课的教学目标分成以下七个阶段目标进行教学。

阶段目标一:主要让学生体验上下肢配合和下肢发力前行。根据目标一,我采用跳跳往前行练习。要求学生注意双臂直臂摆动,带动上体配合下肢力量前行。我主要是想解决学生两臂前后引臂不够充分,导致上下肢配合不协调的问题。

阶段目标二:让学生体验从高处往下跳的感觉。根据目标二,我采取跪跳高的练习。要求每组四张垫子叠高平铺在人工草坪上,第一个同学从靠近垫子的一端跪走到另一端,跪立;第二个同学站在跪立同学的侧面进行保护。当第一个同学通过两臂摆动向下跳时,第二个同学在侧面扶一把。以此类推……我主要是想让学生体验一下摆臂的动作和小腿、脚面压垫的感觉。解决落地时的屈膝缓冲。

阶段目标三:在阶段目标二的基础上,抽掉一张体操垫,再次进行从高处往下跳的练习。要求:跪走规范,后一位同学保护及时,体会两臂后摆至前额,并制动,同时从体操垫上跪跳下。我主要是想降低难度,体会压垫的感觉,慢慢过渡到抽掉第二张体操垫,进一步体会落地时的屈膝缓冲。

阶段目标四:在阶段目标三的基础上,抽掉二张体操垫,进行跪跳高练习。要求:有信心自己能够完成技术动作的学生,可以脱保,独立进行练习,做到自我保护。还需要保护的学生继续保护。此时,我主要想建立学生的自信,为之后的跪跳起完整动作做铺垫。

阶段目标五:每位学生在一张垫子上,展示刚才的练习。之后,一组一组展示,看哪一组的同学动作标准、规范。(其余三张体操垫放旁边)要求:动作规范,摆臂制动到位,脚面小腿压垫。我主要想通过前面的铺垫,总结出跪跳起的动作要点,让学生建立"关键词"的引领概念。小组派代表展示,互相观察,学习。

阶段目标六:初步进行完整动作的跪跳起练习。要求:教师边念口诀边示范,学生认真看动作。口诀:跪立在垫子上——两臂后举体前倾,小腿脚面要压垫,两臂前摆猛跳起,收腹、提膝成蹲立。当学生练习时要求学生要摆臂充分并及时制动、跪立时小腿脚面压垫,从跪到摆到跳到起要连贯,一气呵成。学生展示,老师总结不足和存在的问题。两位同学一组,进行完整动作练习,一位做一位保护。保护者站在练习者后面,双手托其腋下。

阶段目标七:"跳塔尖"素质练习。要求:学生收腿、提膝,不分腿。这个素质练习是针对阶段目标六提出来的。在初步进行跪跳起的完整动作时,有部分学生出现了分腿和落地屈膝缓冲不够的现象。这个素质练习主要解决的是这个问题。同时,通过素质练习增加了课的练习密度,达到了一定的运动量,弥补了体操类教材运动强度不足的问题。总结:有没有同学能用三个动词概括跪跳起的动作要领啊? 摆、压、收。

3.韵律放松,恢复体能

跟着音乐做一个放松活动"翩翩起舞",使学生的身心能真正得到放松。老师用轻柔的声音指挥,使学生在轻松愉快的情绪中结束本课。

教法改革:本课主要运用了激趣法、分解、完整法、预防纠错法、游戏法等。通过教学,让学生达到乐学、会学、善于合作的目的。

本课的学法指导:遵循"循序渐进"原则,主要采用了学习、体验等方法,让学生观察、模仿学习,学会评价。

预计运动量:平均心率120—125次/分;练习密度35%—40%;练习强度中。

玩蹦"极"　创意跳

——浙教版体育与健康六年级上册"立定跳远"课例分析报告

一、设计简述

本课采用的是浙教版《体育与健康》六年级上册教材中蹲踞式跳远的立定跳远部分,立定跳远是发展学生跳跃能力和爆发力的重要练习,是跳远教学必不可少的辅助教学,是身体素质测试的重要评价指标。立定跳远是一项技术性要求比较高的技术,人人能跳但只有少部分同学能正确有效起跳,通常的练习方法比较枯燥单一,而要提高弹跳力的主要途径靠持续训练。六年级的学生正处于中小衔接的过程,学生对于体验趣味活动的需求,远远高于追求运动水平提高的乐趣。由此,本次立定跳远体育课堂教学旨在通过各种趣味性的练习活动诱导学生掌握正确的动作,以达到提高学生立定跳远技能的有效教学目标。每个教学环节设计目的是挖掘学生参与体育课练习的兴趣所在,关键是诱导学生掌握正确动作。因此,体育课堂教学重点是给学生设计怎样的练习形式,不仅能让她们练得有兴致,还能通过诱导性练习达到掌握正确的动作技巧和提高运动水平。"怎样练"是关键,"怎样导"是策略,"练和导"有效结合就是让学生有兴趣、有目标地学习,达到玩中学、学中练的教学效果。

二、磨课小史

表1 课例研磨计划图

时间	参与人员	改动内容
2022.6.15	樊××、徐××、郭××、李××、秦×	技能目标的准确描述
2022.6.22	樊××、徐××、郭××、李××、秦×	课堂环节的有效衔接
2022.9.7	樊××、徐××、郭××、李××、秦×	教学方法的高效运用
2022.9.21	樊××、徐××、郭××、李××、秦×	评价指标的细化表达
2022.10.12	樊××、徐××、郭××、李××、秦×、张××	学习方法的创意指导

三、课例综述

（一）教材分析

立定跳远是新课程标准水平三身体健康学习领域中的内容之一。它是让学生初步接触双脚跳起的知识，为今后的急行跳远和三级跳远打好良好的基础。本教材是跳跃项目的重要组成部分，通过不断改变跳跃的场地环境和方式，从单脚到双脚，从平地跳过渡助跑起跳，逐步发展学生的协调、爆发力等身体素质。本课为跳跃教学单元第1课时，主要让学生理解立定跳跃的动作方法，能够掌握双脚同时用力蹬地起跳，两臂用力向前上方摆动的动作，并做到上、下肢协调用力，依次进行预摆、起跳、腾空、落地，提高学生的跳跃能力。

（二）学情分析

"玩蹦'极'，创意跳"的教学设计，能够将一堂枯燥乏味的内容转化成生动模仿、趣味游戏、高效玩练的课堂。激发学生练习的兴趣，调动学生学习的内驱力始终为出发点；愉快地配合与竞争，不断挑战"极限"运动始终是过程体验；设置合理的障碍，诱导正确有效的跳跃技巧始终作为目标。最终，课例的设计思路来源于"一点，二线，三面"的教学理念。

(三)教学目标

(1)通过学习各种方法的跳跃练习,让所有同学能正确理解立定跳远的动作过程,起跳、腾空、落地的动作要领,并学会判断起跳、腾空、落地的正确动作。

(2)通过系列趣味性的活动体验,让全体同学的起跳速度有明显提高,三分之二的学生能明显提高空中展体和收腿的能力,超过一半的学生能正确连贯完成立定跳远的起跳、腾空、落地的有效动作。

(3)通过自己设定障碍,让学生学会自定目标、达成目标、再定目标的进取型学习;通过小组比赛和练习,学会合作学习,在过程中培养集体荣誉感和互帮互助的精神。

(四)教学重、难点

1.重点:起跳蹬地

2.难点:腾空展体

(五)教学过程

1.反应游戏,模仿热身

(1)听口令快速做反方向动作练习,集中注意力训练并活动关节。

(2)各种动物模仿操集体练习,将学生带入体育课堂的热身部分。

(3)原地纵跳蹦高"极"的挑战练习,激发快速蹬地起跳展髋和收腿起跳动作。

[评析]在口令的指示下,学生一伙儿伸手、抬腿,一会儿蹲、立,一会儿左转、右转、后转等趣味的反应练习中,教师时刻变化的口令吸引着学生的注意力,听到口令并快速作出相反方向的动作让学生无法分心,不仅训练了学生集中注意听课的习惯,也在不知不觉中活动了各关节。鸭子走、青蛙跳、狗急跳墙等动作模仿操的练习,引导学生发挥想象做各项准备活动,之后的原地纵跳蹦"极"的蹬地展髋动作,都给学生形象的动作概念,起到诱导性体会动作的作用,为后面各项练习做了很好的铺垫。俗话说兴趣是最好的老师,形象、生动、有趣的模仿活动,是改变枯燥练习的有效方法之一,不仅激发学生练习的兴趣,还能促进学生对形象动作的理解,从而促其领悟动作技术要领。

2.分层练习,技能诱导

(1)学生两人一组,开展跳跃竖放垫子的练习。

(2)将六块垫子竖放排成一排,引导学生分小组练习,挑战连续不停顿跳跃垫子活动。

[评析]体育技术动作教学的诱导练习中,技术动作诱导方式是关键。同样的一种诱导工具,不同的摆放和使用会给学生不同的目标指示,能够诱出不同的动作。其次,教师语言的引导同样至关重要,能给予练习者正确的动作判断,在反复的练习中体会不断完善动作的过程。由此,这一教学环节中如何,我重在将"诱"和"导"科学合理地结合,利于完成有效技术动作教学。另外,在练习中注意结合学生的实际能力和水平进行合理分层,采用利于个体发展的有效训练的模式。

立定跳远的起跳腾空是决定远度的关键。大多数学生在跳跃中会出现起跳之后直接收腿,尚不能在空中做出充分展体的动作。在这一教学环节,"诱"导学生蹬地以后积极展体是重点。教学中设置垫子,无形中激励了学生上体积极向前上方摆动和下肢的用力蹬地的动作,垫子摆放的位置和起跳点的距离,是决定学生充分展体的因素。距离过近,造成学生直接起跳收腿或后踢腿,距离过远,造成学生不敢跳。于是,我让每一组同学以30—40cm为起点,逐渐往前延伸,直到找到敢跳和不敢跳的临界点,然后开始进行挑战性的练习,直到顺利过关。同样,让学生将六块垫子排列的前后距离做调整。无论是垫子与起跳点的距离,还是垫子之间的距离,都是学生的一个"极限"点。每一次的距离调整,学生都跃跃欲试,每一次的跳跃,学生都是乐在其中地挑战自己的"极限"。

由于学生的身高和弹跳能力存在差异,我给两项练习分组进行了调整。跳单垫时,水平接近的同学组合,跳跃时两个同学你鼓励我我鼓励你,移动垫子时你帮我我帮你,在相互激励和合作中愉快练习。连续跳跃练习,分成四个大组,每一组垫子间的摆放间距稍有不同,选择适合自己的那个小组开展练习。同样的练习,不同的组合,给学生选择的空间,她们时不时会跑过来激动地告诉我:"周老师,我连续跳过了这一排,我成功了……"她们享受着成功的喜悦,我也暗自喜在心头。

这阶段,教师的指导语言起到至关重要的作用。看到有的同学找不到合适的距离着急的样子,我过去告诉她们"往前移三厘米""垫子脚分开一点试试"……她们会高兴地说"哈哈,老师就是老师""这样差不多"……看着她们高兴又认真的样子,这时候,师生融洽的快感会在我的心头油然而生。

3.挑战训练,巩固强化

(1)玩蹦"极"——从50cm高处落地后跳越障碍。老师控制垫子的安全距离,并重点讲解方法和注意事项。

(2)组织学生总结挑战蹦"极"的方法和经验(引出触地之后需立即起跳反弹,上肢主动带动上体展体才能成功蹦"极")。

(3)练习成果检验,小组开展跳跃纵向平铺垫子练习。(垫子纵放约1.80—1.90米处,跳过之后未踩垫子者为成功者)

(4)以小组赛形式开展,最后统计小组成功人数,多者为胜。

(5)回顾每一项练习的方法和技巧,总结提高立定跳远能力的三要素(快速蹬摆起跳、展髋收腹、小腿前伸落地)。

[评析] 在前面的两项活动中,垫子由多到少,学生的注意力都放在自己能否跳过几块垫子上,情绪处于亢奋状态。现在,垫子重新回到一块,放慢了节奏且提高难度,留给学生一些思考的空间。这时候,学生的注意力回到了动作上来,我时刻提醒他们相互观察,并及时请成功和失败者说出感受,让学生学会在练习中发现问题,总结经验的同时及时调整动作方法,体验在玩中学,学中练的教学活动。

这两个练习方法都是根据初一学生喜欢挑战的特点,安排练习的进程放慢了,难度提高了,给师生之间留出了交流和思考的空间。这一阶段,挑战和比赛的教学形式,给学生的心理活动产生了很大的冲击力。"我的动作对还是错?""我的挑战失败会影响小组成绩的,我得加油!""我怎样跳才能成功?""我一定要跳过去。"……学生的内心充满了各种矛盾和疑问。此刻,教师的引导方式起到了重要的引导和支撑作用。教师的语言和口气、设问和答疑、表情和肢体语言等,都要注意激发学生积极思考和积极应对,积极调动学生内驱力来开展愉快训练的活动。在整个教学过程中,教师有目的、有预见的"设问",让学生在练习—修改—练习—修改的调整过程中学会了解决问题。在不断激发学生主观能动性的同时,既强调了方法和技巧在运动中的重要性,又提倡相互学习和借鉴的学习方式,也是今后有效开展技术动作教学的重要习惯养成过程。

本堂课中设计的由高落到低处快速起跳的障碍练习,让学生体验着"极地反弹"的作用,也通过体验感受下肢快速触底反弹和上肢主动屈伸动作。设置的跳横垫活动,充分体现了"压力变动力"的作用,垫子摆放在跳远极限距离的前后,学生为了成功越过,不得不在最后落地时刻挣扎一把,无形中引出了小腿积极前伸落地的动作。借助小小的道具,直观地感受和体验动作练习,间接地引出了动作要领,正是体育教学中诱导性练习的真谛,也是体育教师不断追求轻负高质的主要教学方法。

4.欢快舞步,放松身心

(1)全体师生手拉手,跟着老师的节奏欢快起步"恰恰舞"。

(2)师生共舞,愉悦心情,放松身心。

[评析]师生共同参与的活动,是师生交流的良好时机,在紧张的活动之后,随着老师有节奏的口令"一二三恰恰,二二三恰恰,三二三恰恰,四二三恰恰……"跟着老师一起左踢踢、右踢踢、前踢踢、后踢踢,学生的身心一下就进入了一种放松状态。这一情节,真正体现了体育教师肢体语言在沟通中的重要性,此刻,体育课堂的教育"无声胜有声"啊!

图书在版编目（ＣＩＰ）数据

创玩体育 :梧桐书院的大健康工程/缪华良，郭延
龙编著.--长春 :东北师范大学出版社，2023.10
ISBN 978-7-5771-0694-6

Ⅰ．①创… Ⅱ．①缪… ②郭… Ⅲ．①体育课－教学
研究－小学 Ⅳ．①G623.82

中国国家版本馆CIP数据核字（2023）第203998号

□责任编辑：于天娇　　□封面设计：书道闻香

东北师范大学出版社出版发行
长春净月经济开发区金宝街118号（邮政编码：130117）
电话：0431—85690289
传真：0431—85691969
网址：http://www.nenup.com
杭州书道闻香图书有限公司制版
杭州万星印务有限公司印装
杭州市余杭区星桥街道星二路72-1号（邮政编码：311199）
2023年10月第1版　2024年3月第1次印刷
幅面尺寸：170mm×240mm　印张：17　字数：252千

定价：48.00元